复旦卓越·人力资源管理和社会保障系列教材

人力资源市场服务业务经办实务

（第二版）

朱莉莉 编著

复旦大学出版社

内容提要

本书从人力资源服务"全业务"体系设计入手，以项目为单位组织内容，且所选的项目均是基于人力资源服务工作过程而提炼出的人力资源服务机构的典型工作岗位和工作任务。全书包括人力资源服务基本理论、人力资源服务认知、经营性人力资源服务、公共人力资源服务及就业政策法规五大项目以及33个学习任务。在编写的过程中，作者深入多家经营性人力资源服务机构和公共人力资源服务机构进行调研和走访，做到项目内容与人力资源服务业务岗位实践紧密结合，具有创新性和实用性。

本书采用了新的编写体例，以培养学生能力为本位的项目式教学方法，培养学生的动手、创新和自学能力，知识的传授在教学项目完成的过程中适时进行。

本书适合实践型本科及高职高专类院校人力资源管理、社会保障和工商管理专业师生选作教材，同时也可作为各类组织管理人员培训教材或教学参考书。

丛书总主编　李　琦

编写成员（按姓氏笔画排序）

邓万里　石玉峰　田　辉　朱莉莉　刘红霞
许东黎　许晓青　孙立如　孙　林　李宝莹
李晓婷　杨俊峰　肖红梅　张奇峰　张海容
张慧霞　张耀嵩　郑振华　赵巍巍

前言（第二版）

　　人力资源服务是人力资源市场的重要内容，主要是指帮助劳动者求职就业和用人单位招用人员以及由此延伸的提高劳动者素质和用人单位人力资源管理水平等各类服务行为。从业务性质划分，人力资源服务可分为经营性人力资源服务和公共人力资源服务。例如，为劳动者和用人单位提供政策咨询、劳务派遣、人力资源外包、人才寻访、职业介绍、职业指导、职业培训、人事档案管理、人力资源和社会保障事务代理等服务。

　　人力资源服务行业是为劳动者就业和职业发展，为用人单位管理和开发人力资源提供相关服务的专门行业。作为生产性服务业和现代服务业的重要组成部分，人力资源服务业是实施就业优先战略、创新驱动发展战略的重要抓手，在推动经济发展、促进就业创业和优化人才配置方面发挥着举足轻重的作用。我国是一个人力资源丰富的国家，有9亿多劳动力、1亿多市场主体。人力资源是最重要、最有活力的生产要素，加强人力资源市场建设是完善社会主义市场经济体制的内在要求和必然选择。人力资源服务业作为促进劳动者就业和职业发展、服务用人单位管理开发人力资源的专门行业，能够极大地提升劳动者与岗位匹配的效率，有效解决劳动者与用人单位之间的信息不对称问题，缓解企业"招工难"和劳动者"就业难"的结构性矛盾，是有效促进就业，尤其是实现市场化、社会化就业的重要力量。因此，无论是公共人力资源服务机构，还是经营性人力资源服务机构，都将面对巨大的业务和人才需求。

　　近年来，各大专院校在人力资源服务或人才中介方面开设的课程不多，教材也相对不多，且多集中于经营性人力资源服务业务。为了提高人力资源服务机构工作人员的专业理论水平，掌握人力资源服务实务操作的需求，笔者结合多年的教学研究、从事人力资源服务工作的实践经验，编写了此书。

本书具有以下特点：

1. 人力资源服务"全业务"内容体系设计。全书包括人力资源服务基本理论、人力资源服务认知、经营性人力资源服务、公共人力资源服务及就业政策法规五大项目。《人力资源市场暂行条例》将我国的人力资源服务业务分为经营性人力资源服务业务和公共人力资源服务业务。两种类型的业务有相同点，但更多的是不同之处。它们在服务对象、机构设置、岗位职责、业务范围等方面均有不同。本书在第一版的基础之上，覆盖了经营性人力资源服务机构和公共人力资源服务机构的典型业务，能够更加全面地学习人力资源服务领域的业务。

2. 采用项目化教学单元构建内容体系。项目化教学是指以工作任务为课程设置和内容选择的参照点，以项目为单位组织内容，以任务驱动为方法，根据职业能力培养的需要，将课程内容设计为具体技能的训练项目。

本书选取的项目均是基于人力资源服务工作过程而提炼出的人力资源服务机构的典型工作岗位和工作任务。在编写过程中，笔者深入多家经营性人力资源服务机构和公共人力资源服务机构进行调研和走访，与企业进行校企合作，从企业处获取一手素材并进行整理，项目内容与人力资源服务业务岗位实践紧密结合，具有创新性和实用性。

3. 创设"连续式"工作情境，以任务导入为驱动。在经营性人力资源服务项目中，本书根据业务的适用性，选取四项典型的业务为学习任务；在公共人力资源服务项目中，选取六项典型业务为学习任务。在学习每一项业务之前，先抛出学习任务，让学习者带着问题去学习，增加学习动力和目的性。

特别是在公共人力资源服务项目中，每一项任务之间都是有连续性的。以失业人员张师傅为主人公，所设计的工作情景贯穿了张师傅从失业到成功再就业（创业），以及后续到公共人力资源服务机构寻求人力资源和社会保险事务代理服务的全过程。

4. 遵循"理论适度，重在技能"的理念。本书在理论部分，对人力资源服务的理论内容进行精选和浓缩，将重点放到业务实训部分。每一项业务由任务导入、业务基础、业务操作流程及注意事项、业务示例组成，突出实用性和操作性。

本书既可以作为大专院校人力资源服务课程的教材，也可以作为人力资源第三方服务机构工作人员或用人单位人力资源管理人员的实际操作指导书，还可以作为职业指导人员和人力资源市场从业人员资格考试的参考用书。

本书在编写过程中，参阅了大量国内专家与学者的著作和教材，在此一并表示衷心的感谢！

朱莉莉
2022 年 3 月

目 录

项目一 人力资源服务基本理论 ··· 1
  任务一 认识人力资源市场 ··· 1
  任务二 人力资源服务理论准备 ····································· 10

项目二 人力资源服务认知 ·· 13
  任务一 人力资源服务体系认知 ····································· 13
  任务二 人力资源服务机构认知 ····································· 16
  任务三 人力资源服务业务认知 ····································· 20

项目三 经营性人力资源服务 ·· 26
  任务一 人力资源服务机构组织设计与管理 ························· 26
  任务二 招聘流程外包 ··· 40
  任务三 劳务派遣 ·· 46
  任务四 高级人才寻访 ··· 62

项目四 公共人力资源服务 ·· 68
  任务一 失业管理业务 ··· 68
  任务二 职业介绍 ·· 89
  任务三 职业指导 ·· 118
  任务四 职业培训业务 ··· 136
  任务五 就业管理业务 ··· 159

任务六　人力资源和社会保险公共事务代理 …………………………………… 170

项目五　就业政策法规 …………………………………………………………… 200
　　　任务一　宏观就业政策分析 ……………………………………………………… 200
　　　任务二　促进失业人员再就业政策 ……………………………………………… 208
　　　任务三　特殊群体就业保障政策 ………………………………………………… 219
　　　任务四　涉外就业政策 …………………………………………………………… 232

主要参考文献 ……………………………………………………………………… 246

项目一

人力资源服务基本理论

【学习导图】

```
人力资源服务基本理论 ─┬─ 认识人力资源市场
                    └─ 人力资源服务理论准备
```

任务一　认识人力资源市场

【知识目标】
➢ 理解人力资源市场的含义与特征；
➢ 掌握人力资源市场的功能；
➢ 理解人力资源市场体系的构成及内在机制关系；
➢ 了解我国人力资源市场的发展历程及存在的问题。

【能力目标】
➢ 能够通过举例分析人力资源市场的功能和特点；
➢ 能够用自己的语言分析人力资源市场内在机制的联系；
➢ 能够通过案例分析市场就业体制的特点。

【任务导入】

● 任务 1-1

【工作场景】

小梁经过努力学习,最终考入了某二本院校,选择了自己理想的专业。鉴于特殊的历史背景,该学院招生负责人透露,该学院对当年考入的学生在毕业时实行毕业分配制度,而且是最后一次。所以,本来一所不起眼的二本院校,录取分数线超过重点线 50 多分。

四年后,到了学生毕业季,考虑到具体情况,该学院出台了毕业生就业细则。该细则规定由学生自行选择:一是进入分配名额,由学院负责联系用人单位,毕业生服从分配,服务期必须满 3 年;二是放弃分配名额,实行自主择业。

【具体任务】

1. 若你是小梁,你会如何选择?
2. 请在工作页中写出你所选择方式的理由。
3. 分组讨论,针对不同就业方式的优劣势进行对比分析。

一、人力资源市场的含义和功能

(一) 劳动力

劳动力是指在一定年龄内,具有劳动能力与就业要求,从事或能够从事某种职业劳动的全部人口,包括就业者和失业者。这里强调两点:① 劳动力一定要满足"一定年龄内",在我国,公民的法定劳动年龄为:男性,16—60 周岁;女性,16—50(55)周岁。即最低就业年龄为 16 周岁。② 强调"从事或能够从事"。因为劳动力只有与生产资料相结合,才能真正体现劳动力的价值。但同时也要注意,劳动力不仅包括就业者,也包括失业者。失业者虽暂时没有与生产资料相结合,但有强烈的就业意愿或就业要求,属于"能够从事"。没有就业意愿或就业要求的人口不属于劳动力的范畴。

(二) 劳动力市场的含义

我们可以从以下两种角度来理解"劳动力市场"一词:

(1) 从外在形式的角度来看,劳动力市场是指劳动供求双方在交换过程中进行互相选择、平等协商的场所。它包括为实现劳动力交换提供各种服务的机构和交换场所,如劳务市场、人才市场、人才交流中心、职业介绍服务中心等,这些概念出现在我国不同时期不同部门的政策、法律文献中,产生于市场化劳动人事制度改革过程中的特定阶段。

(2) 从内在机制的角度来看,劳动力市场是指在市场规律的作用下,通过劳动力供求双方自愿进行劳动力使用权转让和购买活动以实现劳动力资源合理配置的一种机制。它代表了一种经济关系,其实质是实现劳动力资源市场化配置的一种机制,即借助市场机制促使劳动力合理流动和优化组合。

劳动力市场的基本功能,就是通过劳动力使用权的转让与购买,实现人力资源在各种社会用途之间的分配,也就是劳动力资源的合理配置。通过价值规律的作用和竞争机制的功能,把劳动力资源配置到效益较好的部门、行业和环节中去,从而提高整个经济运行的效率和活力。

总之,劳动力市场是内在机制和外在形式的统一。劳动力市场涉及劳动者从求职、就业、培训、转业直至退休的全过程;涉及用人单位招聘、支付报酬、提供劳动安全卫生条件、福利待遇、辞退、补充新职工等诸多环节;涉及劳动关系的确立、调整和终止以及劳动力市场的中介服务、信息引导和法制管理等。

(三)建立统一的人力资源市场

劳动力市场是在明确将社会主义市场经济确立为经济体制改革的目标模式后所使用的概念。就学理含义而言,其涵盖各种类型的劳动力资源。但由于劳动行政部门与人事行政部门并立,且各自分管一定范围的配置劳动力资源的市场,2008年以前,在政策、法律文献中,劳动力市场多指由劳动行政部门管理的配置劳动力资源的市场;而由人事行政部门管理的配置劳动力资源的市场,则被称为人才市场。

人力资源市场作为一个法律概念,为《就业促进法》首次使用。其作为配置劳动力资源的各种市场的统称,替代原来意义上的劳动力市场和人才市场的概念,体现了劳动力市场和人才市场走向统一、完善人力资源市场的政策主张。值得注意的是,劳动力、人力、劳动力资源、人力资源在学理上是含义相同的不同称谓,只是在习惯上的使用场合有所差异。例如,在劳动力资源配置、劳动力供求、人力资源管理等概念中,劳动力资源、劳动力、人力资源的含义并无差别。因此,人力资源市场和劳动力市场的学理含义相同,使用的场合则不同,劳动力市场多用于学术性研究,人力资源市场则多用于政策文件中的表述。

二、人力资源市场的特征

(一)人力资源市场与其他要素市场的共性

在市场经济条件下,人力资源市场与其他生产要素市场有着明显的共性:

(1)市场性。存在供需双方,在生产要素所有权或支配权发生转移时,需求方要向供给方支付费用(价格);费用(价格)受供求关系的影响,生产要素的流动又受价格的影响。

(2)开放性。人力资源市场是一个开放的系统,能够接受外界环境的信息,并作出反应,向外传递信号。

(3)竞争性。在人力资源市场上,劳动者之间以及用工单位之间均存在激烈的竞争。

(4)规范性。人力资源市场的管理与运行同样要法治化,要有规范市场行为的准则,保证市场机制有序运行。

(二)人力资源市场的特性

人力资源市场同时也是个相当特殊的市场,这是由劳动力要素区别于其他生产要素的特殊性决定的。劳动力永远依附在劳动者的身上,只能被转让租借,不能被买卖。同时,劳动力生产要素效用的发挥,取决于有主观意识、能动性的劳动者。总之,人力资源市场与其他要素市场相比,呈现出自身的特点。

1. 人力资源市场的交易关系是契约关系

人力资源市场的交易是劳动者在保持劳动力所有权的前提下,在一定时期内有偿转让劳动力的使用权,它反映的是一种契约关系。人力资源市场的价格就是劳动力租金,契约规定了平等双方在契约期限之内的权利、义务和责任,确立劳动力使用契约是人力资源市场的基本内容。劳动者不是商品,不能被出卖和购买,即使通过市场发生支配权的转移,他们对自身的劳动力仍拥有不可动摇的所有权。劳动力永远不能脱离劳动者而独立存在,其所有权永远属于劳动者。

2. 人力资源市场交易受大量非价格因素的影响

人力资源市场交易对象的一个显著特征是劳动力依附于劳动者而存在。在人力资源市场上,劳动力使用价值的表现即劳动。劳动作为一个人脑力、体力的消耗过程,是劳动者从事的活动,是不能脱离于劳动者而独立存在的。劳动者具有主观能动性和意愿,他们不仅要满足自己基本的物质生活需要,还有安全感、社会地位、自我实现等情感和更高生活目标的诉求。他们在人力资源市场的交易过程中,不仅关注工资(劳动力的价格),而且关注其他大量的非经济性因素。所以,在雇佣交易中,价格外的非货币因素,如工作环境、伤亡风险、人际关系、领导方式等,也将同工资一起对劳动力租让能否成交发挥相当大的作用。尤其在发达国家的人力资源市场上,工资已处于不太重要的地位。

3. 人力资源市场交易主体地位不对等

人力资源市场交易主体地位是不对等的,无论劳动力的质量如何,劳动者在市场上的地位总是相对较弱的。由于劳动力商品本身的特殊性,它存在于劳动者的身体里,不能与其分离,不能被存储起来。劳动者为了维持生计,必须持续不断地向市场提供劳动力,因而当需求不足时,他们会处于极其不利的地位。再加上劳动力往往处于分散状态,而企业相对集中,且与雇主相比,劳动者缺乏与市场条件有关的各类信息,因此他们的谈判地位进一步被恶化了。这样就在现实中导致失业、低工资、恶劣的劳动条件等一系列社会问题的发生与发展。因此,政府的干预和调控显得尤为重要,它可通过各类组织机构的介入以及各种法规和政策的制定,来保障人力资源市场中劳动者的权益。

4. 人力资源市场交易主体呈现出巨大的差异性

人力资源市场供求双方都存在着多样性和复杂性,人力资源市场交易活动是供求双方一系列的复杂选择过程。一方面,劳动者彼此不同,其各自的年龄、背景、教育、经验、技艺、品性、心理素质等都有诸多不同;另一方面,企业也千差万别,如工资收入、工资条件、地理环境、交通状况、文化氛围、发展前景、人际关系等。企业在选用劳动者时,要考虑他们的专业特长和道德修养等多方面的因素;劳动者在选取单位时,也要根据个人的具体情况和偏好,对各种因素进行比较和权衡。所以,在交易正式进行之前,双方都需要花费一定的精力和成本来搜集和分析与交易有关的市场信息。除了价格因素外,其他大量非价格信息也是重要的参考因素,而它们的获取和判断往往带有困难性和随机性。因此,与产品市场相比,人力资源市场上的交易成本更昂贵,交易过程更长。比如实行劳动试用期,就是把劳动力交易从流通领域延伸到生产领域中继续进行。

三、人力资源市场体系的构成

人力资源市场体系就是通过供求双方相互选择而自动配置人力资源的体系,或者说是一种以市场机制调节人力资源供求的经济关系。一个完整、健全的人力资源市场体系应包括以下四个子体系。

(一) 机制运行体系

机制运行体系在整个人力资源市场体系中占据主导地位,该体系使市场规律全面发挥作用,这一体系包括以下三个关键要素。

1. 人力资源供给方

人力资源供给方包括人力资源供给个人或团体。

2. 人力资源需求方

人力资源需求方包括人力资源的需求单位。

以上两个要素也被称为人力资源市场的主体要素,即在人力资源市场上参与市场活动的单位或个人,是人力资源市场形成的前提。但并不是所有的人力资源供给个人或团体和用人单位都能成为人力资源市场的主体。人力资源市场的主体应该有如下特点:第一,人力资源供求双方具有相对独立性。即员工个人拥有独立支配劳动力的权利,人力资源需求方拥有独立的用人权,人力资源供求双方均可进行自由选择。第二,人力资源供需双方都具有参与市场活动以实现自身利益的内在动力和行为能力。第三,人力资源供需双方能及时接受和发出市场信息,并在一定程度上影响市场的运行和走势。

3. 人力资源价格

人力资源价格(工资)是人力资源市场的利益驱动力,是人力资源市场上调节市场活动的"看不见的手",由人力资源市场的供求关系调节。工资率成为引导人力资源合理配置的价格信号,市场经济下的工资应该是市场工资。目前,我国的人力资源价格作用的发挥虽已有较大改善,但仍不完全,只有当国家劳动人事、工资分配、社会保障等制度全面改革,人力资源供求关系进入工资决定的情况下,价格才能真正发挥市场机制的调节作用。

人力资源市场的运行机制是一般市场机制在劳动力这一特殊商品上的表现。人力资源市场的基本运行机制,是由相互联系和相互制约的供求机制、竞争机制、价格机制及流动机制组成的。人力资源市场是在价格机制、供求机制、竞争机制和流动机制的共同作用下,形成有序的运行模式:工资上升,劳动力流入,供给量增加,竞争加剧,出现供过于求;工资开始下跌,劳动力流出,供应量减少,出现供不应求,工资又开始上升。在四大基本机制的交互作用中,市场运动不断循环往复地进行。但在市场机制的相互运行中,非市场性因素总会不时地影响市场机制的运行。

(二) 宏观调控体系

宏观调控体系是指政府及其管理机构对人力资源市场进行宏观管理、调节和控制的手段与行为。人力资源市场不是毫无约束的自由市场,它必须受到宏观调控和指导,才不会呈现无序发展的自由化状态,政府便是这个市场的管理者和宏观调控者。政府制定相关的法律法规,形成健全的人力资源市场运行规则,科学规范人力资源市场供求双方及人力资源市场的就业服务等行为;并通过货币政策、财政政策、收入政策等宏观经济政策和行政手段调节人力资源的流向配置,保证人力资源市场和国民经济健康有序地运行。

(三) 就业服务体系

就业服务体系是保证人力资源市场正常运行必不可少的条件。就业服务是指以政府就业服务部门为主体,以社会中介组织为补充,对人力资源的供给方和需求方提供相关服务工作的总称。例如,提供人力资源市场信息、职业介绍、职业指导、职业培训、职业技能鉴定、职业安全与卫生、岗位开发等服务。就业服务有利于促进就业,培育人力资源市场,促进人力资源供求结合的实现。因此,做好就业服务工作对于完善人力资源市场和实现充分就业具有决定性意义,同时也有利于经济和社会的稳定发展。

(四) 社会保障体系

社会保障体系是由政府出面,代表社会对劳动过程中的风险、对市场竞争中暂时退出市场形成的风险以及劳动者最终退出劳动过程后的基本生活进行保障。它包括养老、失业、工伤、生育、医疗等各项社会保险。在完善的市场体系中,为了保证就业者在生病、工伤、生育、失业、退休时,不因减少劳动收入或完全丧失劳动收入而失去生存条件,政府通过再分配手段,由政府、企业、个人共同筹资,建立基金,帮助解决劳动者在生老病死、伤残和失业时的生活问题。这有利于保障劳动者的基本权利,维护社会稳定。

除此以外,人力资源市场的运行还离不开一些基础要素,即人力资源市场赖以存在和运行所必需的硬件和软件的总和,这些是人力资源市场建立的基础。其中,硬件要素是指人力资源市场运作所必需的场所、设备以及服务机构等物质条件;软件要素是指市场发展的理论认识、思想观念、信息等导向性要素。

四、我国人力资源市场发展过程中存在的问题

(一) 我国人力资源市场的发展历程

中华人民共和国成立以后,随着经济体制的变化,我国人力资源市场的发展经历了一个曲折的过程。这个过程与就业管理体制有密切的关系。总体看来,我国人力资源市场的发展可分为六个阶段。

1. 人力资源市场具有存在的可能性(1949—1957)

1957年以前,多种经济成分并存,社会上有几百万人需要就业,而国家没有能力将所有人员都包下来,同时,中华人民共和国成立初期国民经济的迅速恢复和发展增加了对劳动力的需求,因此,国家提出了"政府介绍就业和群众自行就业相结合"的就业方针。这些因素为人力资源市场的存在提供了客观要求和现实可能。

2. 人力资源市场的消失(1958—1978)

随着政府对劳动力分配的计划性加强,灵活的劳动力管理体制也变得越来越僵化,劳动力市场逐步消失。社会主义改造基本完成以后,城镇所有制结构变为单一化,城镇失业人员的就业完全由国家包揽,企事业单位不能自行招工,也不能任意辞退人员。1966年"文化大革命"开始后,国有企业的用工制度基本上成为单一的固定工制度,城镇劳动者的就业渠道基本上被堵死。至此,统包统配的劳动力管理体制基本形成,劳动力市场则逐渐缩小以至消失。

3. 人力资源市场的重新起步(1979—1991)

这一时期的主要特征是统包统配的人力资源配置制度开始被打破。中央确定了"三结合"的就业方针,即"在国家统筹规划指导下,实行劳动部门介绍就业、自愿组织起来就业和自谋职业相结合";人力资源配置领域的服务开始发端,市场出现萌芽。20世纪70年代末,劳动人事部门开始创立并组织劳动服务公司,解决返城知青等待业人员的就业问题,并逐步演进为就业服务机构。1979年,北京外企人力资源服务公司(FESCO)成立;1983年,沈阳市人才服务公司成立;1984年,劳动人事部成立了全国人才交流咨询中心,之后各地纷纷建立类似的人力资源服务机构;1987年,浙江温州出现第一家民营人才职业介绍机构;与此同时,企业开始实行劳动合同制,改革企业用人制度。

4. 人力资源市场迅速发展(1992—2001)

1992年以后,人力资源市场迅速发展,劳动力市场和人才市场得到正式确立。

1992年,国务院颁发了《全民所有制工业企业转换经营机制条例》,赋予企业用人自主权;1993年,党的十四届三中全会第一次鲜明地提出建立社会主义市场经济体制的要求,并明确提出发展劳动力市场,将其作为实现劳动力资源配置的基础。至此,"劳动力市场"一词正式浮出水面,提出把开发利用与合理配置人力资源作为发展劳动力市场的出发点;原劳动保障部、原人事部分别于1995年和1996年出台了《职业介绍规定》和《人才市场管理暂行规定》;1997年,原劳动部根据我国就业发展的新形势,提出"市场调节就业""劳动者自主择业""政府促进就业"的新就业方针;人力资源服务机构经营模式呈现多样化,服务领域不断扩大,民营性质的人力资源服务机构取得了较快的发展,外资开始进入我国人力资源服务领域。

这一时期就业问题的基本格局是:在推进市场经济的进程中,我国劳动要素严重过剩问题逐步暴露,公开失业与下岗增加。该时期的两大焦点是城镇企业职工大规模下岗和农村剩余劳动力大规模进城务工。

5. 人力资源市场改革创新(2002—2006)

2002年9月全国再就业工作会议提出,我国要逐步加快培育和发展劳动力市场,完善就业服务体系,建立"以劳动者自主就业为主导、以市场调节就业为基础、以政府促进就业为动力"的就业方针,建立市场导向的就业机制。2002年,初步形成了有中国特色的以税费减免、小额担保贷款、社保补贴、岗位补贴、主辅分离、免费就业服务和职业培训等扶持政策为主要内容的积极就业政策框架,并规定积极的就业政策体系执行期限为三年。2005年年底,在部分政策期限三年到期之际,对原有积极的就业政策作了进一步延续、扩展、调整和充实,新一轮积极就业政策的对象由下岗失业人员向全体劳动者转变。

人力资源市场在这一时期的主要特征是:劳动和人事部门都进行了所属服务机构的体制改革,政府管理部门的职能开始从办市场向管市场、为市场发展创造良好环境转变。2002年和2003年,《境外就业中介管理规定》(原劳动保障部)和《中外合资人才中介机构管理暂行规定》(原人事部)先后出台。劳动部门所属服务机构开始向公共就业服务机构转变,并取得了财政的有力扶持,建立起比较完善的公共就业服务制度。人事部门先后提出了"管办分离""事企分开""公共服务与市场经营性服务分离"的改革要求,探索了多种发展模式。

6. 人力资源市场统筹发展(2007年以来)

2007年3月,国务院印发的《关于加快发展服务业的若干意见》首次将人才服务业作为服务业的一个重要门类,强调要"发展人才服务业,完善人才资源配置体系","扶持一批具有国际竞争力的人才服务机构"。2007年8月,《就业促进法》出台,首次在国家法律层面明确提出"人力资源市场"的概念。同年10月,党的十七大报告从加快推进经济社会建设的高度,明确要求"建立统一规范的人力资源市场,形成城乡劳动者平等就业的制度"。2008年机构改革,从国务院机构改革方案说明再到地方机构改革意见,都明确提出要建立统一、规范的人力资源市场,促进人力资源的合理流动和有效配置。2010年10月,党的十七届五中全会进一步提出,要健全统一、规范、灵活的人力资源市场,为劳动者提供优质、高效的就业服务。人力资源市场建设进入了在坚持市场配置人力资源改革取向的同时,更好地服务市场就业和人力资源开发的新时期。

(二)我国人力资源市场建设存在的主要问题

我国人力资源市场经历了艰难曲折的发展过程,取得了一定的成果,但是在新形势下,我国人力资源市场建设还存在许多需要解决的问题,突出表现在以下四个方面。

1. 人力资源市场存在着分割

(1) 人力资源市场中存在着地区分割。一是由于户籍制度导致的城乡分割。农村进城务工人员不能享受到均等的公共服务,甚至在就业机会、工作条件和环境上存在着歧视问题。二是城镇内部的市场也存在分割。人力资源开发管理上的属地性,形成了一定的地方壁垒,造成了手续的接转不畅、资格的不互认等问题,限制了人力资源的合理流动,影响总体配置效率。

(2) 人力资源市场存在着体制分割。这是由所有制造成的一种分割。我国的人力资源市场被分割为体制内人力资源市场和体制外人力资源市场,主要表现在公有制与非公有制人力资源市场的差别。这两种市场在劳动权益、福利待遇、工作环境、社会保障等相关管理和制度安排上存在着一定的差别。

(3) 人力资源市场存在着管理分割。由于历史的原因,在我国人力资源管理和开发领域形成了劳动和人事两套相对独立的管理体制。在工作中,一方面是适应了市场分层的要求,但另一方面也造成了人力资源市场的分割,造成了一定程度的资源浪费和市场管理制度的交叉。

2. 人力资源市场服务能力有局限性

首先,公共就业服务能力有待提高。公共服务经费投入不够,尤其是在市县基层,其服务场所、员工素质、公共服务投入都不能得到有效保障。公共服务功能和服务手段短缺,激励机制不健全,难以实现高质高效的服务。其次,服务方式粗放。当下的服务,多集中于一般性的人才招聘、职业介绍服务,而高层次、高质量的服务不仅功能不足,水准也欠缺。最后,服务人员队伍整体素质不高,没有建立起专业的服务人员队伍。

3. 人力资源市场监管力度不足

一是立法层次较低。尚未制定与出台行政法规层次以上的人力资源市场管理法规;相关法律中有关市场的规定,可操作性不强。二是市场监管体系还没有建立起来。市场监管队伍远未健全,致使服务市场中损害劳动者和用人单位权益的事情屡有发生;执法检查手段较为单一,日常管理缺乏有效的手段。三是管理政策体系不健全。原有人才市场和劳动力市场管理的相关规定存在差异,没有统一起来;在信息网络服务、招聘会管理、档案管理等方面的规定不够细化,没有制定专门的管理办法。

4. 促进人力资源服务业发展的政策尚未形成

一是政府职能转变还不到位。在一定程度上还存在着管办不分的情况,阻碍了市场的发展空间。二是在鼓励加大对人力资源服务领域投资力度方面无具体措施。对行业发展缺乏政策引导,行业协会的作用发挥还不够充分。三是引导人力资源服务创新、加快服务品牌建设方面的措施还不到位,尤其是针对高层次人才的配置开发服务能力还十分薄弱。同时,面临着外资机构垄断的威胁。

(三) 人力资源市场建设的总体目标

中央明确提出,要建立统一、规范的人力资源市场,这为人力资源市场的进一步发展指明了方向。人力资源市场建设的总体目标为以下五个方面。

1. 管理体制的统一

形成人力资源市场统一的管理体制、统一的法律法规体系、统一的政策制度;结合经济体制改革的进一步深化和户籍制度、劳动人事制度、工资福利制度、社会保险制度的改革,逐步打破人力资源市场中存在的城乡分割、身份分割和地区分割,推进人力资源市场管理体制与政策制度的统一。

2. 运行机制的健全

形成政府部门宏观调控、市场主体公平竞争、中介组织规范服务的运行格局;充分发挥用人单位和劳动者的市场主体作用,为实现各类用人单位通过市场自主择人和各类劳动者通过市场自主择业创造条件和提供服务。

3. 公共服务的完善

形成服务体系健全、财政保障有力、运行效率较高的公共服务体系,为城乡各类劳动者提供均等和优质的服务,为就业困难群体提供就业援助。

4. 人力资源服务行业的健康发展

形成专业化、信息化、国际化的人力资源市场服务体系;鼓励市场经营性人力资源服务机构更广泛地参与到促进就业和推进人力资源开发领域,形成与公共服务优势互补的格局,满足不同层次主体的服务需求;促进人力资源服务的规范化、标准化,引导其服务创新。

5. 政府职能的转变

形成公平透明、竞争有序、规范运作的市场环境;推进政府部门所属机构的体制改革,实现公共服务与市场经营性服务的分离,使政府职能从办市场转变为创造市场发展的良好环境和建立市场运行的公平秩序;加快人力资源市场法治化建设,建立健全人力资源市场监管体系。

【知 识 巩 固】

1. 如何理解人力资源市场的含义?
2. 人力资源市场体系由哪几部分构成?
3. 如何理解新时期的促进就业方针?思考新时期的促进就业方针与计划就业体制下就业方针的区别与联系。

任务二　人力资源服务理论准备

【知识目标】
➢ 掌握人力资源服务的概念及特点；
➢ 理解人力资源服务业务中的主体关系；
➢ 理解外部人力资源服务与企业内部人力资源管理的区别与联系。

【能力目标】
➢ 能够正确画出人力资源服务业务上的主体关系图；
➢ 能够用自己的语言描述人力资源服务与企业内部人力资源管理的区别与联系，并能举例说明。

【任务导入】

● 任务1-2

【工作场景】
某房地产公司成立于2005年，现已成为跨区域的地产代理商，分支机构超过100个，公司总人数超过2 000人。目前平均每月促成房地产交易额达数十亿元人民币，市场资讯集中，服务全面，业务范围涵盖投资、项目发展、物业管理、国内地产、外国物业、估价等。

目前，公司管理人员大部分来自一线，但是缺乏管理理念和管理技能，给公司的可持续发展带来了一定的影响。随着市场竞争越来越激烈，必须充分调动和挖掘人力资源的潜力。于是，公司准备进行一次针对中高层管理人员的管理能力提升培训。但是，公司的人力资源部门并不具有进行高层次培训的能力和资源。同时，公司近年来集中优势力量扩展业务，而人力资源管理的繁杂事务牵扯了太多精力，除员工培训外，还有诸如员工薪酬体系的设计、薪资福利的发放、高级人才的招聘等工作，使得公司的人力资源部疲于应付，人力资源管理相关制度的缺失也在一定程度上限制了公司的发展。

【具体任务】
1. 如何帮助该公司解决目前遇到的困境？
2. 用自己的话说一说人力资源服务可以为该公司带来哪些价值？

● 任务 1-3

【工作场景】

小陈是一名某高职院校在读的大三女生,管理类专业,在校成绩很好,平时同学关系也不错,马上就面临毕业了,父母和亲戚都为她的工作焦虑。小陈来自普通家庭,在找工作方面,父母没有能力为其提供更好的帮助,只能依靠自己的努力。最近,小陈变得越来越焦虑,她自己也没有头绪,是继续努力争取考入本科的名额,还是找单位实习就业?单位好找吗?学校可以推荐实习单位吗?她很苦恼,感觉自己的前途一片迷茫。

【具体任务】

1. 请分析:小陈目前需要哪些方面的帮助?如何寻求帮助?
2. 你是否有和小陈一样的担心?请通过问卷调查法或访谈法,以"就业这件事"为主题,对你身边的同学进行调查。

一、人力资源服务的基本概念

人力资源服务主要是指帮助劳动者求职就业和用人单位招用人员以及由其延伸的提高劳动者素质和用人单位人力资源管理水平等各类服务行为。例如,职业介绍、职业指导、创业指导、劳务派遣、高级人才寻访、人力资源外包(如培训外包、薪酬福利外包、招聘外包等)、人事代理、人员测评、企业人力资源管理咨询等服务。

二、人力资源服务中的主体关系

人力资源服务在实践过程中的相关主体可以从产业化服务视角进行分析,一般表现为人力资源服务提供方和需求方(图1-1)。与人力资源管理实践相比较,人力资源服务实践过程中的主体构成体现出市场化、多样化和网络化的特点。

(一)人力资源服务提供方

在产业化服务视角下,人力资源服务提供方一般表现为以专业化人力资源服务企业为核心的功能性服务平台、网络或链条。

一方面,人力资源服务企业能够结合市场及客户组织需求,以及自身的品牌和产品战略,开发和推广相应的服务项目,并辅助客户实施。常态化的服务项目包括基础性

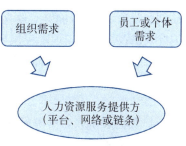

图1-1 人力资源服务主体关系示意图

人事代理服务、招聘外包服务、培训及管理咨询服务,以及薪酬福利外包等方面的服务。在服务项目开发和实施的过程中,人力资源服务企业出于效率和实用性考虑,可能通过技术和管理手段提升服务流程的标准化、信息化和定制化;同时,通过整合相关的市场化服务资源,不断提升服务的规模经济性和范围经济性。例如,在弹性福利外包项目开发和实施的过程中,人力资源服务企业可能会借助专业化的O2O服务平台、金融服务机构以及第三方物流公司等主体,来共同实现针对跨行业和跨区域客户企业的福利产品设计、选型、交易和交付过程。

另一方面,人力资源服务机构可以为个体劳动者就业和职业发展提供相关服务,如职业

介绍、就业和创业指导、职业生涯规划及发展、职业培训、就业失业管理等,其主要功能是促进就业、创业和优化人才配置。

(二) 人力资源服务需求方

人力资源服务的需求方一般包括组织和个人两方面。组织的服务需求主要体现为组织内部的人力资源管理和开发,即企事业单位或用工组织将自身的人力资源管理和开发相关活动的部分或者全部交由第三方提供,由其通过专业化手段实施的外部化过程。它是伴随着人力资源管理科学化和社会分工的深化逐步发展起来的专业化服务。

个人的服务需求一方面主要体现为组织内部的员工工作满意度和投入度,以及基于市场和专业的职生涯规划和发展。通常情况下,组织及其内部员工的人力资源服务需求可能存在一致性和协同性。例如,弹性福利外包产品既可能为客户企业提供成本节约和员工关怀服务,又能够提升员工群体和个人的自我认知、服务体验和待遇满意度。另一方面主要体现为个人劳动者对就业与职业发展方面的相关服务需求。这个服务需求涉及劳动者求职、就业、培训、职业转换,直至退休的全过程。

三、人力资源服务与人力资源管理的关系

从业务关系来看,人力资源管理主要指组织内部对人力资源的获取(选人)、开发(育人)、保持(留人)和利用(用人)等方面所进行的计划、组织、指挥、控制和协调等一系列活动,最终达到实现企业发展目标的一种管理行为,为内部管理行为;而人力资源服务主要指为某组织提供的可以提升其人力资源管理效率的某种服务,为外部服务行为。此外,人力资源服务还可以为劳动者个体提供相关人力资源服务,如求职服务、职业测评、职业指导等。

从供需关系来看,站在需求方的角度,人力资源服务是人力资源管理外部化的过程,也是提升人力资源管理水平的一种手段;站在人力资源服务供给方的角度,人力资源服务的产品创新或项目开发,能够有效支持客户企业的人力资源管理变革、流程再造以及人才管理。因此,在资源开发和使用、制度建设和优化以及雇主品牌建设等方面,人力资源服务提供方与客户组织间可能形成战略性的合作关系。

【知 识 巩 固】

1. 如何理解人力资源服务?
2. 人力资源服务在实践中涉及哪些主体?这些主体之间的关系是什么?
3. 从实践角度看,人力资源服务与人力资源管理的关系是什么?

【项 目 总 结】

本项目是本课程的基本理论部分,在此部分,对人力资源市场进行了概括性的介绍,主要从人力资源市场的含义、特征、人力资源市场体系出发进行分析;人力资源市场是劳动力供求双方自愿进行劳动力使用权转让和购买活动的总和。

人力资源服务是人力资源市场的重要内容,连接劳动者和用人单位,满足双方的需求,直接为促进就业服务。在人力资源服务理论准备部分,本项目从人力资源服务的概念出发,对人力资源服务业务中的三方主体关系进行了详细阐述,并从实践的角度,详细分析了人力资源服务与企业内部人力资源管理的区别与联系。

项目二

人力资源服务认知

【学习导图】

```
                          ┌── 人力资源服务体系认知
         人力资源服务认知 ──┼── 人力资源服务机构认知
                          └── 人力资源服务业务认知
```

任务一 人力资源服务体系认知

【知识目标】
➤ 理解人力资源服务体系的概念；
➤ 理解人力资源服务体系的构成；
➤ 掌握公共人力资源服务体系和经营性人力资源服务体系的内容和功能；
➤ 掌握公共人力资源服务体系和经营性人力资源服务体系的相同点和不同点。

【能力目标】
➤ 能够通过举例说出公共人力资源服务和经营性人力资源服务的含义和功能；
➤ 能够通过举例分析公共人力资源服务体系和经营性人力资源服务体系的相同点和不同点。

【任务导入】

● 任务 2-1

【工作场景】

王博是北京市某高职院校的一名毕业生，专业是人力资源管理。两年半的学习生活即将结束，如今面临着实习单位的选择问题，思考再三，他决定去某区人力资源公共服务中心实习。这是一家什么类型的单位？实习过程中能够学习到哪些业务内容？在实习之前，王博决定事先对这家单位进行了解。

【具体任务】

如果你是该人力资源公共服务中心的前台接待人员，你将如何向王博介绍该实习单位？

● 任务 2-2

根据我国《人力资源市场暂行条例》规定，我国的人力资源服务体系主要包括哪几部分？并举例解释公共人力资源服务和经营性人力资源服务的含义和功能。

一、人力资源服务体系构成

人力资源服务体系是为求职者和用人单位提供各种相关人力资源市场服务的机构、中介组织等的总称。我国的人力资源服务体系包括公共人力资源服务体系和经营性人力资源服务体系，两种服务体系相互补充、共同发展。

2018年10月1日开始实施的《人力资源市场暂行条例》第十四条提出："本条例所称人力资源服务机构，包括公共人力资源服务机构和经营性人力资源服务机构。公共人力资源服务机构，是指县级以上人民政府设立的公共就业和人才服务机构。经营性人力资源服务机构，是指依法设立的从事人力资源服务经营活动的机构。"据此，我们把人力资源服务体系分为公共人力资源服务和经营性人力资源服务。

二、公共人力资源服务

公共人力资源服务是指以促进就业为目的，由政府出资，向劳动者和用人单位提供的公益性人力资源服务。

公共人力资源服务作为一项由政府出资的公益性服务事业，其最重要的功能是为劳动者提供公益性人力资源服务。它有两个特点：第一，以政府服务公众的职能作为定位，以提供公益服务来定性，由公共政策、公共财政给予保障和支付；第二，对城乡所有劳动者提供基本、均等的人力资源服务，实现就业政策和人才政策，对就业困难群体提供就业援助服务，对不同时期的重点群体提供专门的就业服务，对用人单位提供通用性服务，并承担落实就业和人才政策以及对就业与失业进行社会化管理等职能，对用人单位和劳动者提供基本的人力资源社会保障事务代理等。

由此可见,公共人力资源服务的服务对象涵盖面较广,既包括人力资源市场中的普通劳动者,也有需要政府提供就业援助的就业困难人员。服务内容涵盖了用人单位和个人所需要的公共服务。例如,人力资源服务机构需要面向用工单位或个人提供必要的档案管理代办服务,自2015年1月1日起,取消了相关档案管理的服务性收费,进一步明确了该项服务的公共及社会化职能属性。

三、经营性人力资源服务

经营性人力资源服务是指以提供有偿人力资源中介服务为主,通过企业化经营的方式向劳动者和用人单位提供的人力资源服务。

经营性人力资源服务以收费的形式向各类用工组织或个人提供各类人力资源服务,人力资源服务提供商可以通过多样化的服务模式和专业化手段为客户提供优化其人力资源管理流程或模式的各类服务。经营性人力资源服务是公共人力资源服务有益且必要的补充。

从两者的组成结构看,经营性人力资源服务发展迅速,从机构比例上,已经超过公共人力资源服务。以北京市为例,近年来,经营性人力资源服务机构占比达到人力资源服务机构总数的80%左右,公共人力资源服务机构大约占比20%。但是,从主体地位看,公共人力资源服务机构仍是人力资源服务机构中的主力军,经营性人力资源服务机构是强有力的生力军。

【知识巩固】

1. 什么是人力资源服务体系?
2. 人力资源服务体系是如何构成的?
3. 如何理解公共人力资源服务和经营性人力资源服务的含义?
4. 如何理解公共人力资源服务和经营性人力资源服务之间的关系?

任务二　人力资源服务机构认知

【知识目标】
➢ 理解人力资源服务机构的类型；
➢ 掌握公共人力资源服务机构的特点和构成；
➢ 掌握经营性人力资源服务机构的特点和构成。

【能力目标】
➢ 能够正确识别不同类型的人力资源服务机构；
➢ 能够通过举例分析公共人力资源服务机构的特点；
➢ 能够通过举例分析经营性人力资源服务机构的特点。

【任务导入】

• 任务 2-3

　　1. 请列举出你所熟悉的公共人力资源服务机构和经营性人力资源服务机构，每种类型不少于 3 家机构。
　　2. 通过搜集资料，了解所列举的人力资源服务机构的基本情况。

• 任务 2-4

　　请以组为单位选择一家公共人力资源服务机构(如各区县人力资源公共服务中心、职业介绍机构、人才服务中心、镇或社区职介所等)，通过实地参观、问卷调查、访谈等方式进行调研，小组成员可为 5—6 人，形成调查报告。
　　参观内容包括：
　　1. 服务大厅岗位设置；
　　2. 岗位业务内容及工作流程；
　　3. 收集材料(宣传材料或登记表格等)。

• 任务 2-5

　　请以组为单位选择一家经营性人力资源服务公司，通过实地参观、问卷调查、访谈等方式进行调研,小组成员可为 5—6 人,形成调查报告。

调研内容包括:

1. 公司的基本概况;
2. 公司的部门设置、岗位业务内容及工作流程;
3. 收集材料(公司宣传材料或登记表格等)。

一、公共人力资源服务机构

(一) 公共人力资源服务机构的特征与类型

公共人力资源服务机构主要是县级以上人民政府设立的公共人力资源服务机构,包括原劳动、人事部门设立的劳动就业服务机构和人才交流服务机构。

1. 公共人力资源服务机构的特征

根据《国际劳工公约》规定,各国应建立一个公共的、无偿的就业服务体系。公共就业服务机构应具备以下四个特征:

(1) 由国家建立,在国家领导或监督下开展业务活动,国家应给予充分的资金保障;

(2) 公共就业服务机构应当形成体系,主要由中央主管部门、地区性就业服务机构和地方就业服务机构组成,上下形成网络,有足够的数量,从而可在一定程度上覆盖全国;

(3) 公共就业服务机构的职员应是政府公务人员身份,并保证其职业稳定;

(4) 公共就业服务机构应向求职者和雇主提供免费的就业服务。

目前,绝大多数国家都建立了公共就业服务制度。

我国的《就业服务与就业管理规定》第二十四条规定,县级以上劳动保障行政部门统筹管理本行政区域内的公共就业服务工作,根据政府制定的发展计划,建立健全覆盖城乡的公共就业服务体系。

公共就业服务机构根据政府确定的就业工作目标任务,制定就业服务计划,推动落实就业扶持政策,组织实施就业服务项目,为劳动者和用人单位提供就业服务,开展人力资源市场调查分析,并受劳动保障行政部门委托经办促进就业的相关事务。

2. 公共人力资源服务机构的类型

我国的公共就业服务机构按照职能可以分为以下三类:

(1) 公共就业服务管理机构,承担本地区公共就业服务规划、公共就业服务机构管理和人力资源市场管理工作;

(2) 公共就业服务工作机构,以职业介绍服务为主,按照统一服务窗口的要求,设立专门服务场所,作为直接面向求职者和用人单位提供服务的综合性服务窗口,承担政策咨询、人力资源市场信息的收集与发布、职业介绍、职业指导、职业培训、职业咨询、失业人员管理、创业服务和劳动保障事务代理等多项就业服务;

(3) 以街道(乡镇)社区劳动保障工作平台为主的基层公共就业服务机构,承担面向基层群众提供公共就业服务、对就业困难群体提供就业援助等基础性工作。

按照服务机构的主管部门划分,我国的公共就业服务体系包括以下两大类:

(1) 各级政府中的人力资源社会保障部门举办的公共就业服务机构,是我国公共就业服务体系的主体部分,承担着为各类劳动者提供公益性服务的基本职责。

(2) 其他部门、行业或社会团体举办的各类公共人力资源服务机构。例如,各级残疾人联合会举办的残疾人就业服务机构,承担着为残疾人就业提供专门服务,受人力资源社会保障部门委托为残疾人办理就业登记、失业登记等事务的职责。

(二) 对公共人力资源服务机构的管理制度

1. 不断提高公共就业服务的质量和效率

《就业促进法》《就业服务与就业管理规定》等政策法规对公共就业服务机构的管理有详细规定。要大力加强公共就业服务机构的专业化建设,提高就业服务的质量和效率,提高求职者和用人单位的满意度,重点做好以下四个方面的工作:

(1) 针对特定就业群体制定专项计划,满足服务对象多元化的需求。充分利用现有的服务机构和服务设施,满足人力资源市场供求双方的需要。针对不同失业人员群体和用人单位的需求,有针对性地设立专门的服务项目,提高服务的针对性水平。

(2) 统一服务流程,提供"一站式"服务。树立以人为本的服务理念,以方便服务对象为目标,简化手续,制定服务标准,规范服务操作,公开服务制度,主动接受社会监督,合理布局服务场所,并规定公共就业服务机构使用全国统一的标识,为劳动者提供优质、高效的"一站式"服务,使公共就业服务机构成为当地人民群众信得过、满意度高的服务窗口。

(3) 加强队伍建设,实现队伍专业化。加强就业服务工作人员队伍建设,配备专业的职业指导人员,对从业人员普遍开展政策业务和操作技能培训,实行持证上岗制度。

(4) 完善人力资源市场信息服务体系,加强信息化管理。完善就业服务信息系统,逐步实现就业服务和失业保险业务的全程信息化,完善信息公开发布系统和职业供求状况分析制度。

2. 将公共就业服务经费纳入财政预算

公共就业服务是政府公共服务职能的体现,因此,公共就业服务所需的经费应当纳入各级政府财政预算的范围。

为增强公共就业服务的激励机制,就要对公共就业服务机构实行财政与服务绩效挂钩的管理制度,对开展免费就业服务的对象规模、服务项目、服务质量和服务效果提出明确的目标任务,对其完成任务状况进行定期考核,根据其开展免费服务的绩效拨付资金。

3. 禁止公共就业服务机构从事经营性活动

公共就业服务机构作为服务提供者,是政府在人力资源市场中从事公益性服务的代表,如果从事经营性活动,就背离了其公共服务提供者的基本性质,由于其身份的特殊性,容易对市场的正常运行造成消极影响。《就业服务与就业管理规定》第四十五条规定:"政府部门不得举办或者与他人联合举办经营性的职业中介机构。"因此,公共就业服务机构不应该从事经营性活动,各级地方政府和有关部门也不应该举办经营性的职业中介机构。

二、经营性人力资源服务机构

经营性人力资源服务机构是指由法人、其他组织和公民个人举办,为用人单位招用人员和劳动者求职提供中介服务以及其他相关服务的经营性组织。

经营性人力资源服务机构类型很多,从国际来看,全球知名的人力资源服务机构有德科集团(The Adecco Group)、任仕达(Randstad)、万宝盛华集团(Manpower Group)、光辉国际(Korn Ferry)等;从国内来看,主要包括从事人力资源服务的国有企业、民营企业、中外合资企业等人力资源服务机构。比较知名的人力资源服务机构如中智管理咨询有限公司(CIIC)、北京外企人力资源服务有限公司(FESCO)等,民营企业如智联招聘、前程无忧等人力资源服务机构。经营性人力资源服务机构是公共就业服务机构有益而必要的补充。

案例分享

扎根人力　温暖同行

——北京外企人力资源服务有限公司

北京外企人力资源服务有限公司(FESCO)成立于1979年,是国内首家为外商驻华代表机构、外商金融机构、经济组织提供专业化人力资源服务的公司,开创了中国人力资源服务行业的先河。作为专业的人力资源综合解决方案提供商,FESCO以温暖的服务与先进的技术,41年来一直为各种组织和企业提供全方位的人力资源解决方案,推动着中外企业在华业务的快速增长,帮助国内外人才不断提升价值。

FESCO一直深耕人力资源服务行业,涵盖用工管理、人事代理、商业外包、健康管理、财税薪酬、弹性福利、管理咨询、国际人才服务、高端人才寻访等多重领域,坚持以匠人之心打造人力资源价值链上的每一环。目前,FESCO为来自上百个国家和地区的数万家客户、数百万名中外人才提供有温度的服务。FESCO服务的客户涵盖了信息通信、新能源、新材料、航空航天、生物医药、智能制造等众多领域。

未来,FESCO将继续通过服务、产品和科技创造价值,打造一个有价值的智慧人力资源服务生态,赋能组织和行业发展。

【知 识 巩 固】

1. 什么是公共人力资源服务机构?
2. 什么是经营性人力资源服务机构?
3. 公共人力资源服务机构具有哪些特点?
4. 经营性人力资源服务机构具有哪些特点?

任务三　人力资源服务业务认知

【知识目标】
➢ 理解公共人力资源服务业务的内容；
➢ 理解经营性人力资源服务业务的内容；
➢ 掌握公共人力资源服务业务和经营性人力资源服务业务的相同点和不同点。

【能力目标】
➢ 能够通过举例分析公共人力资源服务的业务内容；
➢ 能够通过举例分析经营性人力资源服务的业务内容；
➢ 能够分析不同类型人力资源服务机构提供服务的相同之处和不同之处；
➢ 能够自己总结人力资源服务领域常见的业务形态。

【任务导入】

● 任务 2-6

　　请列举出至少 3 家公共人力资源服务机构，查找其业务内容，自己归纳整理公共人力资源服务机构的业务内容。

● 任务 2-7

　　请列举出至少 3 家经营性人力资源服务机构，查找其业务内容，自己归纳整理经营性人力资源服务机构的业务内容。

● 任务 2-8

　　请查找政策，根据《人力资源市场暂行条例》的规定，总结公共人力资源服务机构和经营性人力资源服务机构分别应提供的服务内容。

一、公共人力资源服务业务的内容

公共人力资源服务作为一项由政府出资的公益性服务事业,其最重要的功能应当是为劳动者提供公益性的人力资源服务。

《就业促进法》和《就业服务与就业管理规定》同时规定公共就业服务机构应当免费为劳动者提供以下六项基本服务:

(1) 就业政策法规咨询;
(2) 职业供求信息、市场工资指导价位信息和职业培训信息发布;
(3) 职业指导和职业介绍;
(4) 对就业困难人员实施就业援助;
(5) 办理就业登记、失业登记等事务;
(6) 其他公共就业服务。

这六项免费服务内容,基本涵盖了求职者在求职就业过程中应当享有的主要服务内容,既包括一般就业服务所具备的政策法规咨询、职业供求等方面的信息发布,以及职业指导和职业介绍等服务,也包括公共就业服务的重要职责,即对就业困难人员实施就业援助,以及办理就业登记、失业登记等事务。鉴于政府提供的就业服务具有公益性,政府重点是针对人力资源市场上相对弱势的求职者群体提供免费的公益性服务。

在此基础上,2018年10月1日起,我国开始实施《人力资源市场暂行条例》(以下简称《条例》)。《条例》第十五条提出,公共人力资源服务机构提供下列服务,不得收费:

(1) 人力资源供求、市场工资指导价位、职业培训等信息发布;
(2) 职业介绍、职业指导和创业开业指导;
(3) 就业创业和人才政策法规咨询;
(4) 对就业困难人员实施就业援助;
(5) 办理就业登记、失业登记等事务;
(6) 办理高等学校、中等职业学校、技工学校毕业生接收手续;
(7) 流动人员人事档案管理;
(8) 县级以上人民政府确定的其他服务。

相比于《就业服务与就业管理规定》中公共就业服务的内容,《条例》针对人力资源公共服务的内容发生了以下变化:一是体现了就业与人才业务的统一,将原劳动行政部门所管辖的就业业务与原人事行政部门所管辖的人才业务进行整合;二是对创业活动的重视程度增强,增加了创业开业指导服务和创业政策的咨询服务。

同时,公共人力资源服务机构应当积极拓展服务功能,《就业服务与就业管理规定》规定,根据用人单位需求,可为用人单位提供以下服务:

(1) 招聘用人指导服务;
(2) 代理招聘服务;
(3) 跨地区人员招聘服务;
(4) 企业人力资源管理咨询等专业性服务;
(5) 劳动保障事务代理服务;
(6) 为满足用人单位需求开发的其他就业服务项目。

公共就业服务机构从事劳动保障事务代理业务,须经县级以上劳动保障行政部门批准。

因此,根据公共人力资源服务机构的业务内容,可以将公共人力资源服务机构的工作内容划分为就业服务区和人才服务区。其中,就业服务区包括总服务台、信息发布区、职业介绍区、职业指导区、就业与失业管理区、劳动保障事务代理区、培训与创业服务区等内容;人才服务区包括户籍管理、档案管理、社保代理、居住证管理等内容。

二、经营性人力资源服务业务的内容

人力资源和社会保障行政部门在批准行业、社会团体或其他部门举办的人力资源服务机构时,主要以批准其从事专业性职业介绍服务为主。《就业服务与就业管理规定》第五十二条规定,职业中介机构可以从事下列业务:

(1) 为劳动者介绍用人单位;
(2) 为用人单位和居民家庭推荐劳动者;
(3) 开展职业指导、人力资源管理咨询服务;
(4) 收集和发布职业供求信息;
(5) 根据国家有关规定从事互联网职业信息服务;
(6) 组织职业招聘洽谈会;
(7) 经劳动保障行政部门核准的其他服务项目。

以上内容属于狭义的人力资源服务,即人力资源中介服务,也就是人才中介机构或劳动就业机构提供的职业中介服务,主要涉及市场供需对接及人才配置等工作内容。

随着人力资源服务行业的发展,经营性人力资源服务业务内容越来越丰富。《人力资源市场暂行条例》第十八条规定,经营性人力资源服务机构可以开展人力资源供求信息的收集和发布、就业和创业指导、人力资源管理咨询、人力资源测评、人力资源培训、承接人力资源服务外包等人力资源服务业务。

在实践中,不同类型的经营性人力资源服务企业根据其自身定位,开展的业务也不尽相同。从广义的角度来看,经营性人力资源服务业务涵盖了战略层面和操作层面两大类性质的服务。

(1) 战略层次:如人力资源管理体系设计,涉及人员招聘、培训与发展、薪酬福利、绩效考核和岗位设置等服务内容,可由专业的人力资源机构和能提供人力资源咨询的管理顾问公司组成;

(2) 操作层次:人力资源咨询公司从事的常规事务性工作,如客户企业日常烦琐的操作和管理,主要涉及工资福利管理、人事代理、劳务派遣等服务内容。

因此,经营性人力资源服务机构一般是以公司经营的形式,根据业务,设有客户服务部、市场部、招聘部、职业测评部、人事代理部、劳动派遣部等业务部门。

三、人力资源服务的常见业态

综上所述,人力资源服务的具体业务形态主要包括两方面:

(1) 针对劳动者个体,包括劳动者求职信息登记、职业介绍、职业指导、职业培训、就业与失业管理、就业援助等就业服务。

(2) 针对用人单位,包括第三方招聘服务、人才寻访、人才测评服务、培训服务、社会保

险事务代理服务、人事档案代理服务,劳务派遣服务、人力资源管理咨询等多种业务。

人力资源服务的常见业态有以下十一种。

(一) 就业服务

就业服务主要是指面向劳动者提供的职业介绍、职业指导、职业培训、就业与失业管理、就业援助等相关服务。根据劳动者本人提供的求职信息和求职意愿,人力资源服务工作人员向其推荐合适的岗位信息,并提供职业指导、职业培训等一系列就业服务。

(二) 第三方招聘服务

第三方招聘服务主要是指第三方招聘服务机构根据客户单位的人力资源规划和工作岗位要求,为其提供经筛选后符合岗位要求的专门人才的服务形式。第三方招聘服务机构利用自身在人力资源管理、评价工具和管理方面的技术优势,为客户单位提供分析招聘需求、发布招聘信息、选择招聘渠道、测评与甄选、背景调查与录用等一系列服务或部分服务。

目前,最常见的招聘服务从形式上主要包括现场招聘会服务和网络招聘服务;从业务细分上主要包括猎头服务、中高端人才寻访及推荐服务、批量招聘外包服务、校园招聘外包服务、招聘渠道服务以及招聘流程外包服务等。

(三) 高级人才寻访

高级人才寻访服务又称猎头服务,属于人力资源服务领域中的高端业务,通常为客户提供咨询、搜寻、甄选、评估、推荐并协助录用高级人才的系列服务活动。该业务主要针对的目标群体是具有较高知识水平、专业技术的高层管理人员和高级技术人员。

从本质上讲,高端人才寻访属于第三方招聘服务的一种类型,但高级人才寻访的对象是需要高端人才的客户单位,服务内容更加个性化、服务方式更加专业化。

(四) 劳务派遣业务

劳务派遣也称人才租赁,即用工单位向劳务派遣单位提出所需人员的标准和工资待遇,由劳务派遣单位通过市场招聘等方式搜索合格人员,把经筛选合格的人派遣至用工单位。劳务派遣机构与被派遣劳动者订立劳动合同,被派遣劳动者向实际用人单位提供劳动,劳务派遣机构从中获得收入。

劳务派遣服务的主要内容包括用工需求受理、招工和派工、被派遣人员社会保险和公积金申报与缴纳、工资发放、人事档案管理、劳务纠纷处理等服务。

(五) 人事档案管理服务

人事档案管理服务是指具有一定资质的第三方人力资源服务机构(如人才中心)依据人事档案相关政策规定,接受不具有人事档案管理权限单位或者劳动者个人的委托,办理其员工或个人档案委托存放、查阅与转出手续的服务。

一般来说,在不具有人事档案管理权限的单位就业的劳动者人事档案,个体劳动者、自由职业人员及失业人员申请自谋职业或实现灵活就业人员的人事档案及其他流动人员的人事档案,均可以委托(单位委托或个人委托)有资质的人力资源服务机构代理保管。

(六) 社会保险事务代理服务

社会保险事务代理服务是指具有一定资质的第三方人力资源服务机构代办委托存档人员的社会保险费的收缴和支付等服务,具体服务内容包括社会保险信息的采集、社会保险的申报、社会保险卡的发放、社会保险费用的支付以及社会保险经办机构须办理的其他相关事项。

(七) 人才测评服务

人才测评服务是根据一定目的,综合运用定量与定性的多种方法,如心理测验、情景模拟等手段,对人才的能力、水平、性格特征等因素进行客观、准确地评价,为企业用人、选人、育人等人力资源管理和开发工作提供有参考价值信息的一种社会活动。第三方测评是由独立、专业的人才测评机构来主持实施的人才测评活动。人才测评机构根据客户单位的测评需求和测评目的,设计测评方案并实施。

(八) 培训服务

培训服务是指专业培训机构为客户单位提供与人力资源管理和开发相关的培训活动,通过改变知识、技术和态度以满足客户需求的过程。这里的客户既包括个体(个人技能培训),也包括各类组织。政府、企事业单位和各类社会团体都有可能成为培训服务的客户(企业培训服务),企业培训服务内容包括向客户单位提供培训前调研、培训内容设计、培训课程开发、培训实施以及培训后效果跟进落实等一系列活动。

(九) 人力资源外包业务

人力资源外包(HRO)是指发包单位根据本单位的业务发展需要,将几项或全部人力资源管理职能以及对非核心业务板块的人力资源配置发包出去,交由其他企业或组织进行管理,以降低管理成本,获取专业资源,实现效率最大化。

广义的人力资源外包包括职能性外包、事务性外包和灵活用工外包。职能性外包包括招聘流程外包、培训外包、薪酬或福利外包等;事务性外包包括人事代理服务、社保代办服务、劳动保障法务服务等;灵活用工外包包括劳务派遣、岗位外包、业务外包等。

(十) 人力资源管理咨询服务

人力资源管理咨询是针对人力资源管理的一项管理咨询活动,是人力资源管理顾问或顾问团队帮助客户企业发现和解决人力资源管理方面的问题,并提升人力资源管理水平及其有效性的过程。

该业务服务内容包括提供组织内外部环境调研、分析与诊断、人力资源战略规划、组织架构与管控、岗位设计及职位体系设计、薪酬体系设计、绩效管理体系设计、员工胜任素质体系设计等系统解决方案。在人力资源服务业,人力资源管理咨询业务因其服务层次高、综合性强、难度大、价值高而被越来越多的企业重视。

(十一) 涉外就业服务

涉外就业服务是指境外人员或中国台港澳人员在中国大陆从事社会劳动并获取劳动报酬的行为,包括中国台港澳人员在中国大陆就业和外国人在中国大陆就业。

涉外就业服务的核心是行政许可制,即人力资源和社会保障行政机构对拟在中国大陆就业的外国人和中国台港澳人员入境申请、签证办理、劳动合同签订、就业证和居留证办理等行为实施行政许可和监督的行为。

经营性人力资源服务案例分享

易才集团的前身为智联招聘人事外包部,成立于2003年,总部位于北京。截至2021年,易才服务网络已覆盖全国超500座城市,服务企业超2万家,服务客户人数超200万,拥有出众的全国网点覆盖数量与百万级落地服务能力。

◇ **全面薪酬福利　全景智慧人力**

易才集团专注于提升人力资源运营效能与员工的职场服务体验,依托辐射全国的服务网络、先进的 SaaS 服务平台,为外商投资企业、国有企业、民营企业等各类企事业单位及政府部门提供人事代理、人才派遣、岗位外包、薪酬福利管理、员工体检、商业保险等各类人力资源外包服务,为客户提供涵盖薪酬社保外包、职场健康福利、弹性保障方案等服务的一站式人力资源综合解决方案。

易才集团产品体系如图 2-1 所示:

图 2-1　易才集团产品体系

◇ **予实力者,专注未来**

易才集团始终秉持客户需求为导向,奉"以人为本,与企业、社会共赢未来"为使命,坚持以卓越的服务质量赢得客户满意,超越客户期望,不断地为客户创造价值。

【知识巩固】

1. 简述我国公共人力资源服务业务的内容。
2. 简述我国经营性人力资源服务业务的内容。
3. 简述公共人力资源服务与经营性人力资源服务的相同点和不同点。
4. 简述人力资源服务业的常见业态。

【项目总结】

本项目对人力资源服务体系、服务机构类型及业务内容进行认知,从人力资源服务的概念出发,对我国人力资源服务体系的构成、不同类型的人力资源服务机构的特点以及业务内容进行了详细阐述。我国的人力资源市场服务体系主要分为公共人力资源服务体系和经营性人力资源服务体系两大类,不同性质的人力资源服务的其机构设置、服务对象及服务内容都有不同的特点,但它们目的都是人力资源的合理配置。

项目三

经营性人力资源服务

【学习导图】

```
                           ┌─ 人力资源服务机构组织设计与管理
                           │
                           ├─ 招聘流程外包
  经营性人力资源服务 ──────┤
                           ├─ 劳务派遣
                           │
                           └─ 高级人才寻访
```

任务一　人力资源服务机构组织设计与管理

【知识目标】
➢ 了解经营性人力资源服务机构的典型组织形式；
➢ 理解不同类型的经营性人力资源服务机构的特点；
➢ 理解经营性人力资源服务机构中典型岗位的岗位职责；
➢ 理解人力资源服务机构的管理制度。

【能力目标】
➢ 能够以团队的形式组建某种类型的人力资源服务公司，并合理设置部门及岗位；
➢ 能够初步设计所组建人力资源服务公司中典型工作岗位的岗位职责；
➢ 能够学会如何识别人力资源服务机构的合法经营资质。

🔍【任务导入】

● 任务 3-1

请以小组为单位,每组寻找一家经营性人力资源服务企业,对企业进行分析,对其基本情况、企业文化、经营模式、业务部门、业务内容等进行全方位分析。

● 任务 3-2

请以小组为单位,创建人力资源服务类公司。具体实训步骤如下:
1. 为你们的公司起个响亮的名字吧!
2. 为你们的团队设计一个新颖的LOGO吧(能够体现人力资源服务的特点和内涵)!
3. 为你们的公司设置组织结构吧(如部门设置、人员分工等)!
4. 各部门负责业务的总体介绍。

● 任务 3-3

以任务3-2为基础,请各组成员选择一个自己负责的岗位(如人才推荐部职业顾问、招聘部主管、培训项目主管等),分析岗位的职责和任职要求。

一、人力资源服务机构组织结构与职责设计

(一)职业介绍机构的组织结构与职责设计

1. 职业介绍机构的组织结构

职业介绍机构是运用自身的信息平台和专业优势,帮助求职者实现就业或转换职业的中介机构,是职业介绍业务的主要载体。我国的职业介绍机构主要分为公共职业介绍机构和营利性职业介绍机构。公共职业介绍机构是由各级人力资源和社会保障部门、其他政府部门或社会团体举办的从事公益性质的职业介绍活动的服务机构。

营利性职业介绍机构是由法人、其他组织或个人举办的以营利性为目的从事职业介绍活动的服务机构。这类机构的成立或业务的开展需要经过人力资源和社会保障行政部门的审批,并向工商行政管理部门申请办理企业登记注册和营业执照。

职业介绍机构的主要服务和职能包括客户的接待登记、提供求职或用人信息、组织双方面谈及其他委托服务等。中小型职业机构的组织结构可参考图3-1。

2. 职业介绍顾问的岗位职责

职业介绍顾问主要针对客户企业人力资源状况和求职者的登记信息,根据业务流程提供方案,提供职位介绍、求职信息与岗位信息匹配等服务。

一般来说,职业介绍顾问需要2—3年以上的企业人力资源管理或职业介绍工作经验,掌握专业、全面的人力资源管理知识和社会保障专业知识,能够独立承担职业介绍项目的实施。

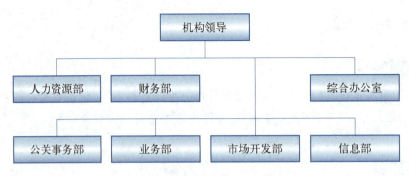

图 3-1 职业介绍机构的组织结构示例

职业介绍顾问的岗位职责示例如表 3-1 所示。

表 3-1 职业介绍顾问的岗位职责示例

职业介绍顾问的岗位职责	
职责1	接待来到现场登记求职信息的求职者,对其条件和证件予以审核,指导其填写《个人求职登记表》,对其进行简单的职业指导、调整求职意愿
职责2	负责接待企业客户经办人员,对其携带的证件予以审核,指导其填写《单位招聘登记表》,对其进行简单的用人指导、调整招聘条件
职责3	录入求职者的个人求职信息、用人单位的招聘信息及岗位信息
职责4	人职匹配,分别向用人单位推荐求职者信息、向求职者推荐用人单位招聘信息
职责5	根据用人单位的招聘需求,组织开展委托招聘、现场招聘等,提供相应的服务
职责6	在项目实施过程中,与客户保持有效沟通,对项目中存在的问题或异议提出可行的解决方案,经过论证、沟通,与客户达成一致
职责7	对职业市场进行分析,向本机构领导提供建设性建议

(二) 综合性人力资源服务有限公司的组织结构与职责设计

1. 组织结构

综合性人力资源服务有限公司的业务涉及面广,包括人才招聘服务、人事代理服务、劳务派遣服务、人事用工管理服务、健康医疗管理、国际人才服务等;大型的人力资源服务公司除了主动开拓企业客户外,还会设置一些窗口业务,如人事档案业务的受理、社会保险和住房公积金的代理、政策咨询等,为前来办理业务的员工提供相应的服务。

综合性人力资源服务有限公司的组织结构图可以根据自身开展的业务类型来设计,参考范例如图 3-2 所示。

2. 岗位职责设计

(1) 招聘事业部经理的岗位职责。对于人力资源第三方服务单位而言,招聘事业部经理主要专注于为客户提供招聘解决方案。不同类型的企业,招聘事业部经理的岗位职责略有不同。

图 3-2　综合性人力资源服务公司的组织结构示例

一般的第三方人力资源服务机构中的招聘事业部经理主要负责用人单位招聘、求职者求职等事项的规划工作,具体的岗位职责示例见表 3-2。

表 3-2　第三方人力资源服务机构招聘事业部经理的岗位职责示例

招聘事业部经理(第三方招聘机构)的岗位职责	
职责 1	对劳动力市场进行分析,并结合本机构的实际情况,确立部门工作目标
职责 2	根据部门工作目标,进行招聘服务项目的规划,制订招聘服务工作计划
职责 3	负责组织招聘服务项目实施方案的编制与实施
职责 4	负责对招聘服务项目实施方案的成果进行总结与评估
职责 5	负责处理招聘服务项目实施过程中出现的问题

(2) 社保代理部经理的岗位职责。社保代理部经理主要负责针对客户对社会保险服务的需求,提供社保代理方案,并根据与客户签订的社保代理协议组织完成社保代缴代办等代理业务。

一般来说,社保代理部经理需要 3 年以上的人力资源管理、社保办理或社保代理相关工作经验,需要全面掌握社保相关政策以及专业的人力资源管理和社保代理专业知识,能够独立地组织和承担社保代理项目的实施。其岗位职责示例如表 3-3 所示。

表 3-3　社保代理部经理的岗位职责示例

社保代理部经理的岗位职责	
职责 1	监督指导社保代理业务的洽谈工作,并组织编制社保代理方案
职责 2	与客户依法签订社保代理协议,明确双方的权利、义务,分清法律责任
职责 3	监督养老保险、失业保险、工伤保险、医疗保险和生育保险的代缴代办业务
职责 4	监督指导企业客户员工或个人客户退休审批相关手续等业务的办理
职责 5	监督指导企业客户员工工伤认定和费用报销等业务的办理
职责 6	监督指导企业客户员工生育费用报销和生育津贴的申领
职责 7	监督指导社保信息变更、关系转移等其他相关业务的办理
职责 8	组织、参与或监督社会保险政策培训服务业务
职责 9	负责社保代理部经办人员的日常管理和培训考核等工作
职责 10	协调本部门与其他部门之间的关系,做好沟通协调工作

（3）人事档案中心经理的岗位职责。人事档案中心经理主要负责组织本中心员工做好单位或者个人客户人事档案的接收、保管、转存、查借阅、转出及相关证明的开具等工作,确保本中心的日常工作高效有序。

一般来说,人事档案中心经理应具备 2—3 年以上的企业人力资源管理经验,并具备 1 年以上的企业人事档案管理经验,掌握全面的人力资源管理知识,熟知本地区人事档案存档、转出等相关政策,具有良好的沟通协调能力及责任意识。

人事档案中心经理的岗位职责示例如表 3-4 所示。

表 3-4　人事档案中心经理的岗位职责示例

人事档案中心经理的岗位职责	
职责 1	根据公司的实际情况,编制各项工作的业务流程、制度及标准,并贯彻落实
职责 2	组织中心员工做好个人或单位人事档案存档、转存、转出等代理工作
职责 3	组织中心员工做好个人或单位人事档案的查询、借阅服务工作 组织中心员工做好个人或单位其他与人事档案管理相关的服务,如工龄认定
职责 4	手续办理、毕业生接收落户、生育服务证办理、组织关系转移、各种政审或住房调查等人事证明及盖章服务等
职责 5	组织中心员工做好本公司员工的人事档案服务工作,包括为员工办理个人存档业务、办理工作居住证、提供本市人才业务的咨询服务等

(三) 劳务派遣公司的组织结构与职责设计

1. 组织结构

劳务派遣公司的业务主要包括三大类：企业客户开发、被派遣劳动者招聘与培训、被派遣劳动者用工管理，包括劳动合同的签订、薪酬管理、绩效管理、社会保险及公积金的申缴、劳动纠纷的处理及日常事务的处理等。根据劳务派遣公司的业务，部门设置可包括客户开发部、市场部、招聘培训部、派遣部、人事代理部、法务部等。劳务派遣公司的组织结构可参考图 3-3。

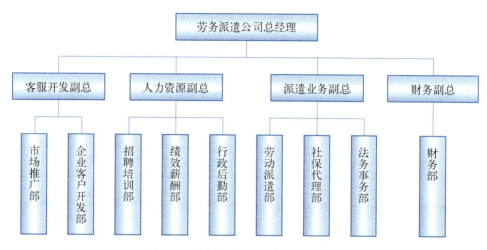

图 3-3 劳务派遣公司的组织结构示例

2. 岗位职责设计

（1）招聘部经理的岗位职责。劳务派遣公司招聘部经理的主要职责是根据用工单位的招聘需求，组织实施被派遣员工的招聘工作，具体岗位职责示例如表 3-5 所示。

表 3-5 招聘部经理的岗位职责示例

招聘部经理的岗位职责	
职责 1	负责对用工单位的招聘需求进行分析，确认用工单位的招聘要求
职责 2	根据用工单位的招聘需求，制定招聘实施方案
职责 3	制定招聘公告，并根据公司的实际情况及招工特点，选择合适的信息发布渠道发布招聘信息
职责 4	组织简历的筛选以及求职者面试工作
职责 5	与被派遣劳动者签订劳动合同，并将劳动者派遣到用工单位

（2）派遣事业部经理的岗位职责。派遣事业部经理主要负责本公司劳务派遣业务的市场拓展与客户关系维护，确立业务拓展策略、制定业务拓展计划，以及做好派遣业务团队的建设。派遣事业部经理一般需具备 3 年以上的劳务外包（派遣）市场开发、管理工作经验，具

有劳动保障、人力资源管理等相关专业专科以上学历。

派遣事业部经理的岗位职责示例如表3-6所示。

表3-6 派遣事业部经理的岗位职责示例

派遣事业部经理的岗位职责	
职责1	负责确立本公司劳务派遣业务拓展策略,组织制订季度、年度派遣业务拓展计划
职责2	组织宣传、推广本公司的人力资源劳务派遣服务产品,开拓新客户
职责3	向客户提供人力资源劳务派遣服务方案,通过提供专业的服务,和客户建立并保持良好的合作关系,持续地、积极主动地为客户服务,维系与老客户的合作关系
职责4	负责部门的日常营运工作,推动内部培训与开发,引导团队成员个人发展,提升团队的整体竞争力
职责5	组织做好本公司与被派遣劳动者、用工单位三者关系的协调,及时解决相关冲突
职责6	组织制定客户开发流程及销售方式、销售渠道等,编制客户开发管理制度

(四) 猎头公司的组织结构与职责设计

1. 组织结构

猎头公司的主要任务是帮助客户单位寻访高级人才,很好地匹配客户单位的招聘需求。猎头服务业务包括客户开发与管理、客户服务及高级人才服务,一边对接客户单位,一边对接高级人才。前者可由业务拓展部或客户部来完成,后者一般由猎头部来完成,业务拓展部负责开拓客户,并交由客户部进行客户管理,与客户进行沟通,分析客户的招聘需求,然后由猎头部负责人才寻访、面试、甄选、测评、背景调查、录用及保证期服务。

大型知名的猎头公司会针对不同的行业设立猎头项目部,还会设立本公司的行政部、人力资源部、财务部等。常见的猎头公司组织结构设计如图3-4所示。

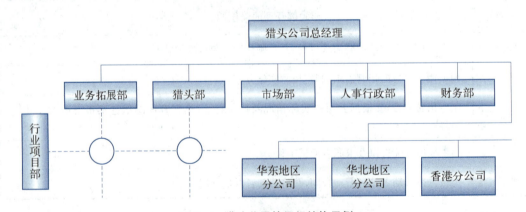

图3-4 猎头公司的组织结构示例

2. 岗位职责设计

(1) 猎头BD的岗位职责。猎头公司作为提供第三方招聘服务的单位,一端面向企业,一端面向高端人才。BD 是 Business Development 的首字母缩写，即猎头业务拓展人员，主要对接客户企业人力资源高级管理人员，负责开拓猎头公司的客户企业，获取对方高级管理人员招聘的委托。

一般来说，猎头 BD 需要 3 年以上的企业招聘或销售经验或 1 年以上的猎头工作经验，有人力资源相关证书者优先。其岗位职责示例如表 3-7 所示。

表 3-7　猎头 BD 的岗位职责示例

猎头 BD 的岗位职责	
职责 1	负责推广公司的猎头服务项目，运用销售技巧开拓猎头服务对象
职责 2	与有意向的客户企业充分沟通，代表公司进行商务谈判、商议合同核心条款的内容
职责 3	全程跟进客户委托的招聘项目，与其经办人员充分沟通，提供一定的咨询与引导
职责 4	协调公司猎头部猎头顾问，提供客户委托招聘的岗位需求，协助项目的执行
职责 5	根据合同分期做好项目的收款工作，协调财务人员的往来款项管理工作
职责 6	维护客户企业的合作关系，提升客户企业的满意度，争取成熟客户的二次合作

（2）猎头顾问的岗位职责。猎头顾问是猎头公司面向各类型高端人才的人员，其主要职责是通过行业资料的搜集、整理、分析和研究，寻访那些符合企业客户高级人才需求的候选人。猎头顾问一般应该具有人力资源管理相关专业专科以上学历，拥有 2~3 年以上的企业专职招聘、猎头工作经验，有人力资源相关证书者优先。其岗位职责示例如表 3-8 所示。

表 3-8　猎头顾问的岗位职责示例

猎头顾问的岗位职责	
职责 1	协助上级领导制定季度、年度业绩指标，带领团队完成猎头项目执行的全部工作
职责 2	熟悉人才市场动态，通过各种渠道根据客户需求寻访候选人或者指导助理完成寻访工作
职责 3	面试和甄选候选人，根据客户的需求和特点，写推荐报告，推荐合适的候选人
职责 4	协调安排客户企业的面试，及时解决面试过程中遇到的问题
职责 5	协调薪酬谈判和录用通知书的签署，根据客户要求对候选人进行详细的背景调查
职责 6	进行候选人入职前、中、后期的跟踪，并为候选人提供相应的职业发展建议

（五）人力资源管理咨询公司的组织结构与职责设计

1. 组织结构

人力资源管理咨询公司的业务主要围绕客户单位人力资源管理工作展开，有的公司组织结构是按照其咨询业务模块来设计的，有的公司按照客户单位所在行业的类型来设计，综合型人力资源管理咨询公司还会涉及培训、投资、风控、文化创意等业务模块。

人力资源管理咨询公司的组织结构可参考图 3-5。

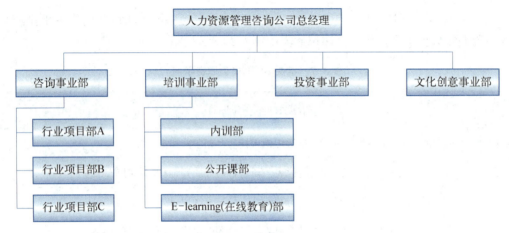

图 3-5 人力资源管理咨询公司的组织结构示例

2. 岗位职责设计

（1）咨询项目经理的岗位职责。咨询项目经理一般是企业某一个或某几个咨询项目的负责人，其主要职责是带领团队进行咨询项目的开发设计，并监督实施，保证达成项目目标。

在人力资源管理咨询公司任职的咨询项目经理，一般应具有 5 年以上的管理咨询行业工作经验，拥有管理类相关专业硕士研究生以上学历，精通企业战略规划、组织结构设计、管理流程设计以及人力资源管理相关咨询业务模块，具备良好的管理咨询知识、咨询诊断能力以及优秀的沟通协调能力，能够经常出差。其岗位职责示例如表 3-9 所示。

表 3-9 咨询项目经理的岗位职责示例

咨询项目经理的岗位职责	
职责 1	在咨询项目前期，全面了解客户的需求，并对需求进行分析、确认
职责 2	与客户进行商务洽谈工作，促成项目的销售
职责 3	根据市场调研结果、客户的实际需求以及咨询项目合同制定项目计划
职责 4	组织人员制定咨询项目的解决方案以及行动计划，并与客户进行良好的沟通
职责 5	解决项目实施过程中的各种问题
职责 6	组织人员进行咨询项目文件的制作与评审，带领团队按时、保质地完成咨询项目
职责 7	负责项目团队的日常管理、指导与培训工作，进行工作分配与协调
职责 8	参与公司咨询业务管理流程与制度规范的建设和完善工作
职责 9	主持团队会议，讨论咨询方法的确定，提高业务水平

(2)培训项目经理的岗位职责。培训项目经理主要负责带领项目团队做好培训客户的开发以及培训项目的计划、实施和评估等工作,确保团队工作效率,提高第三方培训服务的客户满意度。

一般来说,培训项目经理应具备培训工作经验和项目管理经验,掌握全面的培训管理知识、课件开发及设计知识,同时应具有较强的计划、控制、沟通、协调和应变能力。因培训客户的地理差异,一些具有海外业务的第三方培训服务单位还要求培训项目经理熟练掌握1—2种外语。

培训项目经理的岗位职责示例如表3-10所示。

表3-10 培训项目经理的岗位职责示例

培训项目经理的岗位职责	
职责1	协助有关人员做好培训客户的开发、培训项目建议书的编制、培训合同的签订等工作
职责2	组织实施培训客户调研工作,全面了解客户培训需求,编制培训需求报告
职责3	根据客户的培训需求组织制订培训计划,并根据客户意见修改培训计划
职责4	根据培训计划对项目成员进行分工,组织项目成员设计培训课程,做好培训场地设备、相关工具设备等各项准备工作
职责5	组织实施培训项目,处理突发事件,确保培训效果
职责6	负责培训款项的跟进以及培训项目进度、质量的管控等
职责7	组织实施培训项目评估,并编制培训评估报告
职责8	组织建立客户档案,与客户建立良好的合作关系

二、人力资源服务机构的管理制度认知

政府对人力资源市场的管理,广义上包括对人力资源市场供、求和中介三方主体行为的管理,也包括对劳动者与用人单位劳动关系的调整和规范。从就业角度,主要是对劳动者求职与就业、用人单位招用人员、各类人力资源服务机构从事人力资源服务进行监管,重点是实施对公共就业服务和经营性人力资源服务的管理和监督。

(一)人力资源服务机构实行行政许可制度

1. 行政许可制度的依据

《中华人民共和国就业促进法》规定,县级以上人民政府和有关部门加强对职业中介机构的管理,鼓励其提高服务质量,发挥其在促进就业中的作用。设立职业中介机构,应当依法办理行政许可。经许可的职业中介机构,应当向工商行政部门办理登记。经营性人力资源服务机构可由法人、其他组织和公民个人举办。

《人才市场管理规定》第七条第二款规定:"未经政府人事行政部门批准,不得设立人才中介服务机构";第八条第一款规定:"设立人才中介服务机构应当依据管理权限由县级以上政府人事行政部门审批";第八条第四款规定:"政府人事行政部门应当建立完善的人才中介

服务机构许可制度,并在行政机关网站公布审批程序、期限和需要提交的全部材料的目录,以及批准设立的人才中介服务机构的名录等信息。"

《就业服务与就业管理规定》第四十七条第一款规定:"职业中介实行行政许可制度。设立职业中介机构或其他机构开展职业中介活动,须经劳动保障行政部门批准,并获得职业中介许可证。"第二款规定:"未经依法许可和登记的机构,不得从事职业中介活动。"

2. 设立人力资源服务机构的条件

为减少非法职业中介现象,规范人力资源市场,《人才市场管理规定》和《就业服务与就业管理规定》中对设立职业中介机构的条件有着严格的要求。

《就业服务与就业管理规定》第四十八条规定,设立职业中介机构应当具备下列条件:

(1) 有明确的机构章程和管理制度。其中包括宗旨、名称和住所、经济性质、注册资金数额及其来源、经营范围和经营方式、组织机构及其职权、法定代表人产生程序和职权范围、财务管理制度和利润分配形式、劳动用工制度、章程修改程序、终止程序、其他事项。

(2) 有开展业务必备的固定场所、办公设施和一定数额的开办资金。

(3) 有一定数量具备相应职业资格的专职工作人员。

(4) 法律、法规规定的其他条件。如设立专门面向某个行业或岗位的职业中介机构,有专门规定的,还应符合其规定条件。

《人才市场管理规定》第六条规定,设立人才中介服务机构应具备下列条件:

(1) 有与开展人才中介业务相适应的场所、设施;

(2) 有5名以上大专以上学历、取得人才中介服务资格证书的专职工作人员;

(3) 有健全可行的工作章程和制度;

(4) 有独立承担民事责任的能力;

(5) 具备相关法律、法规规定的其他条件。

3. 行政许可的实施

此处以北京市为例,从地方层面了解人力资源服务行政许可制度的具体实施。《北京市经营性人力资源服务业务规程》将经营性人力资源服务的业务规程分为三部分:职业中介活动行政许可、人力资源服务备案和书面报告。

(1) 职业中介活动行政许可。

第一,申请。经营性人力资源服务机构可由法定代表人(负责人)或其指定的委托人提出申请。外资、港澳台资经营性人力资源服务机构向市人力社保局提出行政许可申请。其他经营性人力资源服务机构向注册地所在区人力社保局提出行政许可申请。

申请服务范围包括:

① 为劳动者介绍用人单位;

② 为用人单位推荐劳动者;

③ 为用人单位和个人提供职业介绍信息服务;

④ 根据国家有关规定从事互联网人力资源信息服务;

⑤ 组织开展现场招聘会;

⑥ 开展网络招聘;

⑦ 开展高级人才寻访服务。

申请条件有：

① 依法登记取得法人资格；

② 有明确的章程和管理制度；

③ 有与服务范围相适应的使用面积不少于50平方米的固定场所；

④ 有开展业务必备的办公设施和资金；

⑤ 有不少于5名具备相应职业资质的符合规定的专职工作人员，申请组织开展现场招聘会的，有不少于10名具备相应职业资质的符合规定的专职工作人员；

⑥ 通过互联网开展职业中介活动的，应符合国家和本市有关网络安全、互联网信息服务管理的规定。

第二，受理。经营性人力资源服务机构通过服务窗口提交申请材料。申请事项不在职业中介活动许可范围内，或申请材料未按期补正齐全或不符合法定形式的，不予受理。申请材料齐全、符合法定形式的，予以受理，市（区）人力社保局受理人将申请材料导入"北京市人力资源管理信息系统"。

第三，审查。《人力资源市场暂行条例》第十九条规定，人力资源社会保障行政部门应当自收到经营性人力资源服务机构从事职业中介活动的申请之日起20日内依法作出行政许可决定。符合条件的，颁发人力资源服务许可证；不符合条件的，作出不予批准的书面决定并说明理由。

北京市（区）人力社保局自收到经营性人力资源服务机构行政许可申请之日起，20个工作日内作出行政许可决定。自作出行政许可决定之日起，7个工作日内完成信息公告，10日内将《人力资源服务许可证》及有关文书送达经营性人力资源服务机构。

（2）人力资源服务备案。已经取得《人力资源服务许可证》的经营性人力资源服务机构可以就开展业务情况向注册地所在区人力社保局进行备案。

备案业务范围包括：

① 人力资源供求信息的收集和发布；

② 就业和创业指导；

③ 人力资源管理咨询；

④ 人力资源测评；

⑤ 人力资源培训；

⑥ 承接人力资源服务外包。

同时，经营性人力资源服务机构还应将其人力资源服务管理制度（包含服务流程、服务协议、收费标准、投诉处理制度等）及人力资源服务台账（包含服务对象、服务过程和服务结果等信息）进行备案。利用互联网从事人力资源服务备案业务（如网络培训、网络测评等），还需提供《中华人民共和国电信与信息服务业务经营许可证》。

（3）人力资源服务报告。《人力资源市场暂行条例》第二十一条规定，经营性人力资源服务机构变更名称、住所、法定代表人或者终止经营活动的，应当自工商变更登记或者注销登记办理完毕之日起15日内，书面报告人力资源社会保障行政部门。

已取得《人力资源服务许可证》或《北京市人力资源服务备案凭证》的经营性人力资源服务机构，以及外省市经营性人力资源服务机构在本市设立的分支机构（非独立法人），当发生下列事项时，需要书面报告给人力社保行政部门。

① 设立分支机构（非独立法人）；
② 变更机构名称、地址、法定代表人（负责人）；
③ 终止经营活动。

北京市实行年度报告制度。如果需要变更名称、住所、法定代表人等或者终止的，应当按照设立许可程序办理变更或者注销登记手续。

4. 特殊人才服务业务的行政授权

(1) 流动人员人事档案管理等服务。为了规范人力资源市场管理，维护劳动者和用人单位的合法权益，人力资源市场管理中的一些业务被列为必须经政府行政授权才可开展。《人才市场管理规定》第二十条规定："开展以下人事代理业务必须经过政府人事行政部门的授权。① 流动人员人事档案管理；② 因私出国政审；③ 在规定的范围内申报或组织评审专业技术职务任职资格；④ 转正定级和工龄核定；⑤ 大中专毕业生接收手续；⑥ 其他需经授权的人事代理事项。"

(2) 全国性人才招聘会审批。作为人力资源服务较为传统的基础业务之一，人才招聘会在促进人才交流的过程中发挥了重要作用，但是人才招聘会尤其是大型人才招聘会由于人员过度集中，存在一定的安全隐患。招聘会名称与其实际招展情况相符程度较低等问题。为此，原人事部明确全国性人才交流会是指冠以"中国""全国"等称谓的现场人才交流会，规定应由国家级人才市场或由人事部颁发《人才中介服务许可证》且具备举办人才交流会资质的人才中介服务机构举办；完善了审批程序，由人事部进行资格审查，通过后授权交流会拟举办地省级人事行政部门审批；同时明确了安全、宣传、总结报告等方面的管理措施，进一步规范了全国性人才招聘会的管理。

(二) 人力资源市场从业人员职业资格制度

职业资格制度是按照国家指定的职业技能或任职资格条件，通过政府认定的考核鉴定机构，对劳动者的技能水平或职业资格进行客观公正、科学规范的评价和鉴定，对合格者授予相应的国家职业资格证书。

人力资源市场从业人员职业资格制度是指通过特定形式，对人力资源市场从业人员的职业资格进行科学、客观的鉴定，并对合格者授予职业资格证书的一种制度。目前，人力资源服务业态已从最初的职业介绍、流动人员档案管理逐渐发展成为包括培训、测评、人力资源信息网站、猎头、派遣、管理咨询等内容的服务体系。公共服务机构承担了失业人员动态管理，提供就业信息、政策咨询、职业介绍、组织培训和鉴定、创业服务等日常公益服务，提供劳动保障事务代理等专项服务，组织实施就业援助。经营性服务机构作为市场的重要主体，为就业和人力资源配置提供了高效服务。因此，有必要制定人力资源市场从业人员职业资格制度，进一步提升人力资源市场从业人员的专业化程度，提高人力资源服务行业队伍的整体素质。

《人才市场管理规定》要求设立人才中介服务机构要有 5 名以上大专以上学历、取得人才中介服务资格证书的专职工作人员。《就业服务与就业管理规定》要求设立职业中介机构应有一定数量具备相应职业资格的专职工作人员。许多省市已建立人才市场、劳动力市场从业人员职业资格制度，提高了人力资源市场从业人员的素质。如北京市人力社保行政部门针对第三方人力资源服务行业从业人员，开展了《人力资源市场从业资格证书》的资格认证工作，并在京津冀三地推行了人力资源市场从业人员资格证书互认工作。

(三) 加强经营性人力资源服务机构监管的制度

当前,人力资源市场上仍存在一些非法职业中介现象。如高额收费,却不提供承诺的服务;提供不准确甚至虚假信息;与用人单位勾结,搞假招工,骗取中介费;专门骗取求职者钱财等,这些非法行为严重侵害了求职者权益,社会影响恶劣。今后,需要进一步完善职业中介管理,规范人力资源市场秩序。如果经营性人力资源服务机构的业务范围包括为用人单位招用人员和为劳动者求职提供中介服务以及其他相关服务(可狭义理解为职业中介机构),则应遵循以下规则。

1. 在服务场所明示相关证件

各类职业中介机构应当在服务场所明示营业执照、职业中介许可证、服务项目、收费标准、监督机关名称和监督电话等,并接受人力社保行政部门及其他有关部门的监督检查。

2. 经营活动接受人力社保行政部门的检查

各类职业中介机构应当建立服务台账,记录服务对象、服务过程、服务结果和收费情况等,并接受人力社保行政部门的监督检查。

3. 介绍不成功需要退费

职业中介机构提供职业中介服务不成功的,应当退还向劳动者收取的中介服务费。

4. 职业中介机构的义务

职业中介机构租用场地举办大规模职业招聘洽谈会,应当制定相应的组织实施办法和安全保卫工作方案,并向批准其设立的机关报告。

职业中介机构应当对入场招聘用人单位的主体资格的真实性和招用人员简章的真实性进行核实。

5. 职业中介机构提供公益服务可获补贴

职业中介机构为特定对象提供公益性就业服务的,可以按照规定给予补贴。可以给予补贴的公益性就业服务的范围、对象、服务效果和补贴办法,由省级人力社保行政部门会同有关部门制定。

公益性就业服务一般由政府设立的公共就业服务机构提供,政府鼓励职业中介机构提供公益性就业服务,并对其给予补贴,这是鼓励社会共同参与公益性就业服务的具体体现,也使服务对象得到了享受免费就业服务的实惠。

6. 开展职业中介机构信用等级评定工作

县级以上人力社保行政部门应当依法对经审批设立的职业中介机构开展职业中介活动进行监督指导,定期对其服务信用和服务质量进行评估,并将评估结果向社会公布。

县级以上人力社保行政部门应当指导职业中介机构开展工作人员培训,提高服务质量。

县级以上人力社保行政部门对在诚信服务、优质服务和公益性服务等方面表现突出的职业中介机构和个人,报经同级人民政府批准后,给予表彰和奖励。

【知识巩固】

1. 经营性人力资源服务机构有哪些典型的组织结构形式?
2. 请列举1—2个人力资源服务机构中典型岗位的岗位职责。
3. 人力资源市场管理中有哪些重要的管理制度?
4. 对于经营性人力资源服务机构的重点管理措施有哪些?

任务二 招聘流程外包

【知识目标】
- 理解招聘流程外包的概念和特征；
- 理解招聘流程外包业务的类型和核心价值；
- 掌握招聘流程外包的业务流程。

【能力目标】
- 能够通过举例分析招聘流程外包业务的类型和核心价值所在；
- 能够初步设计招聘流程外包的业务流程；
- 能够在团队中以情景模拟、角色扮演的方式完成招聘流程外包的全业务操作流程。

【任务导入】

● **任务3-4**

利用网络、文献资料等渠道，搜集案例，举例分析招聘流程外包业务主要有哪些类型。

● **任务3-5**

【工作场景】
A公司是中国汽车工业的领军企业，其分公司总年产就达48万辆。人力资源已成为A公司的"第一资源"，有效的校园招聘和社会招聘渠道是公司可持续发展的必要保证。

校园招聘是很好的招聘渠道，但是存在效率和准确度的问题。由于A公司的快速发展，近几年的招聘中迫切需要综合性的人才，但是每年各大高校校招、社会招聘无法全方位考核个人素质。其中，如何有效考察应聘者的潜能及与公司文化密切相关的个性特征、动机、价值观等素质，成为招聘中最大的难题，所以，A公司选择向人力资源服务公司咨询。

【具体任务】
1. 如果你是人力资源服务公司负责该项目的人员，如何设计招聘流程外包的业务流程？
2. 在团队中以角色扮演的方式模拟该业务流程。

人才越来越被现代企业所重视,随着社会经济的快速发展,企业纷纷布局新市场,新的竞争环境对企业人力资源管理工作提出了时间更短、效率更高、业务更加精确的要求。而企业内部人力资源管理部门面临着精力有限、时间紧张、人手不够等问题,仅靠自行招聘,很难为企业找到合适的员工。为了集中内部核心资源开发核心业务,企业可以将招聘需求交付于第三方人力资源服务机构,进而提升整体运营能力。

一、招聘流程外包的概念

招聘流程外包(Recruitment Process Outsourcing,RPO),是指企业将全部或部分招聘需求外包给第三方人力资源服务机构,人力资源服务机构根据企业的用人需求,运用自己的资源、评价工具和流程管理方面的优势来完成招聘工作。它涉及确认招聘需求、发布招聘信息、选择招聘渠道、测评与甄选、进行背景调查、录用与入职等一系列服务,是一个集成化的过程。

招聘外包项目以解决企业招聘需求为目标,对客户提出的招聘需求进行分析和评估,提供最适合的招聘渠道、人才搜寻与人才甄选等方案,直接挖掘目标招聘人群,并协助客户进行简历筛选与初期面试,为客户定位关键候选人,帮助客户以最快的速度解决人才招聘问题。

二、招聘流程外包的特征

(一) 服务专业化

招聘流程外包整体服务具有较高的专业化程度,需要人力资源服务机构成立专业的招聘团队,利用专业的招聘技能和业务模式,使招聘工作更具科学性。

(二) 流程规范化

流程规范化强调以系统的流程管理标准为企业提供招聘流程外包服务,研究招聘流程的规律,形成规范的程序和方法,使招聘过程不再碎片化和随机化。

(三) 效率最大化

通过招聘流程外包服务提高招聘流程的效率,使招聘成本可控,帮助企业以最高效率、最低成本招聘到合适的人才。

三、招聘流程外包的服务类型

招聘流程外包的服务类型可以从不同角度进行分类。

(一) 按招聘时长划分

按招聘时长划分,招聘流程外包可分为长期招聘外包和临时招聘外包。长期招聘外包是指客户企业与人力资源服务机构签订1年以上(含1年)的招聘外包协议,建立固定合作关系。临时招聘外包是指为满足企业的突发性用工需求,企业与人力资源服务机构签订不足1年的招聘外包协议,以满足季节性、临时性、周期性或短期项目的招聘需求。

(二) 按招聘形式划分

按招聘形式划分,招聘流程外包可分为网络招聘、现场招聘会、校园招聘等形式。

(1) 网络招聘(线上招聘)。是指人力资源服务机构运用互联网技术发布招聘信息,帮助用人单位完成招聘过程。网络招聘操作便捷、信息量大、效率高、成本低,不受地点和时间限制,为个人及用人单位提供招聘外包服务。常见的招聘网站分为综合性招聘网站和专业性招聘网站。

(2) 现场招聘会。是指人力资源服务机构在约定的时间和场地,组织用人单位和求职者进行洽谈,进行双向选择。现场招聘会分为定期招聘会和不定期招聘会。人力资源服务机构通过举办现场招聘会,使用人单位和求职者可以面对面地交谈,节省了双方的时间。

(3) 校园招聘。是指人力资源服务机构按照客户企业的招聘需求,利用其线上网络平台以及线下高校就业指导部门的资源,通过标准化或定制化服务,为客户企业提供校园宣讲、简历收集、现场面试、素质测评以及录用等代理服务。客户企业通常结合其应届生招聘专业、目标院校、重点区域、招聘周期等要素,向人力资源服务机构提出相应的活动策划和执行需求。

政策链接

2020年12月7日,人力资源和社会保障部第54次部务会审议通过《网络招聘服务管理规定》(以下简称《规定》),自2021年3月1日起施行。《规定》对网络招聘服务进行了界定,并对进行网络招聘服务的主体资格及相关要求进行了规定。在此列出以下部分条目,可对此《规定》作简要了解。

第二条 本规定所称网络招聘服务,是指人力资源服务机构在中华人民共和国境内通过互联网等信息网络,以网络招聘服务平台、平台内经营、自建网站或者其他网络服务方式,为劳动者求职和用人单位招用人员提供的求职、招聘服务。

人力资源服务机构包括公共人力资源服务机构和经营性人力资源服务机构。

第九条 经营性人力资源服务机构从事网络招聘服务,应当依法取得人力资源服务许可证。涉及经营电信业务的,还应当依法取得电信业务经营许可证。

第十条 对从事网络招聘服务的经营性人力资源服务机构,人力资源社会保障行政部门应当在其服务范围中注明"开展网络招聘服务"。

第十一条 网络招聘服务包括下列业务:

(一) 为劳动者介绍用人单位;

(二) 为用人单位推荐劳动者;

(三) 举办网络招聘会;

(四) 开展高级人才寻访服务;

(五) 其他网络求职、招聘服务。

第十五条 用人单位向人力资源服务机构提供的单位基本情况、招聘人数、招聘条件、用工类型、工作内容、工作条件、工作地点、基本劳动报酬等网络招聘信息,应当合法、真实,不得含有民族、种族、性别、宗教信仰等方面的歧视性内容。

前款网络招聘信息不得违反国家规定在户籍、地域、身份等方面设置限制人力资源流动的条件。

第十六条 劳动者通过人力资源服务机构进行网络求职,应当如实提供本人基本信息以及与应聘岗位相关的知识、技能、工作经历等情况。

第十七条 从事网络招聘服务的人力资源服务机构应当建立完备的网络招聘信息管理制度,依法对用人单位所提供材料的真实性、合法性进行审查。审查内容应当包括以下方面:

(一) 用人单位招聘简章;

(二) 用人单位营业执照或者有关部门批准设立的文件;

（三）招聘信息发布经办人员的身份证明、用人单位的委托证明。

用人单位拟招聘外国人的，应当符合《外国人在中国就业管理规定》的有关要求。

第十九条 从事网络招聘服务的人力资源服务机构，不得以欺诈、暴力、胁迫或者其他不正当手段，牟取不正当利益。

从事网络招聘服务的经营性人力资源服务机构，不得向劳动者收取押金，应当明示其服务项目、收费标准等事项。

第二十一条 人力资源服务机构从事网络招聘服务时收集、使用其用户个人信息，应当遵守法律、行政法规有关个人信息保护的规定。

人力资源服务机构应当建立健全网络招聘服务用户信息保护制度，不得泄露、篡改、毁损或者非法出售、非法向他人提供其收集的个人公民身份证号码、年龄、性别、住址、联系方式和用人单位经营状况等信息。

人力资源服务机构应当对网络招聘服务用户信息保护情况每年至少进行一次自查，记录自查情况，及时消除自查中发现的安全隐患。

第二十六条 以网络招聘服务平台方式从事网络招聘服务的人力资源服务机构应当记录、保存平台上发布的招聘信息、服务信息，并确保信息的完整性、保密性、可用性。招聘信息、服务信息的保存时间为自服务完成之日起不少于3年。

（三）按照外包服务内容划分

按照外包服务内容划分，招聘流程外包可分为战略型招聘流程外包、一站式招聘流程外包和定制化招聘流程外包。

（1）战略型招聘流程外包。是指结合企业经营的长期性目标，人力资源服务机构给企业提供战略层面的招聘流程外包服务，包括招聘战略规划、招聘体系构建、策略咨询与方案设计、招聘流程优化、招聘团队配置等。

（2）一站式招聘流程外包。是指人力资源服务机构为企业提供全方位、标准化的人员招聘解决方案。"一站式"指的是涵盖从获得具体职位需求，到招聘计划制订、简历收集与筛选、人才评估与面试，再到有合适候选人报到的所有环节。

（3）定制化招聘流程外包。是指根据企业不同的需求及预算，人力资源服务机构有针对性地提供定制化招聘解决方案，包括项目制招聘服务、专场招聘定制、灵活用工招聘定制、专业项目人才招聘定制、招聘渠道多样化定制与管理等。

四、招聘流程外包的核心价值

（一）节省企业招聘时间

人力资源服务机构凭借其完备的招聘流程以及丰富的候选人资源，高效嫁接人才招募渠道、人才测评技术等各种专业化资源，使行业内部的相似职位实现有机整合，有效缩短从职位鉴定到候选人上岗的时间，可以帮助客户在短时间内解决紧急的人员招聘问题。

（二）整合多种渠道资源

人力资源服务机构采用线上和线下相结合的服务模式，利用其自身技术优势，整合多种渠道资源，不断拓展行业内能触及的人才资源范围，提升了招聘的效率，避免了反复招聘，减少招聘成本。

招聘流程外包服务供应商应拥有多渠道资源的整合能力，人才搜寻渠道广，且搜寻质量较高。相对于企业自主招聘，招聘流程外包服务的人才搜寻渠道更多。除常见的网络招聘、校园招聘、现场招聘会、传统媒体和社交广告招聘外，还会通过业内论坛、自有的人才储备库和人际关系网络搜寻人才，即有专门的招聘顾问去维护这些独有的资源。

（三）优化企业的招聘流程

人力资源服务机构凭借其招聘技术的专业性、管理的规范性，能有效地提高企业对招聘职能的认识，并能充分利用实践经验使企业招聘工作更加科学化、系统化，从而改善企业招聘流程，以更好地支撑企业战略和业务发展。

五、招聘流程外包的操作流程

招聘流程外包的操作流程总体上可以分为准备阶段、执行阶段和后续阶段。

（一）准备阶段

1. 了解企业信息和招聘需求

了解企业基本信息和招聘需求是招聘流程外包的第一环节。客户企业初次提出的招聘需求并不能直接作为招聘的依据，人力资源服务机构需要全方位地了解以下信息：企业背景、企业规模、业务发展的需求、行业内的地位、招聘预算、岗位职责、任职资格等，并在此基础上进行详细的招聘需求分析。

招聘需求分析是招聘工作的起点。先从"岗位分析"入手，再看任职资格。招聘需求分析可以从"这是何种岗位""需要什么样的人""人从哪里来""什么时候到岗"等维度来分析。

2. 制定招聘方案

人力资源服务机构基于企业需求和出现职位空缺的背景，深入了解市场，了解企业及行业人才情况和竞争对手状况，再与客户进一步沟通，确认具体招聘职位内容和招聘职位的数量、薪酬福利体系、录用决策特点等内容，并依此制定出招聘方案，签订招聘流程外包合同。

（二）执行阶段

1. 职业发布和简历筛选

人力资源服务机构在网络、人才储备库、行业积累等多样化的招聘渠道中发布信息、发布招聘信息应详尽、易懂，要能够使应聘人员全面了解招聘信息，给应聘人员留下良好的印象。

招聘信息应包含以下内容：

（1）企业基本信息：企业所属行业、岗位所属部门、企业性质、工作地点、职位薪酬、联系方式。

（2）企业介绍：业务范围、发展状况、规模、未来发展方向和企业文化等。

（3）岗位描述：包括岗位职责和任职资格。其中，岗位职责包括岗位工作内容，要有重点、有条理；任职资格包括学历要求、年龄要求、性别要求、专业要求、工作年限、行业工作经验、专业技能、通用技能等，要详细。

2. 根据招聘要求挑选候选人

通过简历筛选、测评甄选、背景调查等多个环节，最终确定候选人，形成候选人名单和推荐报告，提供给企业。简历筛选是这一环节中的重要步骤。

3. 协助客户企业筛选和评估候选人

协助客户企业从候选人名单和报告中挑选人才,安排合适的候选人面试,进一步深挖候选人的求职意向,协助企业进行候选人综合评估和岗位匹配度管理,同时进行候选人全面背景调查,并提供参考建议。

(三) 后续阶段

招聘流程外包业务的终点并不是入职即结束,还有很多后续工作。一方面是就职管理。首先,协助候选人做好就职沟通,推动薪资谈判顺利进行;其次,拟定录取通知书,协助双方签约。候选人完成入职手续后,如需安排岗前培训的,协助客户企业安排岗前培训。另一方面是保证期服务。人力资源服务机构与客户企业保持定期服务回访,收集信息,跟踪候选人的工作表现,帮助候选人顺利地融入企业,促进企业与候选人顺利磨合,降低流失率。

【知识巩固】

1. 如何理解招聘流程外包的含义?
2. 招聘流程外包业务具有哪些特点?其核心价值是什么?
3. 招聘流程外包业务在实践中有哪些类型?
4. 简述招聘流程外包的业务流程。

案例分享

全方位招聘方案提供商:前程无忧

前程无忧是国内一个集多种媒介资源优势于一身的专业人力资源服务机构,它集合了传统媒体、网络媒体及先进的信息技术,加上一支经验丰富的专业顾问队伍,提供包括招聘猎头、培训测评和人事外包在内的全方位专业人力资源服务,在全国25个城市设立服务机构。前程无忧每年为数十万家企业成功招募所需要的人才,帮助企业高效、准确地锁定目标,用短的时间和低的成本帮企业找到合适的人才。同时,前程无忧拥有超过1亿的个人用户,每年为全国大量求职者提供合适的工作和职业发展机会。

前程无忧通过对招聘工作的细致研究,可以提供网站+猎头+RPO+校园招聘+管理软件的全方位招聘方案。目前,其已推出基于互联网的真正服务于企业招聘管理的操作系统,该系统包括以下五项内容:

1. 与企业组织结构完全吻合的企业职位库管理系统。此系统为企业人事部门提供最为方便的职位管理解决方案。

2. 招聘广告自动投放管理系统。此系统可以随时随地地利用最多的资源及时发布职位信息,同时能第一时间掌握广告效果。高效的应聘筛选及信件自动回复系统,人性化的筛选方式,使企业能更快、更有效地找到符合条件的人才。

3. 完全适合企业运作的招聘流程管理系统。此系统以最合适的方式,将外来的求职者信息传递到企业内部各个相关部门,协助人事管理人员最高效地完成招聘工作。

4. 高质量的简历库查询系统。前程无忧拥有高质量的简历库,可以为企业提供最为便捷的求才途径。

5. 其他功能还包括简历分析器、简历订阅器、职位考核标准及评定、在线用户管理等。

任务三 劳务派遣

【知识目标】
- 理解劳务派遣的概念和特征;
- 理解劳务派遣业务的类型和作用;
- 掌握劳务派遣的业务流程。

【能力目标】
- 能够通过举例分析劳务派遣业务的类型和作用;
- 能够初步设计劳务派遣的业务流程;
- 能够在团队中以情景模拟、角色扮演的方式完成劳务派遣的全业务操作流程。

【任务导入】

任务 3-6

【工作场景】
　　徐某在某知名快餐连锁企业工作了11年,因工作疏忽出现纰漏而被辞退。徐某不服,向该快餐连锁企业提出索赔,却遭到拒绝。被拒绝的理由令徐某很意外,尽管他已经在此快餐连锁企业工作了11年,但他的身份却不是快餐连锁企业的职工,真正的雇主是一个自己连地址都不知道在哪里的劳动咨询服务公司。该快餐连锁企业不承认和徐某存在劳动关系,称徐某告错了对象。

【具体任务】
　　讨论:徐某应该如何维护自己的合法权益呢?

任务 3-7

【工作场景】
　　某物流公司因业务发展需要,需临时招聘一批装卸工人。经过公司领导协商,最终决定采用劳务派遣的用工形式。经过一番洽谈,并办理了劳务派遣所需的有关手续。很快,劳务派遣公司便为他们输送了一批人员过来。

【具体任务】
1. 这批装卸工人应该与谁签订劳动合同？
2. 请画出劳务派遣三方主体关系图。

● 任务 3-8

【工作场景】

孙某在一家保安公司工作快一年了，一年来，孙某先后被派往两个物业公司做过保安，可保安公司一直没和他签订劳动合同。最近，有关部门在劳动执法大检查时发现了上述问题，要求派遣单位与孙某补签劳动合同，对没有签订劳动合同的时段支付双倍工资。就开双倍工资问题，派遣单位与用工单位相互推诿，都不支付。

【具体任务】
1. 上述事例中，应由哪个单位和孙某签订劳动合同？
2. 对于未签订劳动合同产生的双倍工资问题，应由哪个单位承担责任？

● 任务 3-9

【工作场景】

冯总是一家食品制造企业的负责人，为了扩大产品的市场份额，他前期花了不少的财力与精力在市场上做产品宣传与推广，这一招也确实起到了效果。

几个月后，公司就接到了一大批订单。可面对厚厚的一摞订单，冯总是既高兴又担忧：高兴的是前期的市场推广工作没有白做；担忧的是订单所要求的生产能力已经远远超出了公司现有的生产能力，即便是生产线的员工都加班加点，也不可能按时完成订单的任务。

公司管理层一致认可采用劳务派遣的方式来解决公司临时性人员短缺问题，但是公司人员对于劳务派遣的流程不了解。

【具体任务】

假如你是某劳务派遣公司该项目负责人，接到食品公司的业务后，
1. 你能简要地写出劳务派遣的大致流程吗？
2. 在业务实践过程中，每个环节有哪些操作注意事项？

一、劳务派遣的概念

劳务派遣也称人才租赁，即用工单位向劳务派遣单位提出所需人员的标准和工资待遇，由劳务派遣单位通过市场招聘等方式搜索合格人员，把筛选合格的人送交用工单位。劳务派遣单位与被派遣的劳动者订立劳动合同，被派遣的劳动者向实际用工单位提供劳动，用工单位向劳务派遣单位支付费用。

劳务派遣业务是我国人力资源市场根据市场需求开办的一种常用的用工方式，可跨地区、跨行业进行。用工单位可以根据自身工作和发展需要，通过正规的劳务派遣单位，派遣

所需要的各类人员。实行劳务派遣后,实际用工单位与劳务派遣单位签订《劳务派遣协议》,劳务派遣单位与劳动者签订《劳动合同》,实际用工单位与劳动者双方之间只有工作管理关系,不再签订《劳动合同》。

在劳务派遣关系中,出现了三方当事人,分别是劳动者、劳务派遣公司和实际用工单位。他们之间的关系如图 3-6 所示。

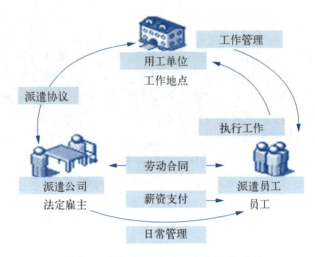

图 3-6 劳务派遣关系三方主体关系图

二、劳务派遣的作用

(一)劳务派遣对于用工单位的作用

1. 降低用工单位的人工成本

用工单位使用劳务派遣用工,将招聘录用劳动者的业务交由劳务派遣单位完成;在劳动关系管理过程中,用工单位只负责简单的工作管理,具体的劳动合同管理、薪资支付、社会保险等业务交由劳务派遣公司,这可使用人单位从繁杂的劳动保障事务中解脱出来,有利于用人单位集中精力抓好生产经营。同时,用工单位可以在业务增加时增加人员,在业务减少时减少人员,用工方式机动灵活,这在很大程度上降低了用工单位的人工成本。

2. 劳动关系管理便捷、专业

在劳务派遣关系中,劳务派遣单位是劳动者的法定雇主,负责劳动合同管理、薪资支付和日常管理等事务,这些都是专业性较强的工作。用工单位作为实际的用人主体,却免除了劳动关系管理的很多事务。劳务派遣单位进行具体的劳动关系管理工作有丰富的经验,能够提供更加便捷、高效的服务。

3. 减少劳动争议

用工单位虽然实际使用劳动者,但并不是劳动者的法定雇主。由于对劳动者的大部分劳动关系管理工作都交给专业的劳务派遣单位处理,因此减少了劳动争议发生的可能性。即便发生劳动争议,按照法律规定,用工单位和劳务派遣单位是共同当事人,劳务派遣单位也会协助用工单位处理纠纷,减轻了用工单位的负担。

(二)劳务派遣对于劳动者的作用

1. 能更好地维护劳动者的合法权益

被派遣劳动者的法定雇主是劳务派遣单位,派遣单位可以督促用工单位规范用人制度和保障职业安全,杜绝拖欠员工工资和社会综合保险的行为。如果被派遣劳动者在用工单位工作期间的合法权益受到侵犯或者遭受到不公正待遇,经核实后,派遣单位有责任根据相关法律、法规或用工单位规章制度来维护被派遣劳动者的合法权益。

2. 劳动者的劳动合同期限相对较长

根据《劳动合同法》的规定,劳务派遣单位应当与被派遣的劳动者订立两年以上固定期限的劳动合同,这是该法对合同最短期限的唯一规定。同时,该法还规定,被派遣的劳动者在无工作期间,劳务派遣单位应当按照所在地人民政府规定的最低工资标准向其按月支付报酬。可见,劳务派遣的劳动者劳动合同期限相对较长,工作也比较稳定。

3. 劳动者能够获得丰富的就业信息资源

劳务派遣单位具有大量的就业信息和更为灵活、广阔的就业空间,可为劳动者提供更多的就业选择机会,还能够有效地提升派遣员工的职业素质和职业技能,以及提高派遣员工的职业选择能力。尤其是初出校门的大、中专毕业生,由于缺乏工作经验(求职难的主要原因),工作相对不稳定。他们通过劳务派遣积累工作经验和社会经验,可以为今后找到理想的工作打下基础。

三、劳务派遣的类型

在劳务派遣的实际开展过程中,根据派遣业务的适用范围、使用目的、影响程度等,可将劳务派遣业务划分为全程派遣、转移派遣、试用派遣和项目派遣。

(一)完全派遣

完全派遣又称全程派遣,是劳务派遣单位承担了被派遣员工的所有服务工作,包括员工招聘、选拔、培训、绩效评价、薪酬福利发放等。用工单位须按时将被派遣员工的工资、社保、个人所得税、福利等支付给劳务派遣机构,实际用工单位按照被派遣劳动者的数量和劳务派遣时间向劳务派遣机构支付服务费用。

(二)转移派遣

转移派遣分为过渡性转移派遣和逆向派遣。过渡性转移派遣是指把完全派遣的部分业务工作从派遣机构转移到实际用工单位,派遣机构则承担辅助性管理工作。逆向派遣是指实际用工单位将自行招募或者已雇佣的部分员工的用工关系转移到派遣单位,由派遣单位代替实际用工单位为被派遣劳动者办理录用和退工手续、发放薪酬福利、缴纳社保、代扣代缴个人所得税等。

(三)试用派遣

试用派遣是指用工单位将处于试用期间的新入职员工的劳动关系转移至劳务派遣机构管理,以派遣的形式转至实际用工单位试用,以保障用工单位在选材方面的准确性。此类型的派遣方式适用于新员工经试用期考查不合格后的遣散安置问题,免去用工单位在选人、测评方面的风险。

(四)项目派遣

项目派遣是指用工单位为完成某项生产或科研项目而急需聘用相关专业的技术人员,

待任务或项目完成后,由劳务派遣机构负责办理劳动关系解除手续,派遣即终止。此类派遣方式适用于解决只用一段时间、无需长期留用的人员使用后的分流问题。

此外,还可以根据派遣时间的长短分为固定期限劳务派遣和临时性劳务派遣。

对于固定期限劳务派遣,《劳动合同法》第五十八条第二款规定:"劳务派遣单位应当与被派遣劳动者订立两年以上的固定期限劳动合同,按月支付劳动报酬。"

临时性劳务派遣也称劳务输出式派遣或工时制劳务派遣。这种形式的劳务派遣,主要为制造业季节性临时用工。按这种派遣形式派遣的劳动者要形成批量;要有组织地派遣,派专人与用工单位协同对劳动者进行集中管理。

不同类型劳务派遣的适用范围如表 3-11 所示。

表 3-11 不同类型劳务派遣的适用范围

类　　型	适用范围分析
全程派遣	适用于解决用工单位季节性用工的招聘、用工管理方面的问题,也适合用工人数多、人力资源劳动强度较大的企业
转移派遣	适用于转制中的用工单位解决转制后原有人员的分流安置问题
试用派遣	适用于解决新进员工经试用考查不合格后的遣散安置问题,免去用工单位在选人方面的风险,有效降低人力成本
项目派遣	适用于解决只用一段时间、无需长期留用的人才使用后的分流问题

四、劳务派遣的操作流程

劳务派遣业务的操作流程如图 3-7 所示。

劳务派遣业务开展的具体步骤如下。

(一) 用工单位评估劳务派遣机构及可行性

1. 了解劳务派遣机构的经营资质和承担风险的能力

用工单位在选择和劳务派遣机构合作时,首先应了解该劳务派遣机构是否具有劳务派遣的相应资质,以及法定代表人的背景、公司诚信度、行业地位、品牌等。

《劳动合同法》第五十七条规定,经营劳务派遣业务应具备下列条件:

(1) 注册资本不得少于人民币 200 万元;

(2) 有与开展业务相适应的固定的经营场所和设施;

(3) 有符合法律、行政法规规定的劳务派遣管理制度;

(4) 法律、行政法规规定的其他条件。

2013 年 7 月 1 日起实施的《劳务派遣行政许可实施办法》第六条规定:"经营劳务派遣业务,应当向所在地有许可管辖权的人力资源社会保障行政部门依法申请行政许可。""未经许可,任何单位和个人不得经营劳务派遣业务。"第十三条规定:"申请人的申请符合法定条件的,许可机关应当依法作出准予行政许可的书面决定,并自作出决定之日起 5 个工作日内通知申请人领取《劳务派遣经营许可证》。"

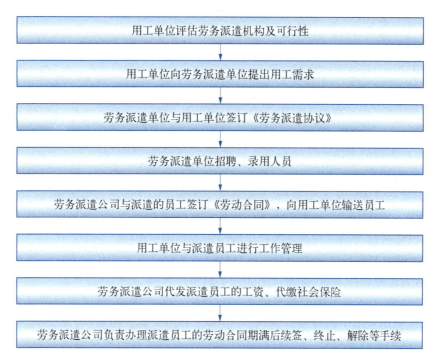

图 3-7 劳务派遣业务流程图

其次,应了解劳务派遣机构的服务能力。一是互联网信息技术服务能力;二是专业服务能力。

2. 评估实行劳务派遣用工的条件是否成熟

一是从有形的角度来说,企业实行劳务派遣用工,可能要涉及企业流程重组或者组织结构的重建;二是从无形的角度来看,涉及用工理念的变革、企业的宗旨、企业文化、员工行为准则等;三是要判断使用劳务派遣用工,是否能提升企业的核心竞争力。尤其在确定采用劳务派遣用工时,要确定哪些岗位可以使用劳务派遣工,哪些岗位不可以,同时还要注意使用比例。

《劳务派遣暂行规定》第三条规定,劳务派遣用工是中国企业用工的补充形式,只能在临时性、辅助性或者替代性的工作岗位上实施。《劳务派遣暂行规定》第四条规定,用工单位应当严格控制劳务派遣用工数量,使用的被派遣劳动者数量不得超过其用工总量的10%。

(二) 用工单位向劳务派遣单位提出用工需求

用工单位应提供用工需求,这包括岗位标准、条件及本企业各项管理制度,对派遣员工工资发放的规定、标准等相关材料。

1. 劳务派遣单位分析考察

劳务派遣单位依据用工单位提出的要求,对实际工作环境、岗位进行了解,如有必要,可进行实地考察。

2. 劳务派遣单位提出派遣方案

劳务派遣单位根据用人单位要求及现状,制定劳务派遣方案。

3. 双方洽谈方案

劳务派遣单位和用工单位研究、协商劳务派遣方案的内容,并在合法用工的前提下修改、完善派遣方案,为签订劳务派遣协议做准备。

(三) 劳务派遣单位与用工单位签订《劳务派遣协议》

劳务派遣单位与用工单位之间的关系为民事法律关系,签订的劳务派遣协议受民法的调整。实践中,双方利益能否得到最大的保护,法律风险能否降到最小化,很大程度上取决于劳务派遣协议的制作水平,因此,无论是劳务派遣单位还是用工单位,都应该高度重视劳务派遣协议的制作。按《劳动合同法》的规定,用工单位和劳务派遣单位应当签订劳务派遣协议,协议应当约定派遣岗位和人员数量、派遣期限、劳动报酬和社会保险费的数额与支付方式,以及违反协议的责任。

用工单位和劳务派遣单位在签订劳务派遣协议时应注意,除了《劳动合同法》规定的必备条款外,为避免可能发生的纠纷,双方在劳务派遣协议中还应就如下事项进行约定:

(1) 明确劳务派遣单位与被派遣劳动者签订劳动合同的义务,避免由于劳务派遣单位不签、漏签、迟签劳动合同而与劳动者产生纠纷影响到用工单位。

(2) 明确规定劳务派遣单位有缴纳社会保险的法定义务并承担没有依法缴纳的法律责任,避免因劳务派遣单位不缴、漏缴社保而产生纠纷。

(3) 用工单位退回被派遣劳动者的条件和程序。客观来讲,被派遣的劳动者同时接受劳务派遣单位和用工单位的双重管理,和一般员工有所区别。按照《劳动合同法》的相关规定,如果被派遣的劳动者符合一定条件,用工单位是可以将其退回劳务派遣单位的,劳务派遣单位也可以以此为理由解除劳动合同。可是,劳务派遣单位要解除劳动合同,有时间的限制和程序的要求,所以,用工单位将被派遣劳动者退回时,也应有时间的限制和程序的要求,以便于双方实际操作。

(4) 被派遣劳动者给用工单位造成损失时,用工单位的索赔渠道。当被派遣的劳动者由于自身原因给用工单位造成损失时,是否通过劳务派遣单位来追究,也应在劳务派遣协议中明确。

(5) 被派遣劳动者在哪个单位参加工会组织。按照《劳动合同法》的规定,被派遣的劳动者有权在劳务派遣单位或者用工单位依法参加工会组织。为了便于组织和管理,劳务派遣单位和用工单位可以在劳务派遣协议中对此问题作出约定。

(6) 工伤责任如何承担。虽然劳务派遣单位应当为被派遣的劳动者缴纳工伤保险费,但是按照现行法律规定,工伤事故发生后,除了工伤保险基金承担的赔偿外,用人单位还应承担一部分工伤待遇支付,同时还需进行工伤认定、评残的一些具体事务。这些责任和事务应由劳务派遣单位承担还是由用工单位承担需要在劳务派遣协议里面约定。

劳务派遣协议书(示例)

甲方:＿＿＿＿＿＿＿＿＿＿公司(用工单位)

地址:＿＿＿＿＿＿＿＿＿＿＿＿＿＿＿＿

乙方:＿＿＿＿＿＿＿＿＿＿劳务派遣有限公司(用人单位)

地址:＿＿＿＿＿＿＿＿＿＿＿＿＿＿＿＿

甲乙双方根据《中华人民共和国劳动法》《中华人民共和国劳动合同法》《劳务派遣暂行规定》及相关法律法规的规定,依照平等互利的原则,经双方协商:乙方根据甲方需要

派遣劳务人员、提供劳务服务,甲方向乙方支付相应的费用。现就具体事项达成以下协议:

一、合作事项

1. 乙方根据甲方的需要和要求,向甲方派遣劳务人员从事有关工作。甲、乙双方建立劳务派遣合同关系,乙方与派遣到甲方的劳务人员签订劳动合同履行用工备案登记手续,建立劳动关系。

2. 劳务派遣人员的工种、数量、用工期限、工作内容及相关待遇要求、职责划分及费用结算办法等在补充协议中明确。

二、劳务派遣期限

从_____年____月____日起至_____年____月____日止,期满经双方协商可续签。

三、甲方的权利和义务

1. 甲方需要使用派遣人员时,应提前15个工作日以书面形式通知乙方,并向乙方书面提供所需派遣人员的岗位种类和用工数量、素质、要求、各种待遇、劳务用工期限及起止日期。被派遣劳动者在甲方工作期间,由甲方对其实施组织管理、岗位调配和考核。

2. 被派遣劳动者在甲方工作期间,按国家法定休假待遇规定,享受正常休假。

3. 甲方受乙方委托,按月扣除应由被派遣劳动者个人承担的各项社会保险,并转交给乙方。

4. 甲方在国家劳动合同法律法规规定的范围内,有权将被派遣劳动者退回,并提前以书面形式通知乙方,每月1—10日内办理解聘手续。

5. 甲方依据自身生产经营情况,需要增加或减少派遣人员时,应提前15个工作日通知乙方。增加或减少的社会保险费、服务费及其他费用在补充协议中明确。

6. 被派遣劳动者个人提出解除劳动合同,应提前30日以书面形式通知甲方,甲方应在7日内作出同意或不同意的决定并以书面形式告知乙方,由乙方负责办理相关手续。

7. 甲方在使用被派遣劳动者时,应提供相应的劳动条件和劳动保护,负责被派遣劳动者的岗前安全教育及培训。

8. 被派遣劳动者在甲方工作期间因工伤事故造成伤、残、亡等事故由乙方负责并处理。甲方在第一时间通知乙方,负责事故现场应急处理,积极配合事故的调查取证并提供相关资料。

9. 被派遣劳动者发生工伤、职业病、死亡等事故,乙方按国家有关规定执行,国家规定由用工单位支付的费用由甲方承担。

10. 被派遣劳动者患病或非因工负伤,在符合国家规定的医疗期内,甲方按国家规定承担相应的费用。

11. 被派遣的女性劳动者在派遣期间出现孕期、产期、哺乳期,由甲方按国家规定承担应由用工单位承担的费用,乙方负责处理相关事务。乙方在向甲方派遣劳动者时,应向甲方提供准确的求职登记表中的相关信息。

12. 甲方向乙方推荐的合格应聘者,经乙方同意后可聘用为乙方劳务派遣人员。现已在甲方工作的聘用人员,由甲方向乙方推荐,经乙方同意后,此类人员可建立劳动关系为乙方的员工。

13. 若因甲方生产经营性停产待工，自停产待工之日起，甲方将停产待工的被派遣劳动者名单交乙方。自当月起，甲方继续支付停产待工期间的保险费和管理费用，并按有关规定支付最低工资。

14. 被派遣劳动者要遵守并履行甲方依法制定的有关保守企业秘密等各项规章制度，严格保守甲方重大经营管理事项、重要业务统计指标、核心技术和客户信息等商业机密，在派遣至甲方工作期间及终止或解除合同后，不得以任何方式披露、使用或者允许他人使用甲方商业秘密。

四、甲方退工且不用支付经济补偿金的情形

《中华人民共和国劳动合同法》规定，被派遣劳动者有下列情况之一的，甲方在证据确凿的情况下，有权直接退工给乙方，不支付经济补偿金。

1. 在试用期间被证明不符合录用条件的，有严谨的考核评价表。
2. 严重违反甲方单位规章制度的，有确切的行为记录。
3. 严重失职，营私舞弊，给甲方造成重大损害的。
4. 同时与其他用工单位建立劳动关系，对完成甲方的工作任务造成严重影响的。
5. 被依法追究刑事责任的。

五、甲方退工且须支付经济补偿金的情形

甲方将被派遣员工退回至乙方，乙方在《中华人民共和国劳动合同法》约定的与被派遣劳动者解除劳动关系时，除本协议第四项规定的五种情形外，应由甲方按《中华人民共和国劳动合同法》规定支付经济补偿金，在办理解除关系时支付。

六、乙方的权利和义务

1. 乙方应依据法律法规规定，与被派遣劳动者签订劳动合同，认真履行与被派遣劳动者签订的劳动合同的全部义务。

2. 乙方应组织被派遣劳动者进行遵守法律、法规，政府部门相关规定和甲方企业的规章制度等方面的教育，保守甲方商业秘密，维护甲方的合法权益。

3. 若发生劳动合同项下的劳动争议，由甲方第一时间告知乙方，乙方应直接与被派遣劳动者交涉解决，乙方采取必要且合法的措施使甲方免受由此可能引发的争议的影响。

4. 在本合同期限内，未经甲方书面同意，乙方不可将其在本协议项下的任何义务转包给另外的人才服务公司。否则，由此造成的损失，由乙方承担。

5. 乙方根据甲方的需要派遣劳动者，并配合甲方对被派遣劳动者实施组织管理、岗位调动以及业绩考核，定期对被派遣劳动者进行有效的跟踪和管理。

6. 乙方与被派遣劳动者签订劳动合同起30日内，按国家有关规定为其办理社会保险手续，负责缴纳各项保险费用，按规定标准从其当月工资中扣除各类保险费，并按补充协议约定缴纳其他社会保险费。

7. 乙方负责对被派遣劳动者进行派遣前的政策、法律教育，职业道德培训，提供必要的建议和指导，并如实介绍甲方情况。

8. 乙方根据甲方需要，可对新进劳务人员进行岗前培训，取得岗前培训合格证者方可提供给甲方，培训费用由甲方承担。

9. 乙方根据甲方要求组织被派遣劳动者进行健康体检(体检项目、体检医院由甲方指定),体检日期不得超过派遣开始之日前一个月,经甲方确认体检合格者方可派遣到甲方。

10. 被派遣劳动者在甲方工作期间因工伤事故造成的伤、残、亡等事故,甲方应在第一时间通知乙方,并进行积极抢救和现场保护,垫付相关医药费,待乙方启动工伤保险机制后一并处理。

11. 乙方向甲方提供的所有有关信息应确保真实有效,由于虚假信息导致甲方的损失,由乙方负责承担。

12. 被派遣劳动者在派遣期间发生工伤、职业病、死亡等事故,乙方按国家有关规定执行。

七、甲方应支付的劳务派遣费用、结算标准及支付时间

1. 劳务费:劳务费结算标准在补充协议中明确。

2. 社会保险费:包括基本养老保险、医疗保险、失业保险、生育保险和工伤保险等。

3. 服务费:按每人每月×××元计算。

4. 甲方在当月10日前将被派遣劳动者本月的社保费支付给乙方,并将被派遣劳动者上月的工资总额及工资报表、服务费交付给乙方,如遇国家法定节假日或特殊情况,可适当顺延,但最长期限不超过5个工作日,乙方同时出具正式发票给甲方。发票金额应包含被派遣劳动者的工资、奖金、福利、各类保险、服务费等所有需甲方承担的费用总额。

八、违约责任

1. 甲、乙双方应按照本协议及补充协议所约定的内容,履行各自的义务。不履行或不完全履行义务的,视为违约,需承担违约责任,并支付对方违约金。

2. 甲方不按照本协议及补充协议所要求的时间和方式支付所有款项,逾期30天以上的,除按本协议支付费用外,应按日支付1‰的滞纳金。

3. 在协议有效期内,甲方因体制改革、生产经营发生重大变化或组织结构调整等减少劳务人员时,按国家、省级人民政府的有关规定一次性向乙方支付减少人员的经济补偿金,经济补偿金参照《中华人民共和国劳动合同法》的标准支付。

九、其他相关事宜

1. 甲、乙双方在履行本协议发生争议时,应协商解决,未能达成一致意见时,任何一方可依法提起诉讼。

2. 本协议条款与国家、省、市新颁发的法律、法规和政策规定发生冲突时,以新颁发的法律、法规及政策规定为准。

3. 本协议遇到不可抗拒或政策变化等原因致使协议无法继续履行或双方认为需要修改、补充时,由甲、乙双方协商处理。

4. 本协议未尽事宜,经双方协商一致后,可另行签订补充协议,补充协议与本协议不一致处,以补充协议为准。

5. 本协议一式两份,甲、乙双方各执一份,具有同等法律效力,本协议书自双方签字

盖章之日起生效。

甲方(盖章)：　　　　　　　　　　乙方(盖章)：
法定代表人或委托代理人(签名)：　　法定代表人或委托代理人(签名)：
日期：　　年　　月　　日　　　　　日期：　　年　　月　　日

(四) 劳务派遣单位招聘、录用人员

用工单位使用劳务派遣可以自行招聘，也可以委托劳务派遣机构进行招聘。劳务派遣机构的招聘部门根据用工单位提供的用工需求，发布招聘广告，选择合适的招聘渠道，经初步面试筛选后，将人员名单交用工单位，用工单位与劳务派遣机构可协商联合对初筛人员进行测试，确定是否录用。符合用工单位需求的派遣人员确定后，由劳务派遣机构负责调档、背景调查、安排体检等工作，并与用工单位共同进行上岗前的培训，经培训达到要求后，由劳务派遣机构协助用工单位完成劳务派遣员工入职。

(五) 劳务派遣公司与派遣的员工签订劳动合同，向用工单位输送员工

劳动合同是劳动者与用人单位确立劳动关系、明确双方权利和义务的协议。劳动合同是调整劳动关系的基本法律形式，也是确定劳动者与用人单位劳动关系的基本前提。劳务派遣的劳动合同是一类特殊的劳动合同，除了要遵守一般劳动合同的规则外，还有一些自身的特点。

1. 劳务派遣劳动合同当事人

在劳务派遣关系中，出现了劳务派遣单位和用工单位两个单位。但是，劳动合同仅仅在劳务派遣单位和被派遣的劳动者之间签订，用工单位和被派遣的劳动者之间是不签订劳动合同的。

2. 劳务派遣劳动合同的期限

劳动合同的期限由用人单位和劳动者约定，法律一般不作限制。但是针对劳务派遣劳动合同的期限，法律有特别的规定，即劳务派遣单位应当与被派遣的劳动者订立两年以上固定期限的劳动合同。

3. 劳务派遣劳动合同的内容

劳务派遣单位与被派遣的劳动合同的内容，除应当载明一般劳动合同必须具备的条款外，还应当载明被派遣劳动者的用工单位以及派遣期限、工作岗位等情况。

4. 订立劳动合同的时间

《劳动合同法》规定：“用人单位自用工之日起即与劳动者建立劳动关系。”劳动关系建立的唯一标志就是用工。只要劳动者实际提供劳动，用人单位存在实际用工的事实，就建立了劳动关系，而不论双方是否签订了书面劳动合同。法律同时规定，已建立劳动关系，未同时订立书面劳动合同的，应当自用工之日起一个月内订立书面劳动合同。

5. 未及时订立劳动合同的法律后果

自用工之日起一个月内，经用人单位书面通知后，劳动者不与用人单位订立书面劳动合同的，用人单位应当书面通知劳动者终止劳动关系，无需向劳动者支付经济补偿，但是应当依法向劳动者支付其实际工作时间的劳动报酬。

用人单位自用工之日起超过一个月不满一年未与劳动者订立书面劳动合同的,应当向劳动者每月支付两倍的工资(起算时间为用工之日起满一个月的次日,截止时间为补订书面劳动合同的前一日),并与劳动者补订书面劳动合同;劳动者不与用人单位订立书面劳动合同的,用人单位应当书面通知劳动者终止劳动关系,并依照法律规定支付经济补偿。

用人单位自用工之日起满一年未与劳动者订立书面劳动合同的,自用工之日起满一个月的次日至满一年的前一日应当向劳动者每月支付两倍的工资,并视为自用工之日起满一年的当日已经与劳动者订立无固定期限劳动合同,应当立即与劳动者补订书面劳动合同。

未及时订立劳动合同的法律后果如表 3-12 所示。

表 3-12 未及时订立劳动合同的法律后果

原因 \ 时间	用工 1 个月内	用工 1 个月以上 1 年以下	用工 1 年以上
用人单位不订立	合法状态	1. 不合法状态; 2. 用人单位应与劳动者补订书面劳动合同; 3. 用人单位向劳动者每月支付双倍工资(起算时间为用工之日起满一个月的次日,截止时间为补订书面劳动合同的前一日)	1. 不合法状态; 2. 用人单位应当立即与劳动者补订无固定期限劳动合同; 3. 用人单位自用工之日起满一个月的次日至满一年的前一日应当向劳动者每月支付两倍的工资
劳动者不订立	1. 书面通知劳动者; 2. 应当书面通知劳动者终止劳动关系	1. 不合法状态; 2. 用人单位应当书面通知劳动者终止劳动关系; 3. 用人单位应向劳动者支付经济补偿	目前法律未作规定

6. 劳务派遣劳动合同的履行和变更

劳务派遣单位与被派遣劳动者订立劳动合同,将劳动者派遣到用工单位工作的过程,也是劳务派遣劳动合同履行的过程。按照法律规定,劳务派遣单位应当将劳务派遣协议的内容告知被派遣的劳动者,劳务派遣单位不可克扣用工单位按照劳务派遣协议支付给被派遣劳动者的劳动报酬,劳务派遣单位和用工单位都不可以向被派遣的劳动者收取费用。

劳务派遣劳动合同在履行过程中,由于某种原因或者法律规定,被派遣的劳动者和劳务派遣单位协商一致,可以对原劳动合同的条款进行修改和补充,即劳务派遣劳动合同的变更。

7. 劳务派遣劳动合同的解除和终止

(1) 劳动者提出解除劳动合同。被派遣的劳动者可以行使劳动合同的解除权,但是只能向劳务派遣单位提出才可以,如果仅仅向用工单位提出是无效的。

(2) 劳务派遣单位提出解除劳动合同。劳务派遣单位是法律上的用人单位,可以行使单方解除劳动合同的权利,但是必须符合法律规定的条件和程序。

(3) 用工单位退工。用工单位实际使用劳动者,对劳动者的工作效果有最直接的体会,劳动者是否违反劳动纪律、是否胜任工作等对用人单位都有直接的影响。但是，当劳动者出现法定的可以被解除劳动合同的情形时，用工单位却不享有直接解除劳动合同的权利，只能将劳动者退回劳务派遣单位，由劳务派遣单位与其解除劳动合同。

（4）劳动合同的终止。最常见的导致劳动合同终止的情形是劳动合同的期限届满，劳务派遣单位与被派遣的劳动者可以协商约定是否续订劳动合同。需要注意的是，除了劳务派遣单位维持或者提高劳动合同约定条件续订劳动合同，劳动者不同意续订的以外，其他原因导致劳动合同不续订的，劳务派遣单位要按照法律规定给予劳动者相应的经济补偿。

（六）用工单位与派遣员工进行工作管理

在员工被派遣期间，用工单位对被派遣员工进行工作管理，但同时劳务派遣机构也需要进行相关管理工作。

1. 入职管理

劳务派遣机构客服专员需要协同用工单位人事专员办理派遣员工的入职手续，派发派遣员工工作手册；并组织派遣员工进行工作职责、规章制度、安全教育、派遣管理规范及流程等培训，让派遣员工全面了解工作的相关情况。

2. 离职管理

派遣员工如主动离职，需提前一个月向劳务派遣机构及用工单位提出离职申请。劳务派遣机构客服专员与离职员工进行面谈，履行保密义务，进行工作移交。派遣员工完成个人工作交接与结清相关款项，由用工单位出具签字确认的离职批准书后，劳务派遣机构为派遣员工办理正式的离职手续。

员工被用工单位辞退，用工单位需要提前通知劳务派遣单位，劳务派遣单位将视派遣员工是否有严重违反企业规章制度等可解除劳动合同的情形，对派遣员工进行辞退或再安置。

3. 奖惩管理

派遣员工的奖惩首先以用工单位的制度为标准，在与用工单位制度不冲突的情况下，派遣员工将同时接受劳务派遣机构关于外派员工的奖惩管理规定。

4. 员工活动管理

劳务派遣机构建有党工团组织的，可以接收派遣员工的组织关系，并吸纳为工会会员。劳务派遣机构的党工团组织定期开展活动，丰富员工的文化生活，增强员工对企业的归属感。派遣员工也可以参加用工单位的党工团组织开展的活动。

5. 再就业安置管理

（1）用工单位增减员时，按劳务派遣协议约定，提前通知劳务派遣机构办理。

（2）派遣员工在派遣期内减员的，符合以下条件，可进行再安置：在用工单位工作期满的派遣员工，不适合现在工作岗位且不进行调岗的派遣员工。以下人员不再进行安置：主动解除劳动合同的派遣员工，按照《劳动合同法》相关规定被辞退的派遣员工。

（3）派遣员工劳动合同期满，可自愿与劳务派遣机构续签劳动合同，继续被派到相关单位工作。

6. 人事档案服务及相关证明

劳务派遣机构为每位派遣员工提供人事档案委托保管服务，可为派遣人员出具结婚、升学、生育等方面的证明和代办需要由单位办理的各项证明文件。

《劳务派遣暂行规定》第八条规定了劳务派遣单位应当对被派遣劳动者履行下列义务：

（1）如实告知被派遣劳动者《劳动合同法》第八条规定的事项、应遵守的规章制度以及劳务派遣协议的内容；

（2）建立培训制度，对被派遣劳动者进行上岗知识、安全教育培训；

（3）按照国家规定和劳务派遣协议约定，依法支付被派遣劳动者的劳动报酬和相关待遇；

（4）按照国家规定和劳务派遣协议约定，依法为被派遣劳动者缴纳社会保险费，并办理社会保险相关手续；

（5）督促用工单位依法为被派遣劳动者提供劳动保护和劳动安全卫生条件；

（6）依法出具解除或者终止劳动合同的证明；

（7）协助处理被派遣劳动者与用工单位的纠纷；

（8）法律、法规和规章规定的其他事项。

政策链接

《劳务派遣暂行规定》

第十二条

有下列情形之一的，用工单位可以将被派遣劳动者退回劳务派遣单位：

一、用工单位有《劳动合同法》第四十条第三项、第四十一条规定情形的；

附：《劳动合同法》

第四十条　无过失性辞退

有下列情形之一的，用人单位提前三十日以书面形式通知劳动者本人或者额外支付劳动者一个月工资后，可以解除劳动合同：（一）劳动者患病或者非因工负伤，在规定的医疗期满后不能从事原工作，也不能从事由用人单位另行安排的工作的；（二）劳动者不能胜任工作，经过培训或者调整工作岗位，仍不能胜任工作的；（三）劳动合同订立时所依据的客观情况发生重大变化，致使劳动合同无法履行，经用人单位与劳动者协商，未能就变更劳动合同内容达成协议的。

第四十一条　经济性裁员

有下列情形之一，需要裁减人员二十人以上或者裁减不足二十人但占企业职工总数百分之十以上的，用人单位提前三十日向工会或者全体职工说明情况，听取工会或者职工的意见后，裁减人员方案经向劳动行政部门报告，可以裁减人员：（一）依照企业破产法规定进行重整的；（二）生产经营发生严重困难的；（三）企业转产、重大技术革新或者经营方式调整，经变更劳动合同后，仍需裁减人员的；（四）其他因劳动合同订立时所依据的客观经济情况发生重大变化，致使劳动合同无法履行的。裁减人员时，应当优先留用下列人员：（一）与本单位订立较长期限的固定期限劳动合同的；（二）与本单位订立无固定期限劳动合同的；（三）家庭无其他就业人员，有需要扶养的老人或者未成年人的。用人单位依照本条第一款规定裁减人员，在六个月内重新招用人员的，应当通知被裁减的人员，并在同等条件下优先招用被裁减的人员。

二、用工单位被依法宣告破产、吊销营业执照、责令关闭、撤销、决定提前解散或者经营期限届满不再继续经营的；

三、劳务派遣协议期满终止的。

被派遣劳动者退回后在无工作期间，劳务派遣单位应当按照不低于所在地人民政府规定的最低工资标准，向其按月支付报酬。

第十三条

被派遣劳动者有《劳动合同法》第四十二条规定情形的,在派遣期限届满前,用工单位不得依据本规定第十二条第一款第一项规定将被派遣劳动者退回劳务派遣单位;派遣期限届满的,应当延续至相应情形消失时方可退回。

(七)劳务派遣公司代发派遣员工的工资、代缴社会保险

1. 劳务派遣单位的工资支付义务

(1)按月支付劳动报酬。劳务派遣单位与劳动者订立劳动合同,是法律上的用人单位,应向劳动者按月支付劳动报酬。但是,劳务派遣单位并不实际用工,无法享受劳动者直接创造的价值,其所支付的劳动报酬实际上来自用工单位。

用工单位按月管理和考核被派遣的劳动者情况,确定劳务人员应发工资总额、社会保险费等,每月按规定时间划拨到劳务派遣单位。

劳务派遣单位负责发放被派遣劳动者的工资,代扣代缴个人所得税,缴纳社会保险费等。

(2)在劳动者无工作期间支付工资。我国法律有一项特殊的规定,就是被派遣的劳动者在无工作期间,劳务派遣单位应当按所在地人民政府的最低工资标准,向劳动者按月支付劳动报酬。这给劳务派遣单位提出了很高的要求,因此,劳务派遣单位在派遣劳动者时应注意此类风险。

2. 劳务派遣单位缴纳社会保险费的义务

如前所述,劳务派遣单位作为劳动者的法定雇主,承担依法为劳动者缴纳社会保险费的义务,当然,这一部分费用仍然来自用工单位。

3. 用工单位薪酬方面的义务

用工单位应告知劳动者劳动报酬,但并不是将劳动报酬直接支付给劳动者。不过此项费用只涉及劳动者在法定工作时间内提供了正常劳动的报酬。根据劳动者实际提供劳动的情况,用工单位应直接向劳动者支付加班费、绩效奖金,并提供与工作岗位相关的福利待遇。

劳务派遣工资的支付分工情况如表3-13所示。

表3-13 劳务派遣工资支付分工一览表

项 目	用 工 单 位	劳务派遣单位
工 资	承担费用	负责发放
社会保险费	承担费用	负责缴纳
个人所得税	—	代扣代缴
加班费	直接支付	—
绩效奖金	直接支付	—
福利待遇	直接支付	—

4. 劳务派遣工资支付应注意的问题

(1) 劳务派遣单位如果拖欠克扣工资会导致劳动者难以安心工作,用工单位在派遣合同中应明确规定劳务派遣单位发放工资的日期,并规定未经用工单位同意,劳务派遣单位不得以任何名目直接扣除劳动者工资;

(2) 用工单位应注意被派遣的劳动者与本单位员工的同工同酬,用工单位无同类岗位劳动者的,参照用工单位所在地相同或相近岗位劳动者的劳动报酬确定;

(3) 用工单位连续用工的,要实行正常的工资调整机制;

(4) 用工单位因使用劳务派遣工而支付给劳务派遣单位的管理费或者服务费,不属于工资范畴,双方自由约定,不受劳动法律规范的调整。

(八) 劳务派遣公司负责办理派遣员工的劳动合同期满后续签、终止、解除等手续

《劳务派遣暂行规定》第四章对劳动合同的解除和终止有着详细的规定。其中,第十四条规定,被派遣劳动者提前 30 日以书面形式通知劳务派遣单位,可以解除劳动合同。被派遣劳动者在试用期内提前 3 日通知劳务派遣单位,可以解除劳动合同。劳务派遣单位应当将被派遣劳动者通知解除劳动合同的情况及时告知用工单位。

第十五条规定,被派遣劳动者因本规定第十二条规定被用工单位退回,劳务派遣单位重新派遣时维持或者提高劳动合同约定条件,被派遣劳动者不同意的,劳务派遣单位可以解除劳动合同。被派遣劳动者因本规定第十二条被用工单位退回,劳务派遣单位重新派遣时降低劳动合同约定条件,被派遣劳动者不同意的,劳务派遣单位不得解除劳动合同,但被派遣劳动者提出解除劳动合同的除外。

第十六条规定,劳务派遣单位被依法宣告破产、吊销营业执照、责令关闭、撤销、决定提前解散或者经营期限届满不再继续经营的,劳动合同终止。用工单位应当与劳务派遣单位协商妥善安置被派遣劳动者。

第十七条规定,劳务派遣单位因《劳动合同法》第四十六条或者本规定第十五条、第十六条规定的情形,与被派遣劳动者解除或者终止劳动合同的,应当依法向被派遣劳动者支付经济补偿。

在用工单位和劳务派遣公司合作期间,应注意以下事项:

(1) 审查派遣公司与劳动者签订的劳动合同是否合法;

(2) 审查劳务派遣单位执行劳动合同的情况,避免承担连带责任;

(3) 定期跟踪劳务派遣公司对于被派遣劳动者的工资发放、社保缴纳情况(特别是工伤保险);

(4) 用工单位与劳务派遣公司的派遣协议要尽量详细,如约定不明,仲裁和法院的一般做法均是要求两家单位共同承担赔偿责任;

(5) 最好定期了解劳务派遣公司的资金情况,确保他们有赔偿能力。

【知识巩固】

1. 如何理解劳务派遣的含义?
2. 劳务派遣业务具有哪些特点和作用?
3. 劳务派遣可以分为哪些类型?分别适用于什么情况?
4. 简述劳务派遣业务的操作流程。

任务四　高级人才寻访

【知识目标】
- 理解高级人才寻访的概念和特征；
- 理解高级人才寻访业务的类型和核心价值；
- 掌握高级人才寻访的业务流程。

【能力目标】
- 能够通过举例分析高级人才寻访业务的类型和核心价值；
- 能够初步设计高级人才寻访的业务流程；
- 能够在团队中以情景模拟、角色扮演的方式完成高级人才寻访的全业务操作流程。

【任务导入】

任务 3-10

【背景资料】

猎头顾问 Grace 经客户介绍准备开拓目标客户 A 公司，A 公司隶属于 X 集团，该集团 2002 年涉足母婴用品行业至今，市场渠道遍布全国，品牌认知度和接受度日趋增长。集团以 X 品牌纸尿布为明星产品，其他产品包括消毒湿巾等母婴用品。目前一共拥有 20 多个系列 1 000 多个品种，年产能可达 25 亿片。集团总部位于广州，为研产销一体，在广东、福建、湖南均有生产基地。公司已通过 ISO9001 质量管理体系认证、ISO14001 环境管理体系认证、ISO18001 职业健康安全管理体系认证，是行业重点扶持企业。公司曾获得驰名商标、国家高新技术企业、明星纳税企业等荣誉称号。

作为集团下属的 A 公司，主要负责集团产品线下渠道整体营销业务。Grace 已经与 A 公司的招聘专员 Lily 进行了初步沟通，了解到 A 公司现在正在招聘电商运营类的管理岗位。

熟识 Lily 后，Grace 得知，A 公司曾与一家猎头公司合作，但公司总经理因为之前合作效果不好，还要预付费，决定中止和猎头公司的合作。A 公司现在还有多个中高管职位空缺，一直没有招到合适的人。

这是 Grace 第二次拜访 A 公司，这次的目的是打动客户，证明所在猎头公司的优势及价值，推动合作。

【具体任务】
1. A公司是否是目标客户,为什么?
2. A公司的关键决策人是谁?
3. 如何能够让拜访的目的达成?
4. 如果猎头顾问Grace最终和A公司达成合作,请设计后续的高级人才寻访的业务流程。

一、高级人才寻访概述

高级人才寻访也称猎头服务,英文为headhunting,属于人力资源服务业中的高端业务,是指为客户提供咨询、搜寻、甄选、评估、推荐并协助录用高级人才的系列服务活动。

高级人才寻访是一种招聘高端人才的模式,是人力资源服务市场对高级人才进行市场化配置的重要业态。随着社交网络和移动互联网的兴起,高级人才寻访服务正向专业化和深层次扩张。

高级人才寻访服务具有以下特征。

(一)针对性强

高级人才寻访服务的招聘目的性强,并且主动出击,与候选人进行一对一地交流,有针对性地对人才和岗位进行高效、精准匹配。

(二)保密性强

高级人才寻访具有保密性,一方面是为有高级人才需求的客户企业保密,另一方面是为候选人的职业发展情况及所去企业情况保密。

(三)服务费高

相对于其他招聘方式,高级人才寻访的服务费用非常高,国内的收费标准一般为拟招聘职位年薪的20%—30%。

二、高级人才寻访服务的类型

(一)按服务内容分类

1. 标准猎头服务

根据客户提供的职位要求,采取标准化收费,提供标准化服务,包括共同商定项目计划书(前期、中期、后期),确立咨询方案,启动专业搜寻途径,并通过专业渠道获取人才信息,采用专业的人才评价技术筛选后推荐给客户,全程跟踪服务至人才正式上岗。

标准猎头服务适用于客户企业有高级人才且空缺职位较少的情况。

2. 战略猎头服务

又称长期猎头服务,即对高级人才需求量大或长期招聘高级人才的客户,可签订长期服务合同,结成人才招聘战略合作伙伴,组建专业和专门的团队为客户预先建立专业人才库,随时为客户提供战略发展所需要的人才的合作方式。

战略猎头服务适用于空缺职位较多且用人需求较大的企业。

3. 定向猎头服务

定向猎头服务是指猎头公司根据客户要求"定向寻猎"。通常特指两种情况:一是针对客户指定候选人开展的猎头项目;二是针对客户指定1—2家特定公司人员为目标候选人开展的猎头项目。

定向猎头服务适用于具有明确招聘人选目标的企业。

4. 人才甄选服务

猎头公司承接客户委托的面试、测评等甄选工作,并提供分析评价报告。面试一般由富有经验的专职或兼职猎头顾问进行,通过面试提供专业的参考性面试意见和评价。猎头公司提供的人才测评通常包括评价中心测评和专家测评。

5. 背景调查服务

猎头公司接受客户委托,对候选人员进行人事调查,有明访、暗访和全面调查等形式。调查方法一般有信函调查、电话访问、面谈调查等。调查结果一般以书面或口头两种方式汇报。

(二)按付费模式分类

1. 预付费模式

预付费模式是指在项目的前、中、后期分别收取1/3的费用。这种模式一般用于寻访的人才级别较高、候选人才库中名额较少。采用这种模式的猎头公司一般在行业中有一定的地位,行业声誉高且综合能力强。他们一般具有较强的专业性。这一模式保证了猎头公司的收入,使猎头公司对候选人的评估更加公正和客观。

2. 按结果付费模式

按结果付费模式是指在项目成功完成后收取费用。目前,大多数猎头公司采用这一模式。在这种情况下,客户企业可能会同时委托多家猎头公司进行招聘,最后对寻访成功的公司进行付费。采用这一方式时,如果招聘不成功或因战略调整取消职位,客户企业可以不付费,有利于节约客户企业的成本。

三、高级人才寻访服务的核心价值

高级人才寻访服务的核心价值体现在获取人才的速度、效率以及成功率上。快速获取人才拼的是渠道,猎头服务的招聘渠道是非常多样化和专业化的;效率来自猎头公司对候选人能力的细分程度和识别程度。猎头服务卖的是稀缺资源,让人才价值最大化,给优秀人才和企业带来了重要价值。

对企业而言,猎头服务为企业招聘合适的精英,推动企业快速发展,还在一定程度上增加了人才的稳定性和匹配率。猎头公司还可以从咨询的角度为企业未来的战略人才储备规划提供建议,为人才规划职业生涯。

四、高级人才寻访服务的操作流程

猎头公司的寻访程序虽各有不同,但基本上会经过三个阶段:准备阶段、实施阶段和后续阶段。

(一)准备阶段

1. 了解客户意向,分析招聘需求

猎头最初的工作是接待客户来电、来函或来访咨询,做好客户委托猎头的意向记录。随后,猎头顾问与客户人力资源部经理及用人部门高级经理进行充分、有效的沟通,详细了解招聘岗位的岗位职责、任职资格、聘用规格、年薪标准及其他配套待遇等信息。岗位职责分析的内容包括关键职责、岗位工作任务、管理权限、管理职能等。任职资格分析以岗位胜任素质分析为主,内容包括知识、技能、经验、能力、动机、价值观。根据这些条件和公司背景、企业文化、行业和产品特点,进行目标分析,以明确客户企业用人的真正需求。

2. 组建项目小组,制作寻访计划书

当客户委托猎头公司寻找某职位所需人才之后,猎头公司组建项目小组,进一步了解客户所需人才标准与职位细节,在客观分析客户需求和自身掌握资源情况的基础上,与客户共同对所需寻猎的岗位进行讨论和分析;随后,猎头公司在1—2天内制定详细的搜寻方案,并向客户提供寻访计划书。寻访计划书的内容包括:所需人才的素质、能力等各项指标;可能的薪资状况;大致的人才访寻区域、访寻途径;服务费用、付费办法及跟踪服务等项目。

3. 签订服务合同,收取服务定金

双方达成合作意向后,磋商服务协议的具体条款,明确双方的责任和义务,详细描述服务内容,以及所需寻访岗位的职责、任职条件、特别要求及相应的薪酬范围。然后,正式签订《猎头服务合同》,同时收取一定数额的预付金,进入正式合作。

(二) 实施阶段

1. 人才寻访

猎头顾问先根据寻访要求勾勒出人才画像,再依据搜寻方案,利用人才数据库、社交网站、与各行业有关机构及人士的人脉资源等多种渠道寻访候选人。

猎头顾问常用的搜索方法有:

(1) 横向搜索,即同行业同职位搜索。当接到客户订单去作业时,猎头公司首先会在客户的同行业企业中挑选候选人。甄选工作基本上都是围绕同行业经历、同类职位进行。

(2) 纵向搜索,即跨行业同职位搜索。在不同行业的同类职位中搜寻目标,也被称为垂直搜索,这一方法也被经常使用。

(3) 曲线搜索,即跨行业跨职位搜索。又称迂回搜索,这种方法属于漫天撒网,虽有成功的可能,但失败的概率较高。不同的企业在其创业发展过程中,会形成自己独特的企业文化、行业特性等,而不同的职位也有各自的岗位职责和要求,因此,这种方式对候选人的个人素质以及对不同企业文化的适应、融通能力有较高的要求。

(4) 圆形搜索,即个人交际圈子搜索。这主要是指找到某一个点(人),再由这个点(人)打开他的交际圈进行搜索。例如,如果一个猎头顾问的亲友是某一公司的人员,通过其介绍认识了该公司的人力资源经理,开始关系的建立或业务上的往来,于是,一连串的圈子效应产生了,猎头顾问得以进入该经理所经营的人脉圈子,甚至可以获得该公司负责人所拥有的人脉资源。所以,猎头顾问非常用心地经营自己的人脉圈子,因为这就是他的工作生命线,人脉圈往往直接决定了工作绩效。

猎头公司派人员跟每一位潜在候选人接触,对所有接触到的潜在候选人信息进行分析、甄选过滤,包括岗位现状、沟通能力、离职可能性与动机、薪酬水平等,筛选出基本符合要求的候选人。确定候选人名单后,安排初步面试。初步面试的方式主要是一对一的面试或半结构化面试,初步面试考察的要点主要包括语言表达、仪表、工作态度、可靠性、专业知识、工作经验以及软性条件(管理能力、团队合作能力、沟通能力、成就感)等,最重要的是探询候选人的跳槽意向,并向他们展示这个新机会的吸引力,看他们是否感兴趣。

2. 人才测评

根据候选人名单,猎头顾问联络到一批有意向接触的候选人后,先由专业的人才测评技术顾问与他们进行多维度沟通和综合测评,评估候选人的胜任力和匹配度,同时做全面的候选人背景调查,初步筛选出合适又有意向的候选人,即工作内容定位一致、有跳槽动机、薪资诉求大体匹配,并制作推荐报告,推送给客户。

3. 推荐候选人,安排客户面试

如果客户判断简历符合条件,则会进入面试程序。根据客户对候选人的意向,猎头顾问协助安排客户与候选人进行面试。合适的面试方法可以全面地对候选人进行考察,提高用人决策的准确度。猎头常用的正式面试方法主要有结构化面试、非结构化面试、半结构化面试、行为描述面试、压力面试等。

一般来说,猎头顾问先请候选人给出三个可面试的时间点或时间段,然后协调客户选出相对合适的时间,保证双方如期对接。另外,猎头顾问还需要协调双方对于工作职责理解一致,对具体聘用条件进行有效沟通,并推动薪酬谈判顺利进行。

(三) 后续阶段

1. 就职协调,做深度背景调查

当客户与候选人双方都满意并确定聘用关系后,猎头顾问会对候选人做就职协调,确保其顺利上岗。同时,猎头顾问将应客户要求对候选人做深度背景调查,以保证该候选人的可靠性。候选人在拿到录用通知后,应向服务的公司提出书面离职申请,开启离职程序,确认离职的具体时间。猎头顾问需要持续跟进其离职进度,同时了解是否有其他面试在进行中,判断有无变卦的可能性。此时,客户应按照签订的合同支付猎头公司相应数额的服务费。

2. 人才试用,提供保证期服务

在候选人就职后,猎头顾问会与客户保持定期联系,协调客户企业和候选人之间的关系,跟踪、了解候选人的工作表现、工作感受、人际关系相处情况以及预期的实现情况等,协助双方解决试用期间可能遇到的困难与障碍,顺利度过磨合期。如果该候选人由于自身的原因提出离职或未能通过试用期,猎头顾问为客户就该职位提供一次免费服务,重新搜寻合适的候选人。

3. 试用成功,结算剩余服务费用

当候选人试用合格,就职至保证期,客户需支付剩余的服务费用,该次猎头服务完成。反之,按照合同有关规定操作。

【知识巩固】

1. 如何理解高级人才寻访的含义?
2. 在高级人才寻访业务实施过程中,根据服务方式的不同,猎头招聘业务可以分为几种类型?它们分别适用于什么情况?
3. 简述高级人才寻访的业务流程。

【项目总结】

本项目对经营性人力资源服务的业务进行了详细阐述。首先介绍了常见的人力资源服

务机构的组织结构及典型工作岗位的岗位职责,包括职业介绍机构、劳务派遣公司、猎头公司及人力资源管理咨询公司等;然后从经营性人力资源服务业务领域中选取了一些典型业务,包括招聘流程外包、劳务派遣及高级人才寻访业务,对每项业务的业务概述、业务类型、业务内容、核心价值及操作流程都进行了详细阐述。

项目四

公共人力资源服务

【学习导图】

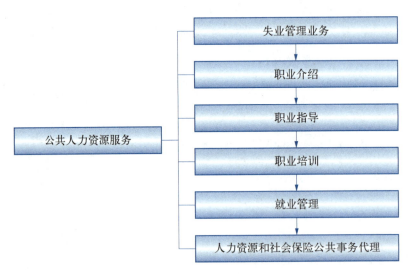

任务一 失业管理业务

【知识目标】
➢ 理解失业的含义及失业的类型；
➢ 理解失业的主要统计指标；
➢ 理解失业预警制度的含义和作用；
➢ 掌握失业登记制度的含义及业务操作注意事项。

【能力目标】
➤ 能根据失业的特点判断出失业类型；
➤ 能计算出相关的失业统计指标；
➤ 能为失业人员提供办理失业登记的政策咨询；
➤ 能为失业人员办理失业登记手续，并能主动告知失业人员其具有的权利和应尽的义务。

子任务 1-1　失业的基本理论

【任务导入】

● 任务 4-1

【工作场景】
现在有下列几种情况：
1. 一家医院的体检中心急招两名健康管理师，却一直找不到合适的人选，而临床医学专业的毕业生找不到合适的工作。
2. 在服装生产淡季，一部分工人被辞退，处于失业状态中。
3. 小张大学毕业后一直在寻找工作，现在已有意向单位，正在进行第二轮面试，暂时处于无工作状态中。
4. 小李毕业后找到了一份工作，但是在单位中总是感觉自己得不到重用，几番考虑后决定辞职回家。
5. 当经济发生周期性变化时，如发生了金融危机，将造成部分工人失业。
6. 在一些企业中存在着"一个人的活三个人干，三个人的饭五个人吃"的现象，造成人力资源的闲置。

【具体任务】
请分析以上几种情况分别属于什么类型的失业，并解释每种失业类型的含义。

一、失业的含义

失业泛指一切有就业意愿和就业能力的劳动者的无职业状态。因此，失业必须具备三个基本的构成要素：能够工作、愿意工作和没有工作。失业是各国普遍存在的现象，虽然失业对社会和经济生活以及劳动者个人和家庭都会产生影响，但失业主要是评估一个国家、一个地区经济状况好坏而不是衡量个人经济困难程度的概念。

在我国，根据统计制度规定，失业人口是指非农业人口，在一定年龄内（男：16—60岁；

女：16—50/55岁），有劳动能力，无业而要求就业，并在当地就业服务机构进行了求职登记的人口，由此计算失业率。由于劳动年龄规定有上限，而且由于农村劳动力不包括在失业的统计范围内，因此，我国的失业人数统计的范畴与其他部分市场经济国家有所不同。

二、失业的类型

失业有多个维度，通常使用的是按照失业成因进行的分类。迄今为止，被大多数经济学家所普遍接受的失业类型有以下几种。

（一）摩擦性失业

摩擦性失业是指由于劳动力供求双方所掌握信息的不对称、人力资源市场组织的不健全等因素造成有就业意愿和能力的劳动者无法与就业机会及时匹配而形成的一种失业形式。

在现代经济社会中，即使人力资源市场处于供求均衡状态，也总会有一些人处于转换职业之中，或者刚进入人力资源市场，正在寻找职业，或因用工需求的随机波动引起一些人不得不暂时处在工作交换甚至职业变换状态之中，这些就是摩擦性失业。摩擦性失业是短暂的，是一种正常性失业，可以与充分就业状态同时存在。合理的人力资源市场制度有利于疏通信息渠道，减少摩擦性失业。

（二）结构性失业

结构性失业是由于劳动者的技能结构与现在的就业岗位技能结构错位，造成失业与岗位空缺并存的一种失业现象。

结构性失业的产生不是由于劳动供求总量失衡，而是由于劳动力内部结构失衡。比如，产业结构升级或产业转移等因素会造成一部分就业岗位的丧失，同时也会创造一部分就业岗位，而劳动力的质量在短期内难以调整，这就会造成一部分劳动者的失业，以及一部分就业岗位的空缺。结构性失业是教育培训市场与人力资源市场无法保持一致的结果。它通常周期长，对经济社会产生的负面影响较大。

（三）季节性失业

季节性失业是由于季节性的生产或市场的季节性变化等原因而引起生产对劳动力需求出现季节性波动形成的失业。造成季节性失业的主要原因有两个方面：一是一些行业由于受生产条件、气候条件的影响具有季节性的特点，造成对劳动力的需求随季节的变化而变动，如农业、旅游业、航运业等；二是一些行业的产品需求受购买习惯、社会风俗的影响，会产生季节性的变化，如服装业、制鞋业和节日商品生产行业等，从而影响劳动力的需求，造成季节性失业。

（四）周期性失业

周期性失业指由于经济运行总是处于周期性的循环状态，从而对就业需求产生周期性的波动而形成的失业。

通常，经济繁荣时期会创造大量的就业岗位而减少失业数量；而经济萧条时期，由于生产性和生活性物品需求的减少造成工厂开工不足，进而造成工厂的劳动力需求数量的减少，社会上的失业数量就会增加。

（五）隐性失业

隐性失业是指经济部门中存在着边际劳动生产力等于或小于零的现象。由于失业统计不包括农村,因此,农村的失业问题处于隐蔽状态。随着农村城市化的发展,农村的隐性失业将转化为城市的公开失业;另外,我国在从计划经济向市场经济转型的过程中,国有企业不得不按照市场经济的运作方式进行内部改革,包括减员增效,产生了大批的下岗和失业人员,这也是隐性失业显性化的过程。

(六)自愿失业

自愿失业指虽然有就业愿望,但由于才能得不到发挥,或由于兴趣、爱好、工资、保险福利及人际关系等原因自愿放弃就业机会而形成的失业。这部分自愿失业者通常被认为是丧失信心,需要给予帮助。

三、失业的影响

失业是劳动者与生产资料相分离的不良经济状态,是社会资源分配和使用不当而在宏观层面上出现非均衡的一种表现。失业首先意味着失业者就业收入的丧失和工作经历与工作技能积累的中断,同时意味着能够而愿意工作的人被逐出生产领域,这部分劳动力资源没有被用于进行国民生产,却仍然要消费国民财富。因此,失业是有成本的。具体来说,失业造成的影响主要表现在以下三个方面。

(一)经济系统紊乱和大量资源浪费

首先,表现在经济资源的浪费。用国内生产总值(GDP)来表示国民产出,包括劳动力在内的各种生产要素得到充分利用时的 GDP 为潜在 GDP。失业意味着一部分劳动力资源的浪费,这时的国民产出必然小于潜在 GDP。

其次,失业导致居民收入减少,正常消费缩减,而且,庞大的失业人群造成人们对未来就业预期的悲观心理,导致居民消费倾向降低,储蓄倾向增强,近期消费需求不足;消费需求不足又反过来导致国民产出减少,失业率上升,形成一个恶性循环。

最后,失业还引起失业津贴和社会救济支出增加。这必然会直接导致政府非生产性支出增加,从而挤占生产性投入所需资金,抑制投资需求,使总产出减少,并最终导致企业和个人税负增加,产品需求进一步减少。因此,失业造成的最为严重的影响之一是经济系统的紊乱,甚至崩溃。

(二)大量社会问题产生

大量的失业还会导致贫困、疾病、犯罪、离婚、失学等现象增加,而这些社会问题都是引发社会动荡、政权变动的敏感因素。因此,社会问题是失业可能引发的第二个方面的重大问题。

(三)失业者的精神损失和物质损失

失业者的收入损失虽然可以通过失业津贴或其他政府转移支付部分地得到补偿,但这些津贴要少于就业收入的损失。另外,长期失业会导致失业者丧失再就业的技能和信心,成为困难群体和社会负担。对劳动者个人造成影响是失业可能引发的第三个方面的重大问题。

失业在上述三个方面造成的影响是相互联系、相互转化的。正因为失业对社会和经济生活以及个人和家庭的直接影响,各国政府都把降低失业率作为一项极为重要的社会政策目标来加以考虑。

四、失业预警制度

建立失业预警制度,对失业实施预防和调控,是政府实施宏观调控的一项内容,也是市场经济体制下完善就业服务管理的一项内容。建立失业预警制度,对可能出现的较大规模的失业实施有效的预防和调控,充分发挥政府宏观调控职能,实现扩大就业、减少失业和控制失业率等目标,保持社会和谐安定,具有重要作用。

(一) 相关政策规定

《就业促进法》第四十二条规定,县级以上人民政府建立失业预警制度,对可能出现的较大规模的失业,实施预防、调节和控制。

(二) 失业预警的概念

所谓失业预警,是指通过对宏观经济形势变化、经济结构调整、企业生产转换、自然灾害、公共安全突发事件、人口变化及迁移等因素对就业失业产生影响,以及对失业变化情况等进行连续监测和综合分析,就一个时间内可能出现的较大规模的失业风险进行预测,采取一定的方式向政府和社会发布警示信息,并提供采取相应措施的建议。

(三) 失业预警的主要内容

建立失业预警制度,就是把与失业预警相关的各环节的工作制度化和规范化。一般应包括以下六个方面的内容。

(1) 确定预警指标体系。这包括一般性指标体系和核心指标体系两种。一般性指标体系主要指对失业预警工作不起决定性或根本性作用的指标及其内容,如失业人员年龄结构、性别构成、文化程度等就属于这类。核心指标体系主要是指对失业预警结论具有根本影响或起决定性作用的指标及其内容,主要包括已经作出的重大经济社会政策调整决定、主要经济数据变化、汇率调整、国际贸易摩擦与争端、就业失业人数变化数据等。在失业预警指标体系中起重大作用的核心指标所占的权重较大,一般性指标所占的权重相应较小。

(2) 建立失业信息调查系统。这包括建立健全劳动力定期调查统计和抽样调查统计等制度,定期或不定期调查劳动力情况;建立健全城镇失业登记调查制度,准确掌握登记失业状态;建立健全人力资源市场景气状况调查制度,及时、准确地掌握整个人力资源市场的运行情况;建立健全失业状况观察点调查制度,及时、准确地掌握观察点就业失业状况等。通过各项相关制度的有效运行,采集失业预警需要的各类信息。

(3) 建立失业预警信息数据分析处理系统,合理确定预警级次。通过信息数据分析处理系统,利用建立的数学模型,通过一定的计算方法,分析、评估相关信息数据对失业可能造成的影响及其程度,确定预警级次。预警级次反映失业状态及其程度,可用多种方式表示,如可用颜色表示,绿色、黄色、橙色、红色等分别代表什么;也可用等级表示,如一级、二级、三级、四级、五级等;还可用其他容易区分的标识表示。

(4) 确定与预警级次相符的应急预案。这包括每项预案下要采取的应对措施,启动应急预案的程序及步骤,并有对该预案实施效果的评估检验办法。应急预案是根据预警提示提出的相应政策措施组合。政府启动应急预案,达到迅速缓解失业压力和维护社会稳定的效果。

(5) 组成专家小组。由相关领域的专家组成预警工作专家小组,对监测数据及相关要素的综合分析评估结果进行会审。

(6) 发布预警提示。预警提示由政府权威机构发布,或直接向政府领导报告。预警提示应包括预警级次及相应须采取的措施建议。

子任务 1-2　失业相关统计指标

【任务导入】

● **任务 4-2**

根据某省某年统计部门的数据,该年度全省失业人口为 2 万人,失业率为 4%,请计算该省的就业人口数和经济活动人口数。(写出计算过程)

● **任务 4-3**

请查找我国近五年的城镇登记失业率和城镇调查失业率数据。
1. 分析数据变化趋势。
2. 城镇登记失业率和调查失业率分别是什么含义？分析它们之间的差别。

● **任务 4-4**

某城市的公共就业服务供求状况报告显示,某季度进入该市公共人力资源服务机构招聘的单位有 15 855 家,累计需求各类人员 153 780 人,进入公共人力资源服务机构进行求职登记的各类人员为 66 304 人。
1. 计算这一季度该市人力资源市场的求人倍率。
2. 该数据说明了什么问题？

失业统计指标是反映人力资源市场失业情况的重要依据,与失业相关的统计指标主要有以下五种。

一、失业人员

失业人员分为登记失业人员和调查失业人员两类,前者是指有非农业户口,在劳动年龄内,有劳动能力,无业而要求就业,并到当地公共就业服务机构进行求职登记的人员,包括就业转失业的劳动者和新成长劳动力;后者是指 16 周岁以上(无年龄上限),有劳动能力,在调查周内未从事有收入劳动,有就业意愿并以某种方式寻找工作的人员。失业登记是政府制定就业政策和公共就业服务机构提供就业服务的依据。

二、失业率

失业率是失业人数与就业人数和失业人数之和的比。它反映了在全部经济活动人口中失业人员所占的比重有多大,从而判断人力资源市场失业问题的严重程度,是评价一个国家或地区失业状况的主要指标。用公式表示为:

$$失业率 = \frac{失业人数}{失业人数 + 就业人数} \times 100\%$$

目前,我国的失业率是指城镇登记失业率,即报告期末城镇登记失业人数占期末城镇从业人员总数与期末实有城镇登记失业人数之和的比重,由此计算出年末城镇登记失业率并按年公布,用公式表示为:

$$城镇登记失业率 = \frac{城镇登记失业人数}{城镇从业人数 + 城镇登记失业人数} \times 100\%$$

由于并不是所有失业人员都去进行登记,城镇登记失业率在真实、准确、全面地反映宏观就业和失业形势方面存在不足。

城镇调查失业率是指城镇调查失业人数占城镇调查从业人数与城镇调查失业人数之和的比重。在经过科学抽样,并保证一定规模样本量的情况下,城镇调查失业率的统计数据可以比较灵敏地反映一个国家或地区的就业和失业状况。

$$城镇调查失业率 = \frac{调查周内调查失业人数}{调查周内调查失业人数 + 调查周内调查就业人数} \times 100\%$$

三、经济活动人口和非经济活动人口

劳动适龄人口(16岁以上)分为经济活动人口和非经济活动人口。经济活动人口是指在16岁以上,实际参加或要求参加社会经济活动的那部分人口,包括就业人员和失业人员。它是反映一个国家或地区人力资源市场总供给状况的重要指标。

非经济活动人口是指16岁以上人口中,不能或不要求参加社会经济活动的人口。这包括16周岁以上的在校学生、待学人员、家务劳动者、离退休不再就业的人员、丧失劳动能力的人员和没有就业愿望的人员。

四、劳动力参与率

劳动力参与率是指经济活动人口占16岁以上人口的比例。这是衡量劳动适龄人口参与社会劳动程度的指标。用公式表示为:

$$劳动力参与率 = 经济活动人口 / 16岁以上人口 \times 100\%$$

在市场条件下,劳动力参与率说明劳动力参与、从事市场经济活动的普遍程度,是反映人力资源市场活动水平的一个总指标。劳动力参与率指标在研究确定一个国家或地区劳动力规模和构成因素以及预测未来劳动力供给等方面具有重要意义。

五、求人倍率

求人倍率是需求人数与求职人数之比,反映人力资源市场中每个岗位需求所对应的求职人数。用公式表示为:

$$求人倍率 = 需求人数 / 求职人数$$

求人倍率大于1,说明人力资源市场上劳动力的供给小于需求;求人倍率小于1,则说明劳动力的供给大于需求。

如某市 2021 年第二季度进入公共人力资源服务机构招聘的单位登记需求总量为 251 458 人,进入公共人力资源服务机构进行求职登记总量为 64 188 人,求人倍率为 3.92。详见表 4-1。

表 4-1 供求总体状况

	需求总量(人)	求职总量(人)	缺口数(人)	求人倍率
本期有效数	251 458	64 188	187 270	3.92

子任务 1-3 失业登记业务

【任务导入】

● 任务 4-5

【工作场景 1】
张师傅原是北京市一家汽车制造厂的职工,由于企业经营不善,效益一直下滑,单位面临裁员,并将张师傅列入裁员名单。张师傅不得已与企业终止了劳动关系,成了一名失业人员。

张师傅失业前,其所在单位和个人一直正常缴纳失业保险金,失业后就应该享受失业保险待遇。可一打听才知道,通过了失业人员资格审核才能享受失业人员的待遇。他一时有些糊涂,为什么失业还需要办手续呢?去哪里办呢?

【具体任务 1】
如果你是人力资源社会保障部门的工作人员,请向张师傅提供相关咨询。

【工作场景 2】
经过咨询,张师傅知道自己确实需要办理相关的失业手续,于是,他来到了户口所在地的街道社会保障事务所,咨询并办理失业登记手续。

【具体任务 2】
1. 根据现行政策,张师傅满足什么条件才可以申领失业保险待遇?
2. 张师傅是否符合办理失业登记的情形?如果是,属于哪一类情形?
3. 请书面告知张师傅,办理了失业登记后,他可以享受哪些优惠政策。
4. 请书面告知张师傅,办理了失业登记后,他需要履行哪些义务。

● 任务 4-6

【工作场景】
史小明是北京市某专科学校的毕业生,今年 7 月份从学校毕业后一直奔走于各人才市场,到现在仍没有找到合适的工作,于是他来到社区寻求帮助。社区工作人员告诉小史,大学生毕业后未就业的,也可以办理失业手续,享受就业优惠政策。

> **【具体任务】**
> 1. 根据相关政策规定,在办理失业登记的人员范围中,史小明属于哪一类情形?
> 2. 他应该去哪里办理失业登记手续?
> 3. 办理失业登记手续之前还需要完成什么手续?
> 4. 如果史小明通过自己的努力,成功就业,有了稳定的收入,他还需要办理什么手续?

一、业务基础

失业登记制度是指在法定劳动年龄内,有劳动能力,处于无业状态且有就业要求的失业人员,应办理失业登记手续。

《就业服务与就业管理规定》第六十五条规定,失业登记的范围包括下列失业人员:

(1) 年满16周岁,从各类学校毕业、肄业的;
(2) 从企业、机关、事业单位等各类用人单位失业的;
(3) 个体工商户业主或私营企业业主停业、破产停止经营的;
(4) 承包土地被征用,符合当地规定条件的;
(5) 军人退出现役且未纳入国家统一安置的;
(6) 刑满释放、假释、监外执行的;
(7) 各地确定的其他失业人员。

各地可以根据实际情况界定应办理失业登记的人员范围。具体来说,以北京市为例,《北京市就业失业登记管理暂行办法》第十二条规定,应办理失业登记的人员包括:

(1) 与各类用人单位终止、解除劳动关系或聘用关系的本市非农业户籍劳动力;
(2) 停止自主创业、自谋职业和灵活就业的本市非农业户籍劳动力;
(3) 年满16周岁,从各类学校毕(结、肄)业未继续升学或经教育行政部门批准退学的本市非农业户籍劳动力;
(4) 刑满释放、假释、监外执行、社区矫正或解除劳动教养的本市非农业户籍劳动力;
(5) 进京落户的非农业户籍劳动力;
(6) 常住外地或移居境外后回京的本市非农业户籍劳动力;
(7) 本条1—6项规定的城市化建设地区农业户籍劳动力;
(8) 本市农转非劳动力;
(9) 应办理失业登记的其他本市户籍劳动力。

以上人员如果失业,则需要办理失业登记手续。北京市城乡劳动力可选择在常住地街道(乡镇)公共就业服务机构(以下简称街镇公共就业服务机构)办理就业失业登记,纳入该市就业失业登记制度进行管理。

失业登记业务由失业人员个人提出申请,由失业人员档案所在地街道(乡镇)社会保障事务所受理。

(一) 失业登记业务相关政策规定

国家层面及北京市相关失业登记政策依据主要有:

(1)《就业服务与就业管理规定》(中华人民共和国劳动和社会保障部令第28号,2014

年、2015年、2018年、2022年分别修订）；

(2)《关于印发〈就业失业登记证管理暂行办法〉的通知》（人社部发〔2010〕75号）；

(3)《关于进一步完善〈就业失业登记管理办法〉的通知》（人社部发〔2014〕97号）；

(4)《关于印发〈北京市就业失业登记管理暂行办法〉的通知》（京人社就发〔2011〕79号）；

(5)《关于印发〈北京市就业失业登记证管理暂行办法〉的通知》（京人社就发〔2011〕80号）。

《就业服务与就业管理规定》第六十一条规定："劳动保障行政部门应当建立健全就业登记制度和失业登记制度，完善就业管理和失业管理。公共就业服务机构负责就业登记与失业登记工作，建立专门台账，及时、准确地记录劳动者就业与失业变动情况，并做好相应统计工作。就业登记和失业登记在各省、自治区、直辖市范围内实行统一的就业失业登记证（以下简称登记证），向劳动者免费发放，并注明可享受的相应扶持政策。就业登记、失业登记的具体程序和登记证的样式，由省级劳动保障行政部门规定。"第六十三条规定："在法定劳动年龄内，有劳动能力，有就业要求，处于无业状态的城镇常住人员，可以到常住地的公共就业服务机构进行失业登记。"

《北京市就业失业登记管理暂行办法》第二条规定："本办法所称就业失业登记是指劳动者初次进入本市人力资源市场或就业、失业状态发生变化时，应履行的登记手续。就业登记、失业登记是反映劳动者就业失业状态的手段，是政府促进就业的主要依据。"第三条规定："市人力资源和社会保障局负责建立健全本市行政区域内的就业登记、失业登记制度，完善就业失业管理。区县人力资源和社会保障局负责组织实施辖区内就业登记、失业登记和就业失业管理工作。街道（乡镇）社会保障事务所负责办理就业登记和失业登记手续，并开展就业失业管理工作。"

（二）业务功能描述

失业登记手续是劳动行政部门对失业人员身份的一种认定，同时也是反映劳动者失业状态的手段，是政府促进就业的主要依据。

登记失业后，登记失业人员可凭《就业失业登记证》享受职业介绍、职业指导、职业技能培训等公共就业服务；符合条件的可享受失业保险待遇和国家及本市的促进就业政策规定的待遇。若申请享受区县或街道（乡镇）促进就业政策规定的待遇的，按照各地区有关规定执行。

二、业务操作流程

以北京市为例，失业登记业务的办理流程如图4-1所示。

图4-1 失业登记业务流程图

（一）提交材料

申请人应提交的材料有：

(1)申请人居民身份证（港澳台居民居住证或港澳居民来往内地通行证、台湾居民来往

大陆通行证);

(2) 有单位就业经历的,还须持与原单位终止、解除劳动关系或者解聘的证明。

申请人可以去实体政务大厅窗口办理,也可以选择通过"首都之窗"平台进行网上办理。

(二) 信息采集

申请人需要提前填写个人失业登记信息采集表(纸质或电子表格),工作人员受理申请后,审核材料的完整性。若未通过审核,告知申请人进行补正;若通过审核,进入下一环节。

(三) 后台比对及证件办理

工作人员在系统中进行信息录入,并进行比对审核。若无误,申请人符合办理条件,则进行失业登记,打印或核发证件。申请人可以通过短信、触摸查询机、网上查询等方式获取办证信息。

三、业务操作注意事项

(1) 北京市规定,与企事业单位终止或解除劳动(聘用)关系的本市失业人员,可在户籍所在区人力资源公共服务中心(以下简称公服中心)申请个人委托存档,档案不再转至街道(乡镇)公共就业服务机构。

区公服中心按照流动人员个人委托存档接收和保管档案,街道(乡镇)公共就业服务机构依据档案影像为失业人员提供就近就便服务。

(2) 登记失业业务办理后,经办人员应主动告知登记失业人员还应按照规定履行以下义务:

① 积极主动参加公共就业人才服务机构组织的职业介绍、职业指导、职业技能培训等活动;认定为就业困难人员的,积极接受就业援助服务;

② 每月向失业登记地街道(乡镇)社会保障事务所如实报告本人的求职经历和就业状态;

③ 按要求提交相关材料,及时变更失业登记信息;

④ 实现就业的,按规定办理就业登记手续;

⑤ 法律法规规定应履行的其他义务。

(3) 经办人员应主动告知登记失业人员,当登记失业人员出现下列情形之一的,由登记地街道(乡镇)社会保障事务所为其办理失业注销手续:

① 被用人单位录用的;

② 从事个体经营或创办企业,并领取工商营业执照的;

③ 已从事有稳定收入的劳动,并且月收入不低于当地最低工资标准的;

④ 已享受基本养老保险待遇的;

⑤ 完全丧失劳动能力的;

⑥ 入学、服兵役、移居境外的;

⑦ 被判刑收监执行的;

⑧ 终止就业要求或拒绝接受公共就业服务的;

⑨ 连续6个月未与公共就业服务机构联系的;

⑩ 已进行就业登记的其他人员或各地规定的其他情形。

(4) 北京市规定,本市城乡劳动力在常住地办理失业登记后,因常住地发生变化或申请转回户籍地的,应按本市相关规定办理失业登记地变更手续。

业务示例 4-1

个人失业登记信息采集表（样式）

有效身份证件名称		证件号码			姓名		手机号码	
户籍性质	☐农业 ☐非农业 ☐居民户			特殊身份	☐享受本市居民最低生活保障待遇 ☐持残疾证人员 ☐初次进京随军家属			
港澳台居民社会保障卡号码								

个人失业登记申请：
　　本人目前处于无业状态，现申请在 ☐户籍地 ☐常住地 办理失业登记，并接受公共就业服务。

未持有《就业失业登记证》或《就业失业登记证》信息发生变更人员还应填写以下证件信息：			
户籍行政区划	____省(直辖市、自治区)____市____区(县)____街道(乡镇)____社区(村)		
本市常住地地址	北京市____区____街道(乡镇)____社区(村)_____(详细地址)		
最高文化程度		专业		毕业学校名称		取得学历证书日期	____年__月__日
职业资格(专业技术职务)证书名称			取证日期	____年__月__日	证书等级		

本人承诺以上信息真实有效，如与实际情况不符，本人愿意承担相应的责任。

个人确认签字：_____
　　　　年　　月　　日

以下由公共就业服务机构填写	
失 业 原 因	失 业 时 间
企业解除人员☐	解除时间：____年__月__日
机关事业单位解除人员☐	解除时间：____年__月__日
毕(肄、结)业或退学人员☐	毕(肄、结)业或退学时间：____年__月__日
刑满释放等人员☐	释放时间：____年__月__日
常住外地或移居境外后回京人员☐	回京时间：____年__月__日
农转非人员☐	转非时间：____年__月__日
停止经营的业主☐	停业日期：____年__月__日
停止灵活就业人员☐	停止灵活就业时间：____年__月__日
进京落户人员☐	进京时间：____年__月__日
初次进京的随军家属☐	进京落户时间：____年__月__日
其他人员☐	前身份终止时间：____年__月__日

（失业人员类型）

公共就业服务机构审核意见：

　　　　　　　　　　　　　　　　　　　　　　　　（盖章）
　　审核人：　　　　　数据录入人：　　　　　　　年　　月　　日

注：1. 本表仅用于办理失业登记时填写，失业人员类型按照申请人描述情况填写。
　　2. 本表所称有效身份证件包括《居民身份证》《社会保障卡》、港澳台居民《通行证》。
　　3. 办理失业登记后未持有本市核发《就业失业登记证》的人员，申领证件时应填写证件信息相关内容。
　　4. 港澳台居民需在户籍行政区划栏填写户籍详细地址。

业务示例 4-2

个人常住地声明（样式）

姓名：_____，身份证号：_____，联系方式：_____。

常住地址：在北京市_____区_____街道（乡镇）_____

_____（详细住址）居住。

本人承诺以上声明内容真实有效，如实际情况与声明内容不一致，本人愿意承担相应责任。

个人签字：_____

日　期：年　月　日

注：失业人员人事档案转往常住地时填写。

业务示例 4-3

北京市《就业失业登记证》样式

（封面）

就业失业登记证

中华人民共和国人力资源和社会保障部监制

（封二）

使　用　说　明

一、本证由中华人民共和国人力资源和社会保障部监制，北京市人力资源社会保障局统一印制，各街道（乡镇）社会保障事务所免费发放。

二、本证用于记载劳动者就业和失业状况、享受相关就业扶持政策和接受公共就业人才服务等情况，是劳动者按规定享受相关就业扶持政策和接受公共就业人才服务的有效凭证。

三、劳动者被用人单位招用的，本证由用人单位代为保管；劳动者与用人单位终止或解除劳动关系的，本证由劳动者本人保管；劳动者自主创业、灵活就业或失业的，本证由劳动者本人保管。

四、本证实行实名制，限持证者本人使用，不得转借、转让、涂改、伪造。

五、本证遗失或损毁的，由劳动者本人向原发证机构报损，并以适当方式公示，经原发放机构核实后予以补发。

六、本证记载的信息在全国范围内有效。

(第1页，暗码)

就业失业登记证

（公　章）

北京市人力资源和社会保障局印制

(第2页)

二寸照片
（钢印）

姓　　名：
身份证号：
性　　别：
出生日期：
民　　族：
发证日期：　　　年　月　日
发证机构：
（章）

证件编号：1301030011000015　（本市2010年底前登记的失业人员的《再就业优惠证》编号）

(第3页)

户籍性质、户籍地址及变更情况			
日　期	户籍性质	详　细　地　址	

常住地址及变更情况	
日　期	详　细　地　址

(第4页)

学　历　及　变　更　情　况			
日　期	毕业于何校何专业	学历	备注

职业资格、专业技术职务及变更情况		
日　期	职业资格、专业技术职务名称与等级	备注

(第5页)

就 业 登 记 情 况

日 期	登记类型	实现/终止就业日期	就业单位名称或自主就业类型	经办机构和经办人

(第6页)

失 业 登 记 情 况

日 期	登记类型	失业/退出失业日期	失业登记/注销失业登记原因	经办机构和经办人

(第 7 页 正面)

就 业 援 助 卡		
日　　期	就业援助对象认定情况	认定机构和经办人

(第 8 页 背面)

就 业 援 助 政 策 措 施

1. 对各类用人单位招用就业困难人员,签订劳动合同并缴纳社会保险费的,在相应期限内给予社会保险补贴;对符合条件的给予适当的岗位补贴。
2. 政府投资开发的公益性岗位,要优先安排符合岗位要求的就业困难人员,在相应期限内给予专项补贴。
3. 对就业困难人员灵活就业后申报就业并缴纳社会保险费的,按规定给予一定数额的社会保险补贴。
4. 城镇"零就业家庭"中的登记失业人员,可享受公共就业人才服务机构提供的即时就业岗位援助。
5. 按规定享受有关税费优惠政策。
6. 按规定享受本市制定的其他就业扶持政策。

(第9页)

享 受 就 业 扶 持 政 策 情 况

日　　期	享受就业扶持政策内容及期限	经办机构和经办人

(第10页)

基 本 信 息 变 更 记 录

项目名称	变更内容	变更日期	经办机构和经办人

（封三）

（封底）

【知 识 巩 固】

1. 失业的含义是什么?
2. 失业的类型有哪些?
3. 与失业相关的关键统计指标有哪些?
4. 我国失业登记制度的含义和作用是什么?

任务二 职业介绍

【知识目标】
- 了解职业介绍的概念、作用和内容;
- 理解并应用职业介绍相关政策法规;
- 理解并应用个人求职和单位招聘相关的政策法规;
- 了解我国的就业管理体制及就业形势。

【能力目标】
- 能为求职者提供个人求职登记服务和为招工单位提供招聘登记服务,并熟练操作专业软件;
- 能利用专业软件进行人职匹配推荐;
- 能协助进行委托招聘、现场或专场招聘的实施;
- 能对服务对象进行跟踪服务。

子任务 2-1 业务概述

一、职业介绍的概念

职业介绍是指一定的主体,为劳动者求职和用人单位招聘用人提供中介服务以促进就业的活动,是人力资源市场服务中的传统服务项目。此处的主体包括从事职业介绍活动的机构以及从事职业介绍活动的媒体或个人。

二、职业介绍的作用

职业介绍业务的开展对于促进人力资源市场的发展和培育有着重要作用。

1. 从宏观角度来讲

通过职业介绍,可以有效地调节人力资源市场上的供求关系,促进人力资源的合理配置和供需平衡。

2. 从微观角度来讲

职业介绍业务的开展可以有效地促进用人单位和求职者的相互选择,促进人力资源与生产资料的尽快结合,同时,职业介绍业务的开展可以很大程度上减少人力资源流动的盲目性,促进人力资源的合理流动,提高劳动者职业流动的效率。

三、职业介绍业务的内容

无论是公共职业介绍机构、社会团体或行业举办的职业介绍机构,还是民营职业介绍机构,开展的职业介绍业务内容主要有:

(1) 对劳动者求职和用人单位招聘用人进行登记。

(2) 收集和发布职业供求信息。

(3) 为求职的失业人员、需要转换职业的在职职工、农村剩余劳动力转移和其他人员提供职业需求信息,推荐用人单位。

(4) 为用人单位提供人力资源信息,为其推荐求职者。

(5) 根据国家有关规定从事互联网职业信息服务。

(6) 对劳动者求职和用人单位招聘提供职业指导和人力资源管理咨询服务。

(7) 向职业培训机构提供职业需求信息,推荐需要培训的人员。

(8) 为特殊群体人员和长期失业者提供专门的职业介绍服务。

(9) 通过组织劳务输出、不定期举办招聘洽谈会,以及提供劳务承包、劳务协作等活动,根据需要开展推荐临时用工、家庭服务员等服务,为求职者提供直接的就业服务。

(10) 建立人力资源市场信息资源库,开展人力资源供求情况预测、预报,进行人力资源供求信息咨询服务,收集、整理和发布人力资源市场信息。

(11) 经劳动保障行政部门核准的其他服务项目。

子任务 2-2　求职与招聘登记

【任务导入】

● **任务 4-7**　接实训任务 4-5

【工作场景】

张师傅顺利办理完失业登记后,虽然可以领取失业保险金,但是仍然需要再就业。某天,作为一名求职人员,他来到一家人力资源公共服务中心办事大厅,想在这里找工作。进入服务大厅后,他首先来到咨询台就相关流程进行咨询。

【具体任务】

1. 接下来他应该如何求职?(简述个人求职流程)

2. 如果你是职业介绍业务窗口的工作人员,你的工作流程是什么?

3. 以自己的个人资料为背景,填写个人求职登记表(见业务示例 4-4),并注意相应的填表要求。

4. 以小组为单位,通过角色扮演,模拟个人求职业务流程。

任务 4-8

【工作场景】

冬季某日,寒风凛冽。一家玩具厂的人力资源部招聘专员小王推开了某区人力资源公共服务中心的大门,急匆匆地走到用人单位招聘服务区。工作人员小张赶忙过来问:"您招聘人吗?""对,刚接了一个大单,我们厂急需用人。""您的单位以前在这儿登记过么?""没有,我知道登记需要营业执照复印件和招聘简章,我带来了。""不要着急,您先看一下《单位招聘须知》,上面写的这些材料您带来了么?"小张一看,更着急了:"啊? 需要这么多材料呢! 我以为只拿营业执照复印件就行了,还需要原件? 怎么? 还要有单位介绍信? 小伙子,我们用人非常着急,我们单位离这儿来回五六十里路呢,天气又这么不好,您就通融一下,我们单位肯定是正经单位。"小张考虑了一下,感觉不登记也挺为难小王的,完不成招聘任务,他也要受上级批评,而且已经有营业执照复印件了,于是就给小王办理了招聘登记手续。

【具体任务】

1. 为了办理招聘登记手续,小王应该带来哪些材料?
2. 中心工作人员小张在手续办理过程中出现了哪些错误? 这些错误将可能导致哪些后果?
3. 小张正确的工作流程应该是什么?
4. 如果材料补充完整,小张应该如何检查填写好的单位招聘登记表(见业务示例 4-5)是否合适?
5. 以小组为单位,通过角色扮演,模拟单位招聘业务流程。

一、业务基础

个人求职登记和企业招聘登记是职业介绍服务的首要环节。求职人员和用人单位到职业介绍机构求职和招聘人员,职业介绍工作人员应要求他们进行求职登记或用人登记。随后,根据他们的不同情况,确定服务形式,并引导他们进入相应的服务程序。

(一) 相关政策规定

1. 个人求职登记相关政策规定
- 《就业服务与就业管理规定》第二章"求职与就业"。
- 《人才市场管理规定》第四章"招聘与应聘"。

2. 用人单位招聘登记相关政策规定
- 《就业服务与就业管理规定》第三章"招用人员"。
- 《人才市场管理规定》第四章"招聘与应聘"。

(二) 业务功能描述

1. 个人求职登记

对年满 16 周岁、有求职意愿的人员办理求职登记手续。其流程包括:查验求职者身份证明材料;了解其求职意愿;指导其填写个人求职登记表;办理个人求职信息登记。

2. 招聘登记

为自愿到人力资源市场服务机构招聘人员的用人单位办理登记手续。其流程包括：审核用人单位资质；了解招聘需求；提供简单用人指导；把握确切的招聘信息；进行登记、发布和归档。

二、业务流程及操作注意事项

(一) 个人求职登记业务流程

1. 业务流程图

个人求职登记的业务流程如图 4-2 所示。

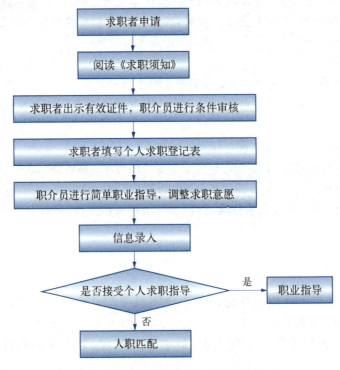

图 4-2　个人求职登记业务流程图

2. 具体操作

（1）求职者申请。可以选择实体人力资源公共服务大厅职介窗口申请，也可以选择网上办理，以下为窗口办理流程。

（2）求职者阅读《求职须知》。进入职业介绍服务区域后，应先寻找宣传资料架，并获取自己所需的资料，仔细阅读，如有疑问，可去总服务台进行咨询。

（3）求职者出示有效证件，职业介绍人员进行条件审核。随身应携带的证件包括有效身份证件、学历证书、专业技术等级证书、职业技能证书等，其中，有效的身份证件是必带证件。

（4）求职者填写个人求职登记表。其中包括身份证号、姓名、年龄、性别、人员类别、工作简历、学历情况、职业技能、择业信息等关键内容。

(5)职业介绍人员进行简单职业指导,调整求职意愿。职业介绍人员要仔细阅读求职者的个人简历,根据个人条件和人力资源市场当前的供求状况,指导求职者调整求职意愿,增加求职成功率。

(6)信息录入。在录入之前一定要再次仔细阅读填好的个人求职登记表,查看必填项是否均已填好且清楚可辨;同时,要熟练掌握录入操作。避免因必填项没有填写清楚而导致求职信息无法录入的现象。

(7)确定求职者是否接受个人求职指导服务。如果接受,则进入职业指导服务业务流程;如果不接受,则进入人职匹配业务流程。

(二)用人单位招聘登记业务流程

1. 业务流程图

用人单位招聘登记的业务流程如图4-3所示。

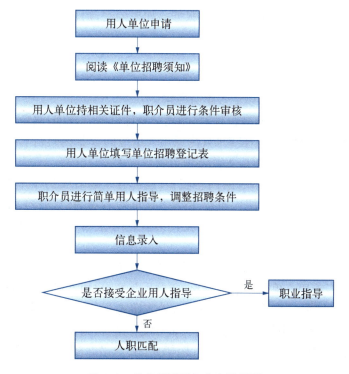

图4-3 单位招聘登记业务流程图

2. 具体操作

(1)用人单位申请。可以选择实体人力资源公共服务大厅职介窗口申请,也可以选择网上办理,以下为窗口办理流程。

(2)用人单位阅读《单位招聘须知》。经办人进入职业介绍服务区域后,应先寻找宣传资料架,并获取自己所需的资料,仔细阅读,如有疑问,可去总服务台进行咨询。

(3)出示有效证件,职业介绍人员进行条件审核。招聘单位经办人应携带的证件包括:

① 企业须持法人营业执照(副本)及其复印件;事业单位须持法人代码证书原件及复印件,特殊行业还须持特殊行业许可证或资质证书;外埠驻京单位在京招聘,须出具省、自治

区、直辖市、计划单列市人力资源和社会保障部门允许在京招聘的批准书。

②单位授权委托书。

③招用人员简章。

④经办人身份证原件及复印件。

(4) 单位经办人填写单位招聘登记表。其中包括单位法人代码、单位全称、单位性质、单位注册地址、经营地址、单位行业、空岗信息等关键内容。

(5) 职业介绍人员进行简单用人指导,调整招聘条件。职业介绍人员要仔细阅读《单位招聘登记表》,根据招聘岗位的条件和人力资源市场当前的供求状况,指导用人单位调整招聘条件,增加求职成功率。

(6) 信息录入。在录入之前一定要再次仔细阅读填好的单位招聘登记表,查看必填项是否均已填好且清楚可辨;同时,要熟练掌握录入操作。避免因某必填项没有填写清楚而导致招聘信息无法录入的现象。

(7) 确定单位是否接受企业用人指导服务。如果接受,则进入职业指导服务业务流程;如果不接受,则进入人职匹配业务流程。

(三) 操作过程中的注意事项

(1) 求职者或用人单位在准备去人力资源市场求职前,应先电话咨询人力资源市场的工作时间和所需带的有效证件,以免多跑冤枉路。

(2) 职业介绍人员在审核有效证件时,必须注意证件的有效期,避免求职者或用人单位使用过期证件进行登记而造成不良影响;注意用人单位的营业执照副本是否参加年度的工商部门的年审,未参加年审的,不应为其办理招聘登记手续。

(3) 由于个人求职登记表涉及的内容较多,而部分求职者学历水平较低,独自填写该表有困难,所以必要时,职业介绍人员应主动指导求职者填写。同样,职业介绍人员也应主动指导用人单位填写单位招聘登记表,要注意其内容是否与《劳动法》和《劳动合同法》相违背。

(4) 帮助求职者调整求职意愿或帮助用人单位调整招聘条件时,一定要进行详细耐心的解释,如果求职者或用人单位不愿意调整,要尊重其意愿,切不可强行调整。

(5) 信息录入前,要仔细检查表格。首先,检查字迹是否清晰;其次,检查主要信息是否正确填写;最后,检查表格中是否有遗漏项。如果没有错误,则进行录入。在录入过程中,对关键项,如身份证号、法人代码、联系方式、期望薪酬、承诺薪酬等数字信息,必须要仔细录入,以防出错。

(6) 在服务期内,职业介绍人员一定要向求职者或用人单位申明,如遇求职登记或招聘登记内容变更等有关事宜,应及时与人力资源市场服务机构联系,以便更好地为求职者或用人单位服务。

业务示例 4-4

个人求职登记表

身份证号码*			姓名*		年龄*		
性别*		民族*		政治面貌		婚姻状况	
户籍性质*	本市城镇、本市农村、外省城镇、外省农村						照片
人员类别*	就业转失业、新成长失业青年、其他失业人员、在业人员、离退休、上学、其他人员						
健康状况	健康或良好、一般或较弱、有病、有生理缺陷、有残疾、其他						
视力	左( )右( )		身高(厘米)			体重(公斤)	
户口所在地*	省(市)		市(区)		镇(街)		村(居)
工作简历							
学历情况	文化程度*		所学专业	毕业时间		毕业院校	
	第二学历						
固定电话*			手机*		E-mail		
邮政编码			联系人		联系人电话		
居住地址							
其他说明							
其他信息	低保、困难(特困、困难、边缘困难)、农转非、两劳释放、复员退伍、外埠转入、应届高校毕业生、人户分离、持再就业优惠证						
职业技能	名称	等级	从事年限	外语特长	语种	熟练程度	
						精通、熟练、良好、一般	
						精通、熟练、良好、一般	
计算机等级				熟练程度	精通、熟练、良好、一般		
择业信息	单位性质				单位行业		
	经济类型				工作地区(可多填)		
	是否参加培训( )		是否接受职业指导( )		是否接受短信( )		
	择业工种1*				求职形式	全职、兼职、临时、小时工	
	期望薪金	月薪:( )元/月			时薪:( )元/小时		
	择业工种2*				求职形式	全职、兼职、临时、小时工	
	期望薪金	月薪:( )元/月			时薪:( )元/小时		
	择业工种3*				求职形式	全职、兼职、临时、小时工	
	期望薪金	月薪:( )元/月			时薪:( )元/小时		

备注:*号为必填项目　　　　　　　　　　　　　填表日期:　　年　　月　　日

业务示例 4-5

单位招聘登记表

填表日期：　　　年　　月　　日

<table>
<tr><th colspan="7">基本信息</th></tr>
<tr><td>单位法人码*</td><td></td><td>单位全称*</td><td colspan="3"></td><td>单位性质</td></tr>
<tr><td>经济类型*</td><td>单位行业</td><td colspan="3">单位类型*</td><td colspan="2">日常招聘单位、劳动派遣单位、公益性就业单位、其他用人单位</td></tr>
<tr><td>单位经办人*</td><td colspan="3">经办人身份证</td><td colspan="2">联系人电话*</td><td>联系人手机</td></tr>
<tr><td>E-mail</td><td colspan="3">注册地址</td><td colspan="2">省（市）　　　市（县/区）　　　镇（乡/街）</td><td>经营地址</td></tr>
<tr><td>邮政编码</td><td colspan="3">发布方式</td><td colspan="2">大屏、触摸屏、网站</td><td>是否接受职业指导（　）　是否仅自助服务（　）</td></tr>
<tr><th colspan="7">空岗信息</th></tr>
<tr><td rowspan="6">招聘岗位1*</td><td>招聘人数*</td><td></td><td>年龄要求（岁）（　）至（　）</td><td></td><td>文化程度</td><td></td></tr>
<tr><td>用工形式</td><td>全职、兼职、临时、小时工</td><td>月薪范围（元）（　）至（　）</td><td>时薪范围（元）（　）至（　）</td><td>婚姻状况</td><td></td></tr>
<tr><td>健康状况</td><td></td><td>户籍性质</td><td>本市城镇、本市农村、外省城镇、外省农村</td><td>人员类别</td><td>工作地点</td></tr>
<tr><td>招聘地区</td><td></td><td>是否招用应届生（　）</td><td colspan="3">岗位描述</td></tr>
<tr><td>其他说明</td><td colspan="5"></td></tr>
<tr><td>具有能力</td><td>计算机等级</td><td>计算机操作熟练程度　精通、熟练、良好、一般</td><td>职业技能　　技术等级</td><td>从事年限</td><td>具有外语　外语熟练程度　精通、熟练、良好、一般</td></tr>
<tr><td rowspan="6">招聘岗位2*</td><td>招聘人数*</td><td></td><td>年龄要求（岁）（　）至（　）</td><td>性别　男（　）女（　）性别不限（　）</td><td>文化程度</td><td></td></tr>
<tr><td>用工形式</td><td>全职、兼职、临时、小时工</td><td>月薪范围（元）（　）至（　）</td><td>时薪范围（元）（　）至（　）</td><td>婚姻状况</td><td></td></tr>
<tr><td>健康状况</td><td></td><td>户籍性质</td><td>本市城镇、本市农村、外省城镇、外省农村</td><td>人员类别</td><td>工作地点</td></tr>
<tr><td>招聘地区</td><td></td><td>是否招用应届生（　）</td><td colspan="3">岗位描述</td></tr>
<tr><td>其他说明</td><td colspan="5"></td></tr>
<tr><td>具有能力</td><td>计算机等级</td><td>计算机操作熟练程度　精通、熟练、良好、一般</td><td>职业技能　　技术等级</td><td>从事年限</td><td>具有外语　外语熟练程度　精通、熟练、良好、一般</td></tr>
</table>

填 表 说 明

1. 单位招聘登记表是单位招聘人员的依据,登记内容将输入劳动力供需信息系统,单位应认真填写,字迹端正、内容正确,符合劳动法规。

2. "单位法人码""单位名称""单位性质"等应根据工商营业执照上的内容如实填写。

3. "单位性质"分为"企业""事业""社团"和"其他"。

4. "经济类型"分为:(1)国有企业;(2)集体企业;(3)股份合作制企业;(4)联营企业;(5)有限责任公司;(6)股份有限公司;(7)私营企业;(8)港、澳、台商投资企业;(9)外商投资企业;(10)其他企业。

5. 选择仅自助服务,则该招聘单位不发布。

6. 人员类别:就业转失业、新成长失业青年、其他失业人员、在业人员、离退休、上学、其他人员。

7. 健康状况:健康或良好、一般或较弱、有病、有生理缺陷、有残疾、其他。

8. "月薪范围"栏应填写招聘工种或职位的工资总额收入(包括工资、奖金、津贴等)的大致范围,不可填写"面议"。

9. 如有需要说明的事宜,可在"其他说明"栏中填写。

子任务2-3 人 职 匹 配

【任务导入】

● 任务4-9

【工作场景】
将要毕业于某高职院校劳动与社会保障专业的王小丽正面临着寻找实习单位的难题,虽然每年学校都会帮助学生联系实习单位,但坐等消息不如主动出去。于是,小王决定去某人力资源公共服务机构寻求招聘信息,希望能够找到与自己专业相关的岗位。

在办理了求职登记手续后,王小丽查询了以下几条招聘信息。

岗位信息1

招聘职位:行政文员

岗位要求:(1)女生;(2)大专学历;(3)能吃苦耐劳;(4)工作认真踏实;(5)熟练使用办公软件。

岗位信息2

招聘职位:社会保障卡发放人员

岗位要求:(1)工作认真仔细;(2)能吃苦耐劳;(3)劳动与社会保障及相关专业优先。

岗位信息3

招聘职位:某人力资源咨询公司客服

招聘要求：(1)女生；(2)大专学历；(3)熟练使用办公软件；(4)工作认真踏实；(5)形象气质佳。

【具体任务】

根据王小丽的个人条件，为求职者选择最符合其求职意愿和个人条件的岗位信息，同时提供一般化的职业指导。

● 任务4-10

【工作场景】

某人力资源管理服务有限公司招聘信息

某人力资源管理服务有限公司是经人力资源和社会保障行政部门批准，工商部门核准注册的经营性人力资源服务机构。

招聘岗位及人数：

(1)社保代理师(12人)；

(2)人才测评师(9人)；

(3)项目管理师(8人)；

(4)派遣管理师(12人)。

岗位要求：

(1)人力资源管理相关专业；

(2)大专及以上学历；

(3)工作认真踏实；

(4)专业知识扎实。

【具体任务】

根据用人单位的招聘信息，分析用人单位岗位需求和基本条件，制定用人推荐的预案，详细说明其程序、内容和方法。

● 任务4-11

【工作场景】

×××商厦招聘信息

×××商厦主要经营时尚、流行服饰等品牌商品以及食品、家居用品等。店内商品种类丰富，价格合理，是消费者喜爱的商店之一。

岗位信息1

招聘职位：收银员

职位要求：

(1)大专及以上学历；

(2)有一定的财务会计知识；

(3)熟练使用办公软件；

(4)工作作风严谨，认真细致，责任心强，心理素质好；

(5) 具有良好的沟通、协调能力。

招聘人数：2

岗位信息 2

招聘职位：理货员

岗位要求：

(1) 高中及以上学历；

(2) 工作作风严谨，认真细致，责任心强，心理素质好；

(3) 能吃苦耐劳；

(4) 具有良好的沟通、协调能力。

招聘人数：2

该单位将通过参加经营所在地的区人力资源公共服务中心举办的招聘会进行招聘。

【具体任务】

1. 分析用人单位岗位需求和基本条件，根据用人单位的招聘信息，思考如何为其匹配合适的人选。

2. 如果你是举办本次现场招聘会的负责人，请为此次现场招聘会制定招聘会实施方案，详细说明程序、内容和注意事项等。

一、业务基础

匹配推荐是职业介绍的核心环节。职业介绍机构应主动进行人职匹配，才能更好地体现"服务"宗旨，匹配推荐成功率的高低与职业介绍机构信用的高低成正比。

人职匹配可以采取职业介绍机构人职匹配、求职者自主匹配、用人单位自主匹配等多种形式来进行；其中，职业介绍机构人职匹配包括的具体业务有推荐岗位、用人推荐、委托招聘；求职者或用人单位自主匹配包括的具体业务有现场招聘服务、专场招聘服务。

(一) 求职与招聘相关政策规定

1. 求职相关政策

- 《就业服务与就业管理规定》第二章"求职与就业"。
- 《人才市场管理规定》第四章"招聘与应聘"。

2. 单位招聘相关政策

- 《就业服务与就业管理规定》第三章"招用人员"。
- 《人才市场管理规定》第四章"招聘与应聘"。

(二) 业务功能描述

1. 推荐岗位业务

为求职的失业人员、需要转换职业的在职职工、农村转移劳动力和其他人员提供职业需求信息，并对信息进行简单的筛选和分析，为其推荐符合其求职意愿和个人条件的岗位信息，并开具推荐说明，同时提供一般化的职业指导。这包括了解求职者的就业条件和意愿；为求职者进行解释、指导；了解本地岗位供求信息和状况、职业供求状况分析预测信息、职业培训信息、相关就业服务项目及政策咨询等。

2. 用人推荐业务

为满足用人单位日常、集中批量或具有特殊要求的岗位招聘需求,在深入了解用人单位岗位需求和基本条件的基础上,向用人单位及时提供人力资源供给信息,并初步筛选求职应聘人选,为其推荐合适的求职者,为用人单位组织的洽谈面试增加了双向选择的机会。这一般包括了解用工需求、发布招聘信息、推荐合适人选等内容。

3. 委托招聘业务

用人单位可将招聘条件交付职业介绍中介机构,并办理代理招聘手续;中介服务机构应用人单位的委托,依照其招聘条件,提供招聘、面试以及录用等"一条龙"的代理招聘服务。这包括为用人单位办理委托招聘手续、了解用人单位需求、招聘应聘人员以及为求职者提供岗位辅导等。

4. 现场招聘服务业务

为实现用工单位和求职者面对面的双向选择,在场所内,提供专门场地、设施、人员等一系列的配套服务,提供公平、规范、便捷的人力资源市场环境,以促使人职匹配成功。这包括提供专门的招聘台位、招聘信息现场发布、指导填写相关表格、现场问题咨询等服务。

5. 专场招聘服务业务

按照单位部门、行业或特殊就业群体等不同类型的需要和特点,组织有针对性的专场或专项招聘洽谈活动,以实现更高人职匹配成功率的目的。专场招聘在工作内容、形式上与现场招聘类同。

需要说明的是,现场招聘服务和专场招聘服务多为公共就业服务机构或大型民营人力资源市场服务机构提供,大多中小型民营人力资源市场服务机构尚无实力独自举办职业洽谈活动。

二、业务操作流程

(一) 推荐岗位业务流程

1. 业务流程图

推荐岗位的业务流程如图 4-4 所示。

2. 具体操作

(1) 个人求职登记业务操作完毕后,首先应询问求职者是否需要个人职业指导服务。如果需要,则进行职业指导业务流程;若不需要,进入下一步。

(2) 岗位信息的获取。求职者可以通过电子屏、触摸屏或互联网进行个人空岗信息查询,也可以由职业介绍员进行岗位推荐,职业介绍员应根据求职者的条件和求职意愿查询合适的空岗信息。

(3) 职业介绍员进行简单的个人求职指导。职业介绍员为求职者提供合适的空岗信息后,应对求职者进行简单的个人求职指导,如告诉其应聘单位地址、乘车路线,介绍防骗技巧,端正就业观念等。

(4) 开具推荐说明或面试通知单。根据招聘单位的面试方式,为求职者开具推荐说明或面试通知单,必要时,可配发应聘报名表。

(5) 推荐回执。根据用人单位的推荐回执内容,确定为求职者提供的下一步服务。

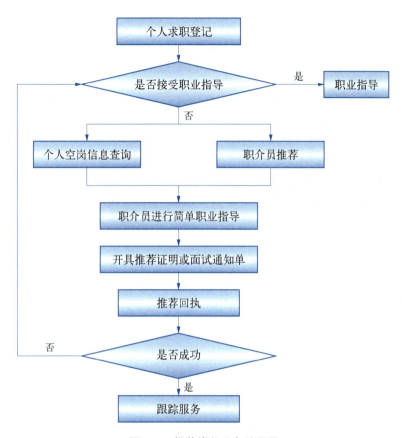

图 4-4 推荐岗位业务流程图

如果应聘成功,则进入跟踪服务业务流程;如果应聘不成功,重新进入推荐岗位业务流程。

3. 操作过程中的注意事项

(1) 职业介绍员要能够迅速熟悉求职者信息和招聘信息的关键指标,最大可能地达成人职匹配。

求职者信息主要包括性别、年龄、文化程度、职业技能、住址、求职意愿次序、期望薪酬等;招聘信息主要包括性别、年龄、文化程度、职业技能要求、单位大致方位、薪酬、面试方式等。

(2) 招聘信息的选择要由服务对象来决定,遵守自愿原则,职业介绍员不可包办代替。

(3) 职业介绍员要能够熟练操作职业介绍系统软件,并掌握基本的信息检索知识,能够从数据库中快速检索出匹配的招聘信息;要求职业介绍员对人力资源和社会保障部要求的须持职业资格证上岗的职业有一般性了解。

(4) 职业介绍员要了解《劳动法》和《劳动合同法》的基本内容。

(二) 用人推荐业务流程

1. 业务流程图

用人推荐的业务流程如图 4-5 所示。

2. 具体操作

(1) 用人单位招聘登记业务操作完毕后,首先应询问用人单位是否需要用人指导服务。

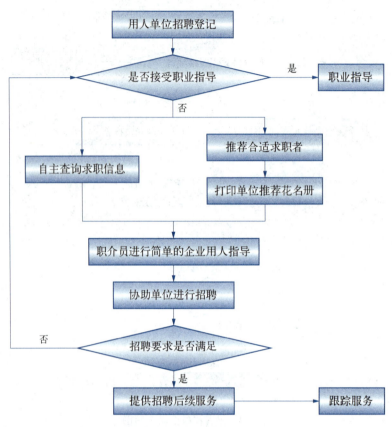

图 4-5 用人推荐业务流程图

如果需要,则进行职业指导业务流程;若不需要,进入下一步。

(2) 求职者信息的获取。用人单位可以通过电子屏、触摸屏或互联网自主查询求职者信息,也可以由职业介绍员进行用人推荐,职业介绍员通过对用人单位的招聘需求进行分析后,根据用人单位的招聘条件查询合适的求职者信息,向用人单位进行推荐,并打印单位推荐花名册。

(3) 职业介绍员进行简单的企业用人指导。职业介绍员为用人单位提供合适的求职者信息后,应对用人单位进行简单的用人指导,如介绍日常招聘程序、招聘方式的选择、招聘后续服务内容等。

(4) 协助用人单位进行招聘。这包括招聘成功的可能性分析、招聘简章的制作、招聘方式的确定、接待应聘人员、协助面试,最后确定适用人选。

(5) 根据用人单位的招聘需求是否被满足,确定为用人单位提供的下一步服务。如果用人单位的招聘需求尚未被满足,需要重新进入用人推荐业务流程;如果招聘需求已经得到满足,则需要向单位提供招聘后续服务(包括协助用人单位为被录用员工办理招聘备案、签订规范的劳动合同及缴纳社会保险等相关手续)和跟踪服务。

3. 操作过程中的注意事项

在用人推荐业务流程中,除上述操作步骤外,还应注意以下几点:

(1) 要向用人单位讲清楚日常招聘的程序和手续,以免发生因手续不全或未按程序办事使用人单位多跑冤枉路的现象。

(2) 要本着对用人单位负责的态度,做好后续服务,不能一次了事。

(3) 本着对求职人员负责的态度,需要对用人单位的信息查询量或推荐人数进行合理限制,一般不超过需求量的3倍。

(4) 职业介绍人员要告诉用人单位应在规定期限内(一般不超过15个工作日)将招聘结果反馈给职业介绍机构。

(5) 职业介绍人员必须做好招聘需求分析工作。他应详细了解用人单位的需求情况,除了年龄、性别、学历、地区外,特别要注意了解需求人员的专业、岗位、人员类别、数量,这是决定招聘方式的重要条件。

(6) 职业介绍人员必须做好招聘成功的可能性分析工作。他应详细了解用人单位的规模、经营范围、所有制性质、地点、近年来的经营状况,并就用人单位提供的工资、福利、社会保险待遇水平及用人单位工作环境、条件、劳动保护和安全卫生等因素,分析该用人单位对劳动者的吸引程度。这是决定用人单位能否招聘到合适人选的前提。若招聘成功的可能性较小,则要指导用人单位对招聘条件进行适当改变。

(7) 在协助用人单位制定招聘简章时,应帮助用人单位树立法治意识,禁止出现招聘歧视、提供的工资水平低于最低工资水平、不提供社会保险等现象。

(8) 不论采用何种招聘方式,职业介绍人员必须告知用人单位其招聘过程要严格按政策规定操作,招聘主体资格的确认、招聘手续、招聘程序、招聘方式以及招聘之后双方劳动关系的确定,都要按照法律法规的约束进行,否则,就会因行为不当发生损害对方权益的现象,导致劳动关系的不和谐;同时,对于用人单位招聘过程中允诺的条件,职业介绍人员必须告知用人单位一定要严格履约,保障劳动者的合法权益。

(三) 委托招聘业务流程

1. 业务流程图

委托招聘的业务流程如图4-6所示。

2. 具体操作

(1) 委托招聘单位提出委托申请,并填写委托招聘申请登记表。该表应包括单位信息、委托招聘岗位的名称、职责、任职要求、招聘人数、条件等关键内容。

(2) 核实用人单位的资质。需要审核用人单位营业执照或事业单位法人代码证书;了解用人单位所有制性质,即属于国有、集体、股份、私营、外资、合营、个体等;详细了解用人单位的规模、经营范围、地点、近年来的经营状况等,以确定用人单位的招聘主体资格。

(3) 详细分析委托单位的招聘需求。这包括对委托单位提供的职位进行可行性分析、招聘成功的可能性分析及对招聘成本、招聘效果的评估。

(4) 与用人单位建立委托代理关系。即与用人单位签定委托招聘协议。若为民营人力资源市场服务机构,则需要依照不同层次的人才标准确定收费等级。

(5) 实施招聘。与用人推荐业务流程中的"协助用人单位进行招聘"不同的是,委托招聘过程中,可以先由职业中介机构单独进行招聘,筛选出合适人选后,推荐给用人单位,用人单位根据面试情况作最后决定,也可以由职业中介机构和用人单位共同进行招聘,最后由用

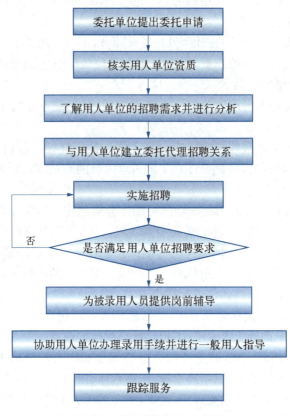

图 4-6 委托招聘业务流程图

人单位确定人选。

(6) 确定用人单位的招聘需求是否已被满足。如果尚未被满足,则继续实施招聘;如果已得到满足,则进入招聘后续服务,包括为被录用人员提供简单的岗前辅导、协助用人单位办理录用手续并进行简单的用人指导,而后进行跟踪服务业务流程。

3. 操作过程中的注意事项

(1) 职业介绍人员必须确认委托单位提交的书面文件内容真实有效,并严格审核委托单位的资质。

(2) 职业介绍机构必须对委托单位提交的有关证件和委托招聘信息进行保密。

(3) 在整个委托招聘过程中,职业介绍机构要与委托单位及时沟通,以免因某些原因造成代理纠纷。

(4) 委托单位应及时将录用结果向职业介绍机构反馈,以便使职业介绍机构确定下一步的服务程序。

(5) 职业介绍机构在实施招聘过程中的注意事项参见"用人推荐业务流程"的第(5)—(8)项注意事项。

(四) 现场或专场招聘会业务流程

现场招聘会一般是由人力资源服务机构发起和组织的,在约定的时间和场地,组织用人单位和求职者进行洽谈、双向选择的人力资源交流活动。

招聘会一般分为现场招聘会和网络招聘会。现场招聘会通常包括校园招聘会、大型综合人才招聘会、行业人才专场招聘会。

1. 业务流程图

现场或专场招聘会的业务流程如图 4-7 所示。

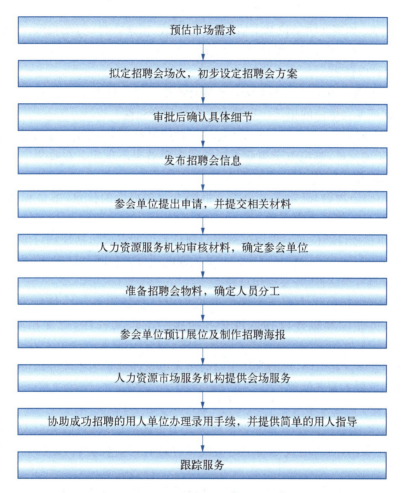

图 4-7　现场或专场招聘会业务流程

2. 具体操作

（1）预估市场需求。根据国内经济发展形势、地区劳动力市场供需状况、供求结构等内容对整个市场的需求状况进行分析，针对行业、岗位供需情况进行科学的分析预测，为举办招聘会的类型、数量等提供数据支持。

（2）拟定招聘会场次，初步设定招聘会方案。根据市场需求预测情况，拟定各类招聘会的数量、规模等，并针对各类招聘会进行方案预定，初步确定时间、地点、场次，形成文件性方案后报上级部门审批。

（3）审批后确认具体细节。在上级部门审批后，细化招聘会方案，并进行相应的招聘会宣传文案编写、宣传渠道确认等工作。

（4）发布招聘会信息。通过网络、微信公众号、现场电子海报、LED 显示屏、电视媒体、报刊等多种宣传渠道对招聘会信息进行宣传，主要介绍招聘会的类型、时间、地点、规模、面向人群、报名通道以及联系方式等。

（5）参会单位提出申请，并提交相关材料。初次提交的材料包括：

① 营业执照（副本）或其他法人登记文件原件及复印件；

② 经办人员的身份证及复印件；

③ 招聘简章：如实注明单位基本情况、招用人数、招录条件、劳动报酬、福利待遇、社会保险、岗位要求、用工期限、劳动保护等基本情况；

④ 展位预订申请表。

（6）人力资源服务机构审核材料，确定参会单位。要保证参会单位具有合法的招聘主体资格，同时保证参会单位的招聘信息具有真实性和合法性。

人力资源服务机构应与参与招聘会的企业做好相应的沟通工作，告知可为其提供的服务及对方需自带的物件，避免由于沟通不畅导致招聘效果不理想。在收集完参会单位信息后，需要将信息汇总，以方便下一步的操作。

（7）准备招聘会物料，确定人员分工。根据上一步提供的信息，准备相应的招聘会物料，并进行人员分工，做好班次安排。

（8）参会单位预订展位及制作招聘海报。预订展位的方式包括现场订展、电话订展、网上订展等多种形式，一般采取现场订展。如果采取电话订展和网上订展，要及时确认订展结果；招聘海报应具有合法性，并要突出特色。

（9）参会单位签到，人力资源市场服务机构提供会场服务。在场所内，要提供专门场地、设施、人员等配套服务；同时，维护好招聘会的现场秩序，确保招聘会有秩序地开展。

（10）做好会场恢复工作，协助成功招聘的用人单位办理录用手续并提供简单的用人指导，而后进入跟踪服务业务流程。

3. 操作过程中的注意事项

（1）人力资源服务机构要全面采集本地区人力资源的供求信息，并深入开展人力资源供求双方的需求分析，对现场或专场招聘会的举办进行可行性分析，以提高人职匹配的可能性。

（2）核实企业资质。全国各地举办招聘会所需要的资质各不相同。例如，北京市规定，机构举办招聘会应取得人力资源服务许可证，并向市人力资源社会保障行政部门提交主办单位的许可证副本原件及复印件，组织招聘会的申请书，主办单位与合办、协办单位的合作协议，举办招聘会地点的租用合同、协议或其他证明招聘会期间合法使用场地的文件，招聘会的组织方案和会场平面图，主办单位介绍信及经办人员的身份证明等。

（3）核查参会企业信息。对于参与企业特别是首次合作企业，须认真核查其企业信息，如营业执照（副本）等。

（4）人力资源服务机构应建立规范现场招聘的制度和工作计划。

（5）人力资源服务机构应设立专岗，配备有经验的现场或专场招聘管理人员。

（6）现场或专场招聘会属于人员密集区域，举办期间必须制定严密的安全和卫生措施。

招聘会实施方案设计示例

某招聘会实施方案（节略版）

为积极贯彻落实党中央、国务院有关促进就业的政策精神，更好地服务于我市经济社会发展，积极促进我市人力资源合理流动与配置，发挥我市人才优势，特定于××××年2月23日举办×××专场招聘会，届时人才招聘大厅将预留200个展位以供企业招聘、人才求职使用。盛情邀请社会各界求职人士前来参会，求职者免费入场。具体活动方案如下。

一、组织单位

主办单位：××人力资源服务公司或人力资源公共服务中心。

二、活动时间及地点

时间：××××年2月23日 8:30—12:00。

地点：××区人力资源公共服务中心一层招聘大厅。

三、参会范围

各用人单位、各大高校毕业生、失业人员。

四、报名方法

本次招聘会采取收费形式，每个摊位收费××元，请各用人单位于××××年2月20日前填写××区春季大型招聘会岗位需求表，提供相关企业简介、招聘人数及岗位要求，以电子版和书面形式报××人力资源服务公司或人力资源公共服务中心。

联系电话：＿＿＿＿＿＿＿＿＿＿＿＿＿＿＿

联系人：＿＿＿＿＿＿＿＿＿＿＿＿＿＿＿＿＿

地址：＿＿＿＿＿＿＿＿＿＿＿＿＿＿＿＿＿＿

电子邮箱：＿＿＿＿＿＿＿＿＿＿＿＿＿＿＿

五、摊位安排及参会要求

本次招聘会提前安排摊位，摊位预留到2月23日9:00，用人单位请提前做好招聘会摊位预订工作。请于2月23日8:30前到达招聘会现场，签到后按预订摊位就座。

首次参加招聘的企业请携带好公司营业执照副本复印件（加盖公章）、经办人的身份证（原件及复印件）、公司介绍信。

业务示例 4-6

就业推荐介绍信

编号：

_____：

　　现介绍_____等_____名求职者前往应聘，请结合本单位实际情况，予以安排。

　　此致，

敬礼！

推荐部门（单位）：

年　月　日

姓　名	性别	出生年月	公民身份证号码	学历	专业	备　注

用人单位反馈表

用人单位意见	 盖章：　　　　　年　月　日
求职者意见	 签字：　　　　　年　月　日
备　注	1. 单位或个人不同意的请说明理由； 2. 请用人单位签署意见并盖章后交由求职者反馈给推荐单位。

业务示例 4-7

委托代理招聘登记表

填表日期：　　年　　月　　日　　　　　　　　　　　　　　　　编号：

单位名称				组织机构代码			
联系地址				邮政编码			
联系人				联系电话(含手机)			
单位简介							
招聘岗位要求							
招聘岗位	职业资格要求（含等级要求）		附带职业资格要求（含等级要求）		专业技术职称要求		所学专业要求
从事相关职业年限	工作班时（复选）	招用人数			年龄	文化程度	身高	体重	视力
		合计	男	女					
计算机应用能力									
语言能力	语种1		熟练程度		一般□;熟练□;精通□。			
	语种2		熟练程度		一般□;熟练□;精通□。			
岗位描述(包括工作条件、职业经验、行业、产品及其他特殊要求等):(5—1 000字,可另附说明)									
用工性质	合同制用工□;劳务工□;小时工□;见习□;聘用合同□;其他____				用工形式	全日制　□ 非全日制□				
基本收入	月收入____—____（必填项）; 小时收入____—____;年收入____				其他待遇					
试用期					试用期收入	月收入____—____				
工作地区	(1) 全市□;(2) 本市区县：① ____ ② ____ ③ ____;(3) 外省市□									
招聘对象	应届毕业生□;在职□;失业□;协保□;其他____				招聘地区要求① ____ ② ____ ③ ____					
信息有效期限	年　月　日—　年　月　日(最长不超过1个月)									
面试日期	年　月　日—　年　月　日 |||| 具体时间描述						
面试地址										
附近交通										
委托方式	① 现场委托□;② 电话委托□;③ 传真□;④ 其他□									

招聘单位代表签字：　　　　　　　　　职介机构工作人员签字：

注：本表由企业方代表填写,填妥盖章后请将此表格连同营业执照以电子邮件及传真形式发往我中心。

联系电话：　　　　传真：　　　　电子邮箱：　　　　网址：

注意事项：
1. 企业单位必须承诺以上信息的填写真实、可靠,并承担失实引起的一切后果。
2. 此资料由我中心留存,不予退回。

业务示例 4-8

委托招聘协议书

甲　　方：
乙　　方：×××××××人才中心
　　甲方委托乙方代为招聘人员,经甲、乙双方友好协商,达成如下协议:
　　一、甲方向乙方提供有效的单位营业执照副本复印件、单位简介、招聘岗位职位描述、要求以及薪酬待遇等材料,填写《委托招聘单位登记表》。
　　二、本次招聘岗位如下:
　　(一)＿＿＿＿＿＿＿＿＿＿。
　　招聘岗位详细情况见《委托招聘单位登记表》。
　　三、费用结算方式如下:
　　(一)委托招聘服务费按委托招聘岗位逐个单独进行核算,服务费标准详见网站报价,具体数额以本合约为准,本次委托招聘服务费总计人民币＿＿＿＿＿＿＿元整(大写)。
　　(二)为使委托招聘服务顺利开展,甲方在本协议签订之日支付乙方人民币＿＿＿＿＿＿＿元(大写),作为乙方的委托招聘前期运作费用。
　　(三)甲方在乙方所推荐的岗位候选人报到之日起5个工作日内,将候选人上班确认书反馈至乙方,并按《委托招聘单位登记表》中对应岗位的收费金额的＿＿＿＿＿＿＿%,即人民币＿＿＿＿＿＿＿元(大写)作为预付款。
　　四、乙方在收到甲方所付的委托招聘前期运作费后,须在本协议期限内完成以下工作,否则,甲方有权要求退回委托招聘前期运作费。
　　(一)乙方在签订本协议后两个工作日内,在××人才网上发布甲方的委托招聘信息。
　　(二)乙方在协议期内,按照甲方提供的《委托招聘单位登记表》,以各种方式为甲方寻觅所需人才,在＿＿＿＿个工作日内至少一个职位推荐五名有意应聘且基本符合甲方招聘岗位要求的候选人。
　　五、甲方在收到乙方提供的候选人的五个工作日内即应作出相应的取舍决定,并书面反馈给乙方,否则,乙方有权单方终止协议,且不退还甲方所付的委托招聘前期运作费用。
　　六、在协议期限内,如甲方未录用乙方推荐的候选人,则
　　(一)双方可另行书面约定协议顺延期。
　　(二)双方可终止协议,乙方不退回委托招聘前期运作费。
　　七、乙方推荐候选人到甲方单位报到之日起十五天内,若甲方和候选人双方都表示满意,则本次委托招聘成功,甲方应根据《招聘岗位一览表》向乙方支付该岗位收费金额的＿＿＿＿%,即人民币＿＿＿＿＿＿＿元(大写)。如委托招聘不成功,乙方退回本协议第三条第(三)款约定的预付款。
　　八、委托招聘成功后,甲方应按有关法律法规规定与录用人员签订劳动合同(须约定违约金)。录用人员在报到之日起因个人原因在一个月内离开甲方单位,乙方应在15个工作日内向甲方提供另外合适的人选,如在15个工作日内未能提供合适人选,则退回

后续费用的50%;因甲方单方面原因导致录用人员在一个月内离开甲方单位,则不退回该岗位收取的全部服务费用。

九、甲方自协议签订之日起六个月内,未经乙方书面同意不得单方录用乙方所推荐的候选人,否则,视作委托招聘成功,向乙方双倍支付委托招聘费用。

十、保密规定:

(一)乙方应对所签协议严格保密,在未得到甲方同意的情况下,不得披露甲方的商业秘密。

(二)甲方应对所签协议严格保密,在未得到乙方书面同意前不能对乙方推荐的候选人作任何调查。

(三)甲方不得利用录用人员盗取原录用人员工作单位的商业秘密,由此引起的一切后果均由甲方负责,乙方不承担任何责任。

十一、乙方配合甲方办好录用人员与原工作单位按正常的程序办好离职手续,录用人员在工作期间与甲方发生的各种劳动纠纷由甲方和该录用人员按有关法律法规解决,乙方不承担连带责任。

十二、协议附件经甲、乙双方盖章后与本协议具有同等法律效力。

十三、在执行本协议中发生的或与本协议有关的争议,双方应通过友好协商解决,经协商在六十天内不能达成协议时,可向当地人民法院提起诉讼。

十四、本协议未尽事宜由甲、乙双方另行协商解决。

十五、本协议招聘期限自＿＿＿＿年＿＿月＿＿日至＿＿＿＿年＿＿月＿＿日止。

十六、本协议经甲、乙双方盖章及经办人签字后开始生效,一式两份,双方各执一份。

甲　　方:(盖章)　　　　　　　　乙　　方:(盖章)
经 办 人:＿＿＿＿＿＿　　　　　　经 办 人:＿＿＿＿＿＿
联系电话:＿＿＿＿＿＿　　　　　　联系电话:＿＿＿＿＿＿
日　　期:＿＿＿年＿月＿日　　　　日　　期:＿＿＿年＿月＿日

业务示例 4-9

展位预订申请表

参会日期	月　　日(周　　)		地址	
单位全称			电话	
单位地址			传真	
人事负责		职务	手机	
《人力资源市场报》刊登专版广告　□			请电洽	
下午计划在本馆进行面试或举办面试说明会			请电洽	
展位情况	预订展位＿＿＿＿个,每展位限 3 人参会(提供午餐及饮用水三份)			
	黑白海报：×××××××@163.com　确认电话：×××××××(30元/张)□			
	彩色海报：×××××××@126.com　确认电话：×××××××(60元/大张)□			

＊ 请将招聘信息填在下表内,以便统一发布招聘信息和需求统计。

序号	招聘岗位	专业及特殊要求	学历	人数
1				
2				
3				
4				
5				
6				

注：1. 展位申请表(须盖公章)请在×月×日前投送至×××人力资源市场或以传真方式并通过电话与市场招聘服务中心确认,请各单位予以配合。
　　2. 招聘单位请于当日上午 8:15—9:00 进场签到。
　　3. 每展位设一桌三椅,确保三人份标准午餐、饮用水。

预订热线：××××××　　　　　　　　　　　　　　　　单位盖章：
　　　　　　　　　　　　　　　　　　　　　　　　　　　　申请日期：

子任务 2-4 跟 踪 服 务

【任务导入】

● 任务 4-12

【工作场景】

小张,30岁,是一位因酒后与人发生械斗造成他人重伤而被判刑的人员。小张刑满释放后,通过所在街道的公共就业服务机构找到一份交通协管员的工作,试用期为三个月,有社会保险,工资有保障。两周的时间过去了,公共就业服务机构决定派当初为其推荐工作的职业指导员小李对其进行一次跟踪回访。

【具体任务】

1. 假如你是职业指导员小李,请你对小张进行访谈,填写《个体推荐跟踪服务调查表》。
2. 制定一份详细的个体推荐跟踪服务的方案。

● 任务 4-13

【工作场景】

某商务公司通过某人力资源公共服务中心招聘了3名计算机维护人员和2名行政文员。两周的时间过去了,为了了解该公司的用工情况以及新的用工需求,中心的工作人员小刘决定对该公司进行一次跟踪回访。

【具体任务】

1. 假如你是职业指导员小刘,请你对该公司进行回访,填写《用人推荐跟踪服务调查表》。
2. 制定一份详细的用人推荐跟踪服务的方案。

一、业务基础

跟踪服务业务内容包括以下两方面:

(1) 职业介绍工作人员对服务对象进行服务后的信息跟踪,目的是要了解服务的效果、服务对象的满意程度以及可能存在的其他问题,实现对服务对象最周到和最满意的服务。

(2) 职业介绍工作人员对跟踪服务的结果进行整理归档,目的是进一步完善和落实跟踪服务,规范管理,为今后不断改进跟踪服务积累第一手资料。

根据服务对象的不同,跟踪服务可分为用人推荐跟踪服务和个体推荐跟踪服务。

(一) 用人推荐跟踪服务

用人推荐跟踪服务是指在用人单位招聘新员工后,为了及时掌握用人单位的用工情况,规范用工行为,促进新员工稳定就业,了解新的用工需求,在确定的用人范围内进行的跟踪、回访服务。跟踪回访内容一般包括:了解推荐人员录用人数、上岗情况,办理招聘备案的手续情况、缴纳社会保险和发放工资情况等。跟踪服务的形式有电话、传真、邮件往来、上门回访等,一般以电话为主。

(二)个体推荐跟踪服务

个体推荐跟踪服务是指为求职者实行跟踪服务。这包括在试用期内,保持和求职者、用人单位的联系,持续了解求职者的就业情况,发现问题,及时协调解决;对不适应工作的求职者,及时进行指导或重新推荐工作,以促进求职者稳定就业。

二、业务操作流程

(一)用人推荐跟踪服务业务流程

1. 业务流程图

用人推荐跟踪服务的业务流程如图4-8所示。

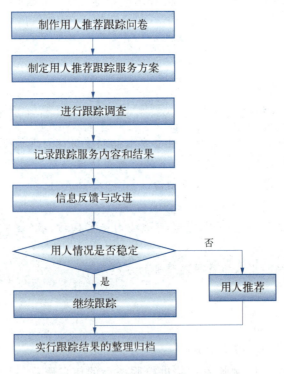

图4-8 用人推荐跟踪服务业务流程图

2. 具体操作

(1)制作用人推荐跟踪服务调查表。制作调查表的目的是确定跟踪服务的内容,应包括跟踪的服务对象(单位名称、性质等)、提供服务的内容(推荐人数、录用人数、上岗情况、办理招聘备案的手续情况等)、提供服务的部门、提供服务的时间等。

(2)制定用人推荐跟踪服务的方案。这主要包括确定跟踪服务的途径、时间、服务方式、责任人、效果评估等。

(3) 进行跟踪调查。按照事先设定的跟踪途径、时间、方式,指派专人对服务对象进行跟踪回访,以获得推荐后的上岗情况、手续办理情况等信息。

(4) 记录跟踪服务的内容和结果。将跟踪服务的结果记录在跟踪服务调查表中,以备查询。

(5) 信息反馈和改进。对跟踪服务的效果进行追踪反馈,不管结果好坏与否,都要把结果通报给负责人,并提出改进跟踪服务的建议和措施。

(6) 确认用人单位的用人情况满足程度。如果被推荐人员在试用期内确实不适应工作环境,并有严重影响的,可重新进行用人推荐业务流程;如果被推荐人员适应工作环境良好,则继续跟踪。

(7) 实施跟踪结果的整理归档。对跟踪服务结果的记录进行整理,然后按照建立跟踪服务档案的要求,统一归档。

(二) 个体推荐跟踪服务业务流程

个体推荐跟踪服务业务在流程上与用人推荐跟踪服务业务大致相同,但由于服务对象发生了改变,即由对单位的跟踪转变为对个体的跟踪,因此,在制作个体推荐跟踪服务调查表、跟踪服务调查方案等材料时应与用人推荐跟踪服务有所不同。

1. 业务流程图

个体推荐跟踪服务的业务流程如图4-9所示。

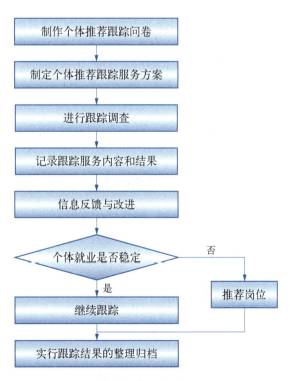

图4-9 个体推荐跟踪服务业务流程

2. 具体操作

(1) 制作个体推荐跟踪服务调查表。制作调查表的目的是确定跟踪服务的内容,应包括跟踪的服务对象(个体姓名、年龄、性别等)、提供服务的内容(推荐次数、工作情况、对用人单位的评价等)、提供服务的部门、提供服务的时间等。

(2) 制定个体推荐跟踪服务的方案。这主要包括确定跟踪服务的途径、时间、方式、责任人、效果评估等。

(3) 进行跟踪调查。按照事先设定的跟踪途径、时间、方式,指派专人对服务对象进行跟踪回访,以获得推荐后的上岗情况、手续办理情况等信息。

(4) 记录跟踪服务的内容和结果。将跟踪服务的结果记录在跟踪服务调查表中,以备查询。

(5) 信息反馈和改进。对跟踪服务的效果进行追踪反馈,不管结果好坏与否,都要把结果通报给负责人,并提出改进跟踪服务的建议和措施。

(6) 确认被录用员工的就业稳定状况。如果被录用员工在试用期内确实不适应工作环境,并有严重影响的,可重新进行推荐岗位业务流程;如果被推荐人员适应工作环境良好,则继续跟踪。

(7) 实施跟踪结果的整理归档。对跟踪服务结果的记录进行整理,然后按照建立跟踪服务档案的要求,统一归档。

(三) 跟踪服务业务中的注意事项

(1) 对同一服务对象进行多次跟踪服务时,每次都要重新制作调查表和方案。因为每次跟踪服务的具体目的不同,不可能采取同样的方式。

(2) 在跟踪服务进行之前,一定要向服务对象解释跟踪的目的,以获得服务对象的配合,切不可强行前往。

(3) 在跟踪服务的过程中,调查内容不要超越范围,不可询问与工作情况无关的问题。

(4) 跟踪调查的信息要保密,不可对外宣传。

(5) 记录跟踪调查的内容和结果时,一定要如实、全面、细致,不可使用概括性语言。

(6) 对每次跟踪调查的资料进行归档后,要不定期地进行查询,不断总结跟踪服务的工作规律。

【知识巩固】

1. 如何理解职业介绍的主体?
2. 职业介绍的主要内容是什么?
3. 在个人求职和单位招聘过程中,求职者和招聘单位拥有哪些权利和义务?
4. 人职匹配的具体形式有哪些?
5. 跟踪服务的业务内容主要有哪些?

业务示例 4-10

个体推荐跟踪服务调查表

姓　名		性　别		年　龄	
求职日期		就业日期		推荐次数	
工作单位					
劳动合同期限		试用期			
岗　位		待　遇			
职工对用人单位评价					
用人单位对职工评价					
存在问题及处理意见					

业务示例 4-11

用人推荐跟踪服务调查表

单位名称					
所属行业		所有制形式		职工总人数	
推荐人数		录用人数			
办理招聘备案手续情况					
社会保险费缴纳情况					
发放工资情况					
职工对用人单位评价					
用人单位对职工评价					
存在问题及处理意见					

任务三 职业指导

【知识目标】
➤ 了解职业指导的概念、功能、对象及工作内容；
➤ 理解并应用职业指导的相关政策法规；
➤ 掌握个人求职指导的功能和具体工作内容；
➤ 掌握企业用人指导的功能和具体工作内容。

【能力目标】
➤ 能对来访者进行接待和咨询指导服务；
➤ 能为求职者进行简单的求职指导和职业设计；
➤ 能为企业进行简单的用人指导。

子任务 3-1 业 务 概 述

一、职业指导的概念

职业指导是随着经济社会和职业的发展应运而生的，也称职业咨询或就业指导，是指职业指导组织或工作人员根据社会需要及职业岗位对劳动者素质的要求，对求职者在择业、成功实现就业及职业生涯规划等方面提供指导和帮助，以及为用人单位提供咨询和指导等服务，从而达到人与职业相匹配的指导过程。

由此看出，职业指导的对象包括人力资源市场中劳动者和用人单位两个主体，而不仅仅是劳动者一个方面。

二、职业指导的功能

职业指导的功能和作用可以从多方面进行考察，这里着重从对个人和对用人单位两个方面的影响进行讨论。

（一）引导和帮助求职者个人走出求职误区

职业在人的一生中起着至关重要的作用，不仅是人们获取报酬、谋生的需要，更是将自己的能力、才华和创造力发挥出来的过程，是个人实现自我价值的舞台。职业指导帮助求职者客观地分析自己，获取就业信息，确定求职方向，掌握求职方法，增强就业能力。对于个人而言，职业指导贯穿于个人职业生涯发展的全过程。

(1) 职业指导通过对求职者心理测试、能力测试、咨询服务等,帮助求职者确定职业方向。

(2) 通过对就业形势的分析和就业政策的宣传,帮助求职者合理选择职业,避免择业误区。

(3) 通过推荐培训,使求职者提高职业技能,增强就业能力。

(4) 职业指导帮助求职者选择符合自己兴趣、爱好、特长的岗位,从而实现自我价值。

(二) 促进用人单位对人力资源的充分开发和合理利用

通过职业指导,帮助用人单位确定用人标准,选择招聘方法。在整个服务过程中,促成用人单位和求职者的合理配置,求得工作岗位与劳动者之间的优化组合,做到事得其人,人适其事,人尽其才,才尽其用,促进劳动力资源的充分开发和合理利用。

此外,职业指导对于促进人才的合理流动也有重要作用。职业指导可以利用专门的机构,多渠道、全方位、有取舍地为劳动力的流动提供可靠、高效、多元的信息,以专业水平为人才流动提供科学的指导,从而达到减少人才积压、提高人才效益的目的。

三、职业指导的工作内容

职业指导的工作内容随着社会需要的变化而不断丰富和深化,不同时期的职业指导的理念不同,其工作内容也会有所变化,但核心的工作内容主要有以下六个方面。

(一) 人力资源市场供需分析指导

人力资源市场是劳动者求职择业以及用人单位招贤纳士的基础环境,指导对象了解人力资源市场的现状和发展趋势有助于其正确判断自身所处的位置和状况,因此,在职业指导过程中,职业指导人员首先要向指导对象讲解清楚当前人力资源市场上对人力资源的总体需求、职业结构、职业流动、市场特点等情况,比较全面地介绍关于人力资源市场的相关信息。

(二) 劳动就业法律、法规、政策指导

在职业指导过程中,职业指导人员要根据指导对象的情况和需要,讲解相关就业政策和措施,如求职政策、社会保险政策、促进就业政策、劳动合同法规等,以避免指导对象在求职和用工过程中走弯路。

(三) 求职者素质、职业能力测评

职业素质是劳动者对社会职业了解与适应能力的一种综合体现,其主要表现在职业兴趣、职业能力、职业个性及职业情绪等方面。影响和制约职业素质的因素很多,求职者能否正确地认识自身的这些素质,是成功实现就业的关键。

(四) 求职者职业设计

科学的职业设计方案将有助于个人的发展,但错误的设计将会引人误入歧途,甚至贻误终生。职业指导人员要加强这方面的实践,提高能力,为求职者提供更高质量的服务。

(五) 单位用人指导

遇到以下问题的用工单位需要进行职业指导:

(1) 新设立的用工单位,需要进行招聘、岗位设计等指导。

(2) 招聘不到合适的员工,需要介绍求职信息或指导改变招聘方式。

(3) 员工对薪酬或管理不满,开始怠工或跳槽,需要进行薪酬或管理方法的指导。

(4)员工结构不合理影响生产效率,需要进行人力资源优化配置的指导。

(六)帮助实施

职业指导人员对指导对象的指导和帮助已经不仅仅局限在一个技术环节,或是一种方法上,而完全体现在一种活动中,是以项目实施的方式,直接针对求职者的就业问题展开,包括组织供需交流、实施职业培训、联系就业援助等扩展性工作。

具体来说,根据指导对象的不同,职业指导可分为企业用人指导和个人求职指导(包括符合法定劳动年龄的求职者、各类学校的学生),下面将分别对这两项业务进行描述。

子任务 3-2　个人求职指导

【任务导入】

● **任务 4-14**　接任务 4-7

【工作场景】

张师傅拿着人力资源公共服务中心开具的就业推荐信分别去三家企业应聘,但是都没有成功。沮丧的他找到该中心职业指导部门的高级职业指导师李老师,李老师告诉他可以拓宽一下自己的求职范围。可是张师傅除了老本行外,还适合从事哪类工作呢?李老师告诉他可以做一下职业素质测评,以便更加深入地认识自己。

【具体任务】

1. 职业指导工作的作用是什么?
2. 如果你是职业指导工作人员,应当如何帮助张师傅?

● **任务 4-15**

【工作场景】

某日,职业指导人员R接待了来访者S。经过初步交谈,R了解到以下情况:

S,女,24岁,英语专业,在A公司工作。A公司是一家外资企业,属于信息咨询行业,人数约14人。S目前担任公司项目部助理,主要从事项目文档整理、基础数据维护、技术人员后勤支持类工作。工作比较稳定。S对目前工作不满意,主要是A公司的工资待遇较低,上司对下属不信任,同事之间相互猜忌,工作没有发展前途,她希望对自己的职业生涯重新定位。

R对S进行了职业取向分析,了解到:

S比较喜欢与人打交道,喜欢从事传统的、有组织的、有计划的工作,喜欢一切处于有条理的控制之中,对技术不感兴趣,喜欢在规范化的环境下工作,重视周围人员的价值观认同。S的家人全部在外地,自己从上学到工作都比较顺利,有一定的独立性,但不喜欢冒险,希望工作稳定。S考虑转到经贸类行业,或去读研究生,但不清楚从事职业类型,对转行存在顾虑。通过测试S的基本职业素质,确认其个人在职业发展中不存在限制问题,尤其是判断推理和资料分析两个维度比较突出。

【具体任务】
1. S对自己的工作不满意的最重要的原因是(　　)。
   A. 人际关系问题　　　　　　　B. 与上司关系不好
   C. 工作不稳定　　　　　　　　D. 没有发展前途
2. 对影响S职业取向的因素的描述,以下说法最准确的是(　　)。
   A. 她的家人在外地,有一定的独立性,喜欢与人打交道
   B. 不喜欢冒险、希望工作稳定、想考研
   C. 有独立性但不喜欢冒险
   D. 重视周围人员的价值认同
3. 最不适合S的行业类型是(　　)。
   A. 金融及外贸行业　　　　　　B. 文化艺术行业
   C. 科技信息咨询行业　　　　　D. 公共管理、社会保障和社会工作行业
4. 下面的职业类型对S最适合的是(　　)。
   A. 人力资源管理　　　　　　　B. 产品包装设计师
   C. 兼职导游　　　　　　　　　D. 销售
5. 为准确分析S的职业取向,下面最适合的方法是(　　)。
   A. 与S谈话　　　　　　　　　B. 问卷调查
   C. 谈话并进行心理测评　　　　D. 理论知识考试

任务 4-16

【工作场景】
宋女士,35岁,身高1.55米,较胖,初中文化,原是一家国有电子器件厂食堂的工人,工作多年,已经结婚,并育有一子。企业因为经营不善而关闭,宋女士也与单位解除了劳动关系,关系转到了街道社会保障所,成为一名失业人员。

街道社会保障所的职业指导人员热情接待了宋女士,认真了解了她的情况,特别询问了宋女士的求职需求。当时,宋女士说自己家庭困难,只要合适干什么都行。街道社会保障所的职业指导人员积极地为宋女士寻找新的工作。根据宋女士的情况,职业指导人员将宋女士推荐到社区养老院去做饭,月工资2 200元,上保险,离家较近,便于照顾孩子,职业指导人员还特意与养老院联系,并进行了推荐。但是,推荐宋女士去面试却失败了,据宋女士讲,原因是推荐的工作不适合她。经了解,养老院的管理人员说,当时宋女士只是简单问了问情况,想回家与丈夫商量一下再定,然后就走了,一直没有回音。

街道社会保障所的职业指导人员了解情况后,又主动约见了宋女士。这次宋女士讲了实话,说自己只想当一名商场营业员。因为商场工作环境好,挣钱也多,跟别人也好说。自己的两个妹妹都在商场当营业员,她很羡慕。

【具体任务】
1. 如果你是职业指导人员,请分析宋女士产生求职挫折的原因。
2. 你将如何指导宋女士树立正确的择业观并帮助其就业?

任务 4-17

【工作场景】

一名职业指导人员曾碰到这样一名求职者,他叫小王,是一所普通技校的应届毕业生,学的专业是电焊。毕业后想找专业对口的工作,他参加过几次面试,招聘单位都以没有实践经验为由把他拒之门外。有些灰心的小王找到了职业指导人员寻求帮助,小王对尽快找到一份工作的愿望非常迫切,他告诉职业指导人员,为了尽快就业,他愿意放弃所学专业,从事一般的操作工,哪怕从头学起也没意见。针对他的情况,职业指导人员在指导过程中着重在恢复他的自信心上下了一番功夫。

【具体任务】

1. 如果你是职业指导人员,请分析小王产生求职挫折的原因。
2. 你将如何帮助小王树立就业信心?
3. 你将如何劝说用人单位招用小王?

一、业务基础

个人求职指导也称职业咨询或职业指导,指职业指导人员采用专门的技术,协助求职者正确认识自己、认识当前的社会,发现自己的才能、特长与短处,不断挖掘潜力,增强抗挫折能力和市场竞争能力,为求职者就业、就业稳定、职业发展提供咨询、指导及帮助的过程,是沟通求职者和用人单位的有效途径。

(一) 相关政策规定

《就业促进法》与此有关的规定有以下几个条款。

第七条:国家倡导劳动者树立正确的择业观念,提高就业能力和创业能力;鼓励劳动者自主创业、自谋职业。

各级人民政府和有关部门应当简化程序,提高效率,为劳动者自主创业、自谋职业提供便利。

第二十四条:地方各级人民政府和有关部门应当加强对失业人员从事个体经营的指导,提供政策咨询、就业培训和开业指导等服务。

第二十八条:职业指导工作包括以下内容:

(1) 向劳动者和用人单位提供国家有关劳动保障的法律法规和政策、人力资源市场状况咨询;

(2) 帮助劳动者了解职业状况,掌握求职方法,确定择业方向,增强择业能力;

(3) 向劳动者提出培训建议,为其提供职业培训相关信息;

(4) 开展对劳动者个人职业素质和特点的测试,并对其职业能力进行评价;

(5) 对妇女、残疾人、少数民族人员及退出现役的军人等就业群体提供专门的职业指导服务;

(6) 对大中专学校、职业院校、技工学校学生的职业指导工作提供咨询和服务;

(7) 对准备从事个体劳动或开办私营企业的劳动者提供创业咨询服务;

(8) 为用人单位提供选择招聘方法、确定用人条件和标准等方面的招聘用人指导;

(9) 为职业培训机构确立培训方向和专业设置等提供咨询参考。

(二) 业务功能描述

职业指导人员对求职者的职业指导有以下三个目标:一是帮助求职者就业,有效地帮助求职者实现就业是职业指导工作首要的、最基本的目标,是求职指导工作的重要内容;二是帮助求职者实现就业的稳定,强调以人为本、跟踪服务和过程服务;三是关注求职者长远的职业生涯发展。

具体而言,求职指导工作主要包括信息咨询、职业素质测评、择业观念指导、职业设计和帮助求职者克服求职挫折五个方面。

1. 信息咨询

信息咨询是求职指导的基础,职业指导人员只有搜集和掌握了广泛的社会需求信息,具备相应的咨询技巧,才能为求职者创造尽可能多的就业机会,提供政策咨询,才有可能进行下一步的职业指导。

在信息咨询过程中,首先要与求职者建立平等和谐的咨询关系,营造良好的咨询氛围,简单了解咨询者的基本情况,协助其填写《求职登记表》,帮助求职者澄清其咨询意图,并根据所提供的服务项目划分其问题类型。一般来说,信息咨询主要包括为求职者提供招聘信息、就业政策信息以及就业流程咨询等方面。

2. 职业素质测评

用人单位和求职者的招聘应聘过程,实际上就是人职合理匹配的过程。在此过程中,对求职者职业素质特征的了解至关重要。

职业素质测评是心理测量技术在职业指导领域的应用,指的是运用各种测量技术,对个人稳定的能力水平及倾向、个性特点和行为特征等进行系统的、客观的测量和评价,从而为职业指导提供科学的决策依据。

3. 择业观念指导

随着国家人事制度和就业制度的深入改革,很多求职者的择业观念不能适应市场经济的需要,职业指导人员要根据社会经济活动对从业者的素质和能力要求,采用一定的科学方法和手段,针对每个人的个性特点,对求职者进行择业观念指导,目的是让求职者树立正确的择业观,正确选择职业,为其成功就业奠定基础。

4. 职业设计

职业设计是在对一个人性格、兴趣、能力和所处环境等主客观条件进行测定、分析、总结研究的基础上,设定适合其发展的具体职业目标,并制定出相应的发展步骤。职业设计的意义在于帮助求职者确定职业目标以及今后的职业发展道路,帮助求职者更好地发挥潜力,使职业生活更加愉快。

5. 帮助求职者克服就职挫折

在求职过程中,每位求职者都可能遇到各种困难和挫折,职业指导人员要帮助求职者澄清求职挫折问题,并进行解释和引导,目的是让求职者克服求职挫折,实现成功求职、顺利就业。

二、业务流程及操作注意事项

(一) 信息咨询业务流程

1. 业务流程图

信息咨询的业务流程如图 4-10 所示。

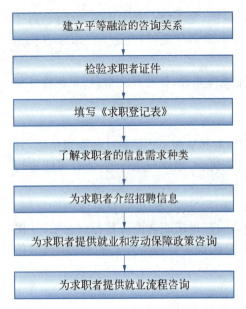

图 4-10 为求职者提供信息咨询业务流程

2. 具体操作流程

(1) 建立平等融洽的咨询关系。建立良好的咨询关系是职业指导人员顺利开展职业指导工作的重要前提。为此,职业指导人员在接待服务对象时要认真负责、热情相待,熟知接待程序,熟悉求职咨询中的常见问题,能对求职者的求职状况作出判断和评价,帮助求职者找到解决常见问题的方法和途径。

建立平等融洽的咨询关系,要注意三个方面:真诚和积极关注的态度,给对方以亲切和信赖感;热情的接待,创造轻松、安全的氛围;良好的语言沟通,针对不同的咨询者采取不同的沟通技巧。

(2) 检验求职者证件。对求职人员要检验其身份证、毕业证、职称证、职业资格证、技术等级证等相关证件。

(3) 填写《求职登记表》。为求职人员发放《求职登记表》,引导其正确填写。

职业指导人员在受理求职者登记时,要注意其身份证的有效性,要对人力资源和社会保障部要求的须持证上岗的职业有一般性了解。

《求职登记表》中,姓名、身份证号、联系电话、求职意愿、薪酬要求为主要填写指标。

求职者的工作简历应从年满 16 周岁开始填写,须持职业资格证上岗的职业,必须填写领证的日期和证件名称。学习简历要把学习时间、就读学校、所学专业、主要课程填写清楚,学历填写最高学历。"求职意愿"栏要依照求职者意愿的等级依次填写。

(4) 了解求职者的信息需求种类。该环节要注意倾听来访者的咨询点,明确咨询内容,了解咨询需求,为下一环节打下基础。

(5) 为求职者介绍招聘信息。职业指导人员要根据求职者的求职意愿,为其查询招聘信息或指定单位的招聘信息,对求职者进行简单的职业指导。根据求职者选择的招聘单位,职业指导人员为其开具面试通知单,并配发《应聘登记表》。在此过程中,职业指导人员要熟知招聘信息的各项指标,包括性别、年龄、文化程度、用工单位地址(大致方位)、薪酬、面试方式等。

(6) 为求职者提供就业和劳动保障政策咨询。职业指导人员为求职者提供就业和劳动保障政策咨询,可以让求职者更好地了解国家和地方的相关具体政策,为其成功求职奠定基础。

该环节要求职业指导人员在最短的时间内对求职者所咨询的问题进行分类,是关于社会保险的,还是关于就业优惠政策的,要做到心中有数。这就要求职业指导人员对就业、劳动保障的基础知识和相关政策有一定的了解,尤其要注意地方政策的适用范围以及政策颁布的时间。职业指导人员就自己所了解的内容给予明确的解答,对于自己不确定的内容,应当引导求职者前往相关部门进行咨询,不可贸然作答,以免误导咨询者。

(7) 为求职者提供就业流程咨询。职业指导人员为不同的求职者(个人求职和毕业生就业)提供相应的就业流程咨询,以帮助他们解决对有关流程的疑问,实现顺利就业的目的。

在实际工作中,职业指导机构要把各种流程打印装订成册,置于服务台,便于服务对象随时翻阅。

(二)择业观念指导业务流程

1. 业务流程图

择业观念指导的业务流程如图4-11所示。

2. 具体操作流程

(1) 了解求职者的人生观、价值观。了解求职者的人生观和价值观主要是通过与求职者交流其对职业的认识、对职业的看法以及对职业理想的追求,从中判断他们的人生观和价值观。

(2) 了解择业取向。了解求职者的择业取向主要是通过访谈或者相关的测评,可以根据霍兰德职业兴趣理论,将求职者确定为现实型、研究型、艺术型、社会型、管理型、常规型六种类型之中的一种职业取向,并判断是否与其个人的心理特征相符合。

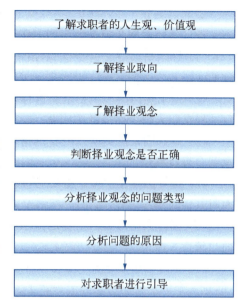

图4-11 对求职者进行择业观念指导业务流程

(3) 了解择业观念。了解求职者个体的择业观念主要是考查求职者在择业方面是追求个人未来职业的发展潜力,还是追求实现自己的人生价值;是追求给个人带来更多的金钱,还是愿意做个普通的劳动者。

(4) 判断择业观念是否正确。判断求职者的择业观念是否正确主要是在了解求职者的职业观后,通过与社会主流的正确择业观相对比,以确定求职者个体是否存在择业观问题。

(5) 分析择业观念的问题类型。分析求职者个体择业观念的问题类型主要是判断求职者的某些择业观念属于哪类错误的择业观念,常见的错误择业观念有好高骛远型、追求热门型、偏好国家机关型、偏好国有企业型、偏好大城市型、偏好一劳永逸型、偏好墨守成规型等。

(6) 分析问题的原因。分析求职者个体择业观念问题的原因主要是找出形成和影响求职者个体择业观出现错误的主要原因和影响因素。

(7) 对求职者进行引导。对求职者个体择业观念进行引导主要是纠正其错误的择业观,帮助求职者树立"干一行爱一行,行行出状元,劳动最光荣,职业无高低,干什么都是对国家建设做贡献"的正确择业观。

3. 注意事项

(1) 要充分体现个性化服务的特点,耐心、细致地了解求职者的个体情况,不要对求职者一概而论,忽视其特殊性,避免出现判断错误。

(2) 让求职者转变求职观念有时是很难的,不能简单地否定,更重要的是要在否定中肯定,多以事实说话,不要只停留在理论层面的辩论。

(3) 存在择业观念问题属于正常现象,不能责怪求职者,更不能采取批判的办法,强行改变求职者个体的择业观,防止采取违背认知规律的做法。

(4) 择业观的转变需要一个过程,不能希望求职者在接受择业观念指导后马上改变并形成新的择业观,防止急躁和要求过高。

4. 相关知识

常见的错误择业观念类型如下所示。

(1) 好高骛远型。主要是总期盼选择社会上要求较高的职业,而自己的能力又相对较低。

(2) 追求热门型。主要是总选择社会上求职人员比较集中且数量较大的职业,而不愿意选择求职人数少而分散的职业。

(3) 偏好国家机关型。主要是指求职者在选择职业时考虑到国家机关去工作,而不愿意到企事业单位工作。

(4) 偏好国有企业型。主要是指求职者在选择职业时过于强调用人单位的国有性质,而对其他因素考虑较少。

(5) 偏好大城市型。主要是指求职者在选择职业时不愿意到小城市或偏远山区工作,而只选择大城市。

(6) 偏好一劳永逸型。主要是指求职者在选择职业时不顾市场经济下用人制度的特征,选一个单位就期盼能够干一辈子。

(7) 墨守成规型。主要是指有过就业经历的人失业后不考虑劳动力市场的需求情况,还继续选择过去从事的职业。

(三) 职业设计业务流程

1. 业务流程图

职业设计的业务流程如图 4-12 所示。

2. 具体操作流程

(1) 登记来访者信息。指导来访者填写信息登记表,登记基本信息,便于存档记录。

(2) 了解来访者的职业设计要求。在这一环节,职业指导人员的主要工作是倾听,对待来访者的态度要和蔼可亲,使其放松,倾听过程中要始终注意礼貌和尊重来访者。在言语上也要注意尽量通俗易懂,多使用鼓励与肯定的语言,循循善诱,引导求职者讲出真实的想法。

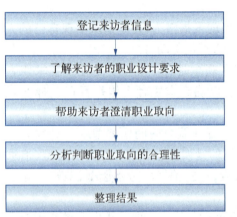

图 4-12 为求职者进行职业设计业务流程

(3) 帮助来访者澄清职业取向。通过与来访者的深入沟通,结合求职者的个人条件和其所处的外在环境,帮助他们明确自己的职业价值观,澄清今后职业发展的方向。个体职业取向的基本要素主要包括个人条件和外界环境两个方面。个人条件包括价值观、职业理想、性格、职业兴趣、个人能力等;外界环境包括外部社会环境、组织环境、家庭环境以及人际关系等。其中,职业理想、价值观等决定个人择业的大方向,代表个人想做什么;个人能力、性格等代表个人择业的可能方向,代表个人适合做什么;外部环境代表个人可能遇到的职业机遇与挑战,代表个人可以做什么。

(4) 分析判断职业取向的合理性。合理性的判断主要是通过对比来访者的基本条件与目标职业所需的基本条件来完成的,不仅让来访者看到职业取向可能的发展结果,更重要的是让他们分析自己达成目标的现实可行性,从而对自己的职业取向作出决定或进行适当调整。

影响个体职业取向的主要因素有：① 家庭背景。家庭因素对求职者职业取向的影响主要体现在选择职业时不可避免地带有择业趋同性与协商性等方面。② 社会舆论。对求职者职业取向的影响主要体现在政府政策导向、传统文化、社会时尚等方面。③ 受教育程度。一般意义上，求职者的学历越高，接受的职业培训范围越广，其职业取向领域就越宽；反之，则越窄。④ 职业需求。用人单位提供的职业岗位越多、类别越广，求职者选择职业的余地就越大。

(5) 整理结果。将来访者的个人条件及其职业取向合理性进行整理，简单归类，为进一步的职业设计工作提供支持，如有需要，可以为其联系更高一级的职业指导人员。

(四) 帮助求职者克服求职挫折业务流程

1. 业务流程图

帮助求职者克服求职挫折的业务流程如图 4-13 所示。

2. 具体操作流程

(1) 倾听求职者陈述。遭受求职挫折的求职者，大多心情沮丧，情绪不好，容易冲动，因此，在倾听过程中，职业指导人员要态度热情、充分尊重每一位求职者，做到完全接纳，建立良好的咨询关系。

(2) 澄清求职者问题。职业指导人员要对求职者的个性、行为特征、职业技能和相关知识等方面进行全面地了解，除了包括听取求职者陈述之外，还可以与相关单位联系或者与其家人联系，更加深入地了解求职挫折问题。

(3) 分析求职挫折。与求职者分析求职挫折，不仅要分析造成求职挫折的原因以及因素，也要与求职者讨论各种因素对求职的影响程度，引导求职者关注主要方面。下面以大学毕业生为例，分析他们常见的求职挫折类型及其诱因。

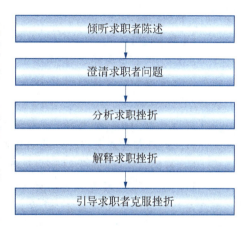

图 4-13 帮助求职者克服求职挫折业务流程

第一，人际关系障碍。这主要表现为在求职过程中不知道如何与人沟通，尤其是在与招聘经理的沟通中出现障碍，导致求职不成功。有的毕业生在试用期内与同事合不来，只好重新求职。造成这种情况的原因是高校教育滞后于市场对人才的需求，不注重学生综合素质的培养。

第二，经验障碍型。很多用人单位走入了招聘人才的误区，往往过分注重工作经验，大学毕业生在求职时，由于没有工作经验，面对招聘单位的要求，不知所措，遭到用人单位的拒绝。

第三，理想与现实脱节型。很多大学生没有意识到高等教育已不再是精英教育，抱着固有的"精英意识"，认为考上大学就是上了"保险"。当毕业后走出校园，面对更多的非公企业，面对更多的办事人员、业务人员的招聘岗位，理想好像一下破灭了，失去了继续求职的信心。

第四，一步到位型。大学生求职时总希望一步到位，也就是工资待遇、职位要达到自己的理想要求，结果在现实中很难实现。

第五，偏爱大都市型。就是希望毕业后能够留在大城市工作，这就导致多数大学生集中于大城市求职,造成竞争加剧,求职不成功的概率增加。

(4) 解释求职挫折。要对求职者解释清楚求职问题的实质,并分析形成问题的原因。

(5) 引导求职者克服挫折。引导求职者克服求职挫折主要包括三个方面:提供克服求职挫折的有效方法;提供改进求职行为的建议;建议求职者参加求职培训或者提供一些简单的自我训练的办法。

子任务 3-3　企业用人指导

【任务导入】

● 任务 4-18

【工作场景】
A 房地产公司由于工作任务需要,需要招聘 8 名售楼人员。A 公司的人事经理 H 找到人力资源和社会保障行政部门下属的一家公共人力资源服务机构,职业指导人员 R 接待了他。

以下是他们之间的对话:

H:我们公司需要招聘一些销售人员。

R:好的,请你谈谈你们所要招聘人员的岗位用人标准。

H:首先,需要具有很好的语言能力;其次,学历在大专以上,市场营销专业;还要有商品房销售方面的工作经验,以前有过很好的销售业绩,热爱销售工作。

R:我先向你介绍一下主要的招聘方式,你可以在我们的信息网络中进行查询,在报纸上刊登广告,组织校园招聘,参加我们下周举办的招聘大会,也可以由我们代理招聘。

H:我们对销售人员的要求不高,只要能卖出房子就行,我们只希望能省钱、省事、快速。

R:最省事的办法就是委托我们招聘,代理费用也不贵。

H:那好吧,请你谈谈具体如何办理相关手续。

……

几天以后,该人力资源服务机构为 A 公司招聘了 10 名销售人员,经过 A 公司进一步挑选,最后留用了 8 人。

一周后,R 打电话给 A 公司留用的几个销售人员,询问了他们与 A 公司之间在劳动关系建立方面的情况。发现他们都没有签订劳动合同,进一步询问 H,H 解释说,A 公司规定销售人员都是工作满一年后才正式签订劳动合同,这是因为销售人员的流动性较大,他们是为了省事才这样规定的。销售人员对此有怨言,但因为担心丢掉工作只好忍耐,他们希望 R 能够为他们解决问题。

【具体任务】
阅读以上工作场景,请回答下列问题。

1. R 在了解用人单位情况时缺少的重要环节是(　　)。

A. 查验 A 公司的营业执照　　　　B. 查验 A 公司的用人资格
C. 了解 A 公司的业务情况　　　　D. 了解 A 公司的财务情况
2. R 在了解岗位用人标准时缺少的重要内容是(　　)。
A. 职业资格证书　　　　　　　　B. 职业能力标准
C. 职业取向　　　　　　　　　　D. 职业道德标准
3. R 在处理 A 公司建立劳动关系不规范问题时,不宜采用的措施是(　　)。
A. 向劳动监察机构反映问题　　　B. 与 A 公司进行沟通,提出改进建议
C. 按照相关法规,对 A 公司进行处罚　D. 与 A 公司总经理沟通
4. 如果 A 公司坚持错误做法,而员工希望 R 提供帮助以解决问题,R 不宜采取的步骤是(　　)。
A. 将法律法规告知员工　　　　　B. 将解决问题的法律程序告知员工
C. 征求员工意见　　　　　　　　D. 提请劳动争议仲裁解决
5. 如果 A 公司接受了 R 的意见,与销售人员签订了劳动合同,R 还需要进行的重要操作程序是(　　)。
A. 了解合同的执行情况　　　　　B. 了解 A 公司的进一步招聘需要
C. 帮助 A 公司起草规范的劳动合同　D. 将上述案例记录存档

● **任务 4-19**

【工作场景】
某机关因工作需要,面向社会公开招聘一名副处长,经人事部门反复协商,在报纸上刊登如下招聘广告:
年龄 45 岁以下,男,政治立场坚定,相貌比较端正,有较强的文字功底及沟通技巧,社会关系良好,有卓越的领导才能,硕士研究生以上学历。有意者,请将简历寄往××路××号 201 室。谢绝来电来访。

【具体任务】
1. 在招聘广告中找出存在的问题,并说明理由。
2. 重新撰写招聘广告,要求格式正确、内容完整有效。

一、业务基础

对企业进行用人指导是职业指导业务的重要方面,也是政府公共就业服务和企业用人相连接的重要渠道,是提升企业人力资源管理的重要突破口。

为实现企业合理用人,规范用人,满足企业的招工需求,职业指导机构或人员为其提供专门的咨询和指导服务,一般内容包括了解企业的基本情况和用人需求,为用人单位检索、提供求职信息、帮助确定用人条件、介绍本地区劳动力市场供求状况以及相关劳动就业政策法规、对用人单位进行招聘指导、协助依法确立劳动关系及跟踪服务等。

(一) 相关政策规定

《就业促进法》第二十六条规定,公共就业服务机构应当积极拓展服务功能,根据用人单

位的需求提供以下服务：
(1) 招聘用人指导服务；
(2) 代理招聘服务；
(3) 跨地区人员招聘服务；
(4) 企业人力资源管理咨询等专业性服务；
(5) 劳动保障事务代理服务；
(6) 为满足用人单位需求开发的其他就业服务项目。

公共就业服务机构从事劳动保障事务代理业务，须经县级以上劳动保障行政部门批准。

第二十七条规定，公共就业服务机构应当加强职业指导工作，配备专（兼）职职业指导工作人员，向劳动者和用人单位提供职业指导服务。

职业指导工作人员经过专业资格培训并考核合格，获得相应的国家职业资格证书方可上岗。

公共就业服务机构应当为职业指导工作提供相应的设施和条件，推动职业指导工作的开展，加强对职业指导工作的宣传。

第二十八条规定，职业指导工作包括以下内容：
(1) 向劳动者和用人单位提供国家有关劳动保障的法律法规和政策、人力资源市场状况咨询；
(2) 帮助劳动者了解职业状况，掌握求职方法，确定择业方向，增强择业能力；
(3) 向劳动者提出培训建议，为其提供职业培训相关信息；
(4) 开展对劳动者个人职业素质和特点的测试，并对其职业能力进行评价；
(5) 对妇女、残疾人、少数民族人员及退出现役的军人等就业群体提供专门的职业指导服务；
(6) 对大中专学校、职业院校、技工学校学生的职业指导工作提供咨询和服务；
(7) 对准备从事个体劳动或开办私营企业的劳动者提供创业咨询服务；
(8) 为用人单位提供选择招聘方法、确定用人条件和标准等方面的招聘用人指导；
(9) 为职业培训机构确立培训方向和专业设置等提供咨询参考。

(二) 业务功能描述

1. 接待登记

接待登记是企业用人指导的第一步，职业指导人员要与服务对象建立良好的沟通关系，主动了解用人单位的基本情况和岗位需求，向用人单位建议填补空岗所需的职业介绍服务和其他活动安排，协助用人单位办理登记手续，填写《用工单位招聘情况登记表》，建立信息档案，为下一步的咨询和指导奠定基础。

2. 信息咨询

信息咨询是职业指导人员的一项重要工作内容，主要是向用人单位提供求职信息、劳动保障、就业政策信息等方面的咨询业务。需要注意的是，劳动保障和就业政策关系到用人单位的切身利益，职业指导人员应帮助用人单位了解中央及地方的相关政策，有利于后续招聘工作的有效开展，这就要求职业指导人员加强政策理论的学习，为用人单位提供优质服务。

3. 招聘指导

职业指导人员对企事业用人单位招聘行为的指导，目的是使用人单位了解日常招聘的基本程序和内容,提高招聘工作的成功率。

4. 跟踪服务

职业指导人员对用人单位进行服务后要及时进行信息跟踪,目的是要了解服务的效果、用人单位的满意程度以及可能存在的其他问题,实现对用人单位最周到和最满意的服务。

二、业务流程及操作注意事项

(一) 接待登记业务流程

1. 业务流程图

接待登记的业务流程如图 4-14 所示。

2. 接待登记业务的具体操作

(1) 接待用人单位来访。职业指导人员要积极、主动、热情地接待来访者,给对方以亲切和信赖感,以缓解来访者的紧张情绪。

(2) 了解用人单位基本情况。通过与用人单位经办人员的简单交谈,了解用人单位的基本情况,包括单位名称、单位性质、所属行业、单位地址、生产经营的规模、空岗情况等,以便向高一级的职业指导人员说明情况。

(3) 检验相关证件。主要检验用人单位的营业执照副本、介绍信、经办人的身份证、招聘简章。

检验时,要注意以下两个方面:

① 营业执照副本是否参加本年度工商部门的年审,未参加年审的单位不应为其办理招聘登记手续。

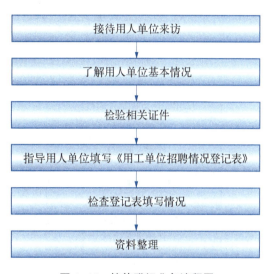

图 4-14 接待登记业务流程图

② 介绍信是否加盖公章或人事部门的印章,合同专用章和其他印章为无效印章。

(4) 指导用人单位填写《用工单位招聘情况登记表》。在填写过程中,职业指导人员要告知服务对象表格的填写方法:

① 字迹清楚,不能使用毛笔、铅笔、美术和绘图专用笔填写;

② 一律使用标准汉字填写,字体工整;

③ 所有数字一律使用阿拉伯数字填写。

同时,职业指导人员要熟练掌握所发放表格的主要内容,《用工单位招聘情况登记表》中用人单位名称、单位地址、单位电话号码、联系人、招聘工种、给予待遇、面试方式为主要填写内容。

(5) 检查登记表填写情况。这个环节是整个接待过程中的核心内容,主要从三个方面入手:第一,字迹是否清晰;第二,主要信息指标是否正确填写,在此过程中,职业指导人员要把用人单位的基本情况与其提供的相关证件相核对,即生产经营的范围与营业执照副本是否相符、注册资金是否与实际相符等;第三,表格中是否有遗漏项,应主动询问用人单位经办人员在本次招聘中是否有特殊要求,以提高招聘效率。

如果发现错误或遗漏,职业指导人员要告知服务对象,并给予简明指导,引导其重新填写。如果填写正确,则进入下一步骤,将登记表录入计算机,进行资料整理。

(6) 资料整理。首先要把服务对象填写的《用工单位招聘情况登记表》认真地录入计算机系统,根据办理时间或用工编号进行分类编号,最后将资料打印出来装订成册建立档案,这一环节也是信息资料集中的过程,是进行信息处理的基础。

在进行资料整理时,要特别注意信息资料的完整性,用人单位的信息资料包括《用工单位招聘情况登记表》、企业营业执照副本复印件、介绍信原件、经办人的身份证复印件、招聘简章原件。

(二) 信息咨询业务流程

1. 业务流程图

信息咨询的业务流程如图 4-15 所示。

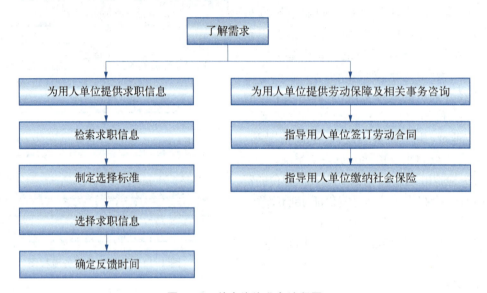

图 4-15 信息咨询业务流程图

2. 信息咨询业务的具体操作

(1) 了解需求。职业指导人员接待服务对象要认真负责、热情相待,注意倾听来访者的咨询点,明确咨询内容,了解咨询需求。职业指导人员要根据来访者的咨询需求,向其介绍相应的服务项目及功能,主要包括两个方面:为用人单位提供求职信息和提供劳动保障及相关事务咨询。

(2) 为用人单位提供求职信息。职业指导人员为用人单位介绍求职信息,可以促成用人单位与求职者之间的联系,是实现单位成功招聘的关键。介绍求职信息主要分四个步骤:检索求职信息→制定选择标准→选择求职信息→确定反馈时间。

(3) 检索求职信息。根据用人单位的招聘要求,职业指导人员在相关的资料库中检索相应的求职信息,这就要求职业指导人员要熟知求职信息的各项指标,包括性别、年龄、文化程度、住址、求职意愿次序、薪酬要求等。

(4) 制定选择标准。结合检索到的求职信息数量,职业指导人员要帮助用人单位制定选择求职信息的标准,如年龄、学历层次、有无工作经验等。

(5) 选择求职信息。将符合选择标准的求职者挑选出来,以备用人单位确定面试或审核之用,将相应的求职信息专门摆放。

(6) 确定反馈时间。向用人单位说明求职信息应该反馈的时间及注意事项,并与用人单位商定具体的反馈时间。

(7) 为用人单位提供劳动保障及相关事务咨询。职业指导人员为服务对象提供劳动保障及相关事务的咨询,可以让服务对象更好地了解国家的劳动和社会保障政策及相关知识,为其规范招聘奠定良好基础。

(8) 指导用人单位签订劳动合同。职业指导人员指导用人单位签订劳动合同时,应告知用人单位要如实向劳动者说明岗位的用人要求、工作内容、工作时间、劳动报酬、劳动条件、社会保险等情况,以避免出现不必要的合同纠纷,影响企业的经济效益和劳动者的合法权益。

劳动合同必须以书面形式签订,双方各执一份文本,具有同等法律效力。劳动合同的订立和变更,应当遵循平等、自愿、协商一致的原则,不得违反法律法规。劳动合同一经签订即产生法律效力,当事人必须履行劳动合同中规定的各项条款。

(9) 指导用人单位缴纳社会保险。指导用人单位为职工申办社会保险或转移社会保险手续,并按规定缴纳社会保险费。社会保险包括养老保险、失业保险、工伤保险、医疗保险和生育保险。

(三) 招聘指导业务流程

1. 业务流程图

招聘指导的业务流程如图 4-16 所示。

图 4-16 招聘指导业务流程图

2. 招聘指导业务的具体操作

(1) 了解用人单位的需求。其中包括:① 用人单位人员数量规模、主要专业、工种岗位结构状况。② 用人单位主要专业、工种岗位人员流动情况及一般原因。③ 用人单位目前急需招用的专业、工种岗位人员数量、职业素质、基本能力等从业条件要求。④ 用人单位对本次招用岗位人员的工资、福利、社会保险与建立劳动关系的考虑。

(2) 招聘成功的可能性分析。就用人单位本次招聘成功的可能性与用人单位沟通,主要包括:① 根据用人单位提出的招用人员的从业条件,招用岗位实际所需要的文化素质、业务与专业技术的复杂程度,应具备的技能水平,以及适应工作长远发展需要所应具有的发展潜力,具体分析其所提供的从业条件的合理性。② 就用人单位对招聘岗位提供的工资、福利、社会保险待遇水平及用人单位的社会声誉、工作环境、设施条件等因素,分析用人单位的招聘条件对求职者的吸引程度。③ 就用人单位劳动人事管理制度是否使应聘者具有职业安全感和向心力进行分析,预测应聘者的心理反应。④ 向用人单位介绍本地区的劳动力供求状况(特别是劳动力的结构)并进行分析,提出劳动力供给的可能性。

(3) 确定适应的招聘方式。首先,职业指导人员要向用人单位介绍招聘方式的种类和内容。目前,常用的招聘方式有以下几种:信息网络方式、媒体广告方式、洽谈会方式、集中招聘方式和中介机构代理招聘方式。

一般来说,用人单位在各种媒介发布的招聘简章主要包括以下内容:
① 企业简况,包括企业名称、性质、规模、所在地、福利设施等;
② 招聘职位与人数,包括职位名称、工作岗位(工种)、招聘人数等;
③ 招聘条件,包括应具备的专业、学历、学位、实际工作经验等,注意不能有就业歧视;
④ 工资、福利待遇;
⑤ 应聘方式,包括应提供的资料、证明、招聘地址、联系人及联系方式等。

其次,帮助用人单位确定合理的招聘方式,主要是根据用人单位各方面的综合情况及其人员年度流动、变化情况,以及本地区劳动力市场的供求状况、工资价位、需求特点等,结合单位对人员的具体要求选择针对性强、操作性强的招聘方式。

(4) 确定合理的招聘方案。在确定好招聘方式后,职业指导人员应根据用人单位各方面的综合情况和人员年度流动与变化情况,帮助用人单位确定合理的招聘方案。

(5) 组织落实招聘计划。结合劳动力市场的实际情况,职业指导人员要帮助用人单位组织落实拟订的招聘计划,为用工单位招到需要的员工。

(6) 跟踪反馈。对用工单位的招聘目标进行跟踪管理,并做好跟踪备案。

(四) 跟踪服务业务流程

1. 业务流程图

跟踪服务的业务流程如图 4-17 所示。

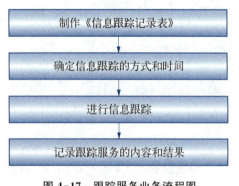

图 4-17 跟踪服务业务流程图

2. 跟踪服务业务的具体操作

(1) 制作《信息跟踪记录表》。《信息跟踪记录表》的主要内容包括跟踪的用人单位名称、提供服务的内容、提供服务的部门及工作人员、提供服务的时间及信息跟踪的记录。

(2) 确定信息跟踪的方式和时间。信息跟踪的途径和方法包括上门、电话联系、传真或者电子邮件等。跟踪频率为开始时每周一次,三个月后每月一次。

(3) 进行信息跟踪。进行信息跟踪就是按照事先确定的途径和方法以及时间,对服务对象进行询问或访谈,以获得用人单位对新招聘人员的使用情况。

（4）记录跟踪服务的内容和结果。将跟踪服务所提供的具体服务项目、服务时间、服务效果进行真实、全面、细致的记录，以备查询。

【知识巩固】

1. 如何理解职业指导的概念和功能？
2. 职业指导的主要内容是什么？
3. 企业用人指导的业务包括哪些内容？
4. 个人求职指导的业务包括哪些内容？

任务四　职业培训业务

【知识目标】
- 了解职业培训的概念、作用和类型；
- 理解并应用职业培训相关政策法规；
- 掌握职业技能培训相关业务基础与工作流程；
- 掌握企业职工技能培训相关业务基础与工作流程；
- 掌握创业培训相关业务基础与工作流程。

【能力目标】
- 能为失业人员联系培训机构，提供职业培训信息和政策咨询；
- 能为失业人员进行就业技能培训和创业培训的报名、登记和相关材料上报工作；
- 能为企业制定岗位技能培训计划、需求分析，并协助实施培训，对培训结果反馈并进行整理。

子任务 4-1　业务概述

【任务导入】

• 任务 4-20

【工作场景】

一家齿轮加工企业最近刚刚接了一个大订单，现急需招用 5 名车工。

招聘人员："请问你以前干过这个么，技术如何？"

应聘人员："当然干过，我曾经在一家机械制造厂干了 5 年，没有出过任何问题，我的技术绝对没问题。"

招聘人员："好的，我们任务比较急，你明天就可以来车间，相关手续我们会办理。"

【具体任务】

请判断这家企业的做法是否正确，并说明原因。

一、职业培训的概念

职业培训是一种按照不同职业的岗位要求,对接受培训的人员进行职业道德教育、传授职业知识、培养职业技能、开展职业指导的教育培训活动,把培训对象培养训练成为具有一定文化知识和技术技能素质的合格的劳动者。职业培训是提高劳动者素质,增强其就业能力、工作能力、职业转换能力和创业能力的重要手段,是人力资源开发的重要组成部分,是劳动就业工作的重要基础。

二、职业培训的类型

依据职业技能标准,职业培训可分为初级、中级、高级培训。根据培训对象和培训内容的不同,职业培训可以分为就业技能培训、岗位技能提升培训和创业培训。其中,就业技能培训又可分为就业前培训和再就业培训。

《就业促进法》第四十六条规定:"县级以上人民政府加强统筹协调,鼓励和支持各类职业院校、职业技能培训机构和用人单位依法开展就业前培训、在职培训、再就业培训和创业培训;鼓励劳动者参加各种形式的培训。"

三、职业培训的特点

职业培训不同于学历教育,具有以下三个特点。

(一) 针对性和实用性

职业培训的培训目标、专业设置、教学内容等均根据经济和社会发展对人力资源市场需求、用人单位实际需要和职业技能标准确定。经过职业培训的毕(结)业生可以直接上岗就业。

(二) 灵活性和多样性

在培训形式上可采取联合办学、委托培训、定向培训等形式;在培训时限上可采取弹性学制、长短结合的方式;在培养对象上依据岗位的实际需要灵活确定,没有入学条件限制;在教学形式上不受某种固定模式的限制,根据职业标准要求采取多种教学手段。

(三) 技术性和技能性

这是职业培训的本质要求。强调理论知识教育与实际操作训练相结合,突出技能操作训练,强化培训者运用技术能力和技术分析能力。

四、职业培训的实施主体

职业培训不同于基础教育和高等教育,其实施主体包括政府部门、行业企业、职业教育培训机构和校企合作。

(一) 政府部门

各级政府负责对职业培训发展规划、资源配置、条件保障、政策措施的统筹管理,为职业培训发展提供强有力的公共服务和良好的发展环境。按照《劳动法》《职业教育法》和《就业促进法》的有关规定,政府部门在职业培训工作方面的职能主要有加强组织领导、制定发展规划、完善政策体系、开展表彰宣传。

(二) 行业企业

行业企业在发展我国职业培训事业过程中具有重要作用,它们既是技能劳动者的使用主体,又是技能劳动者的培养主体。

行业主管部门和行业组织主要是结合本行业生产、技术发展趋势以及技能人才队伍现状,作出需求预测和培养规划,提出本行业技能人才合理配置的标准,指导开展职业培训和技能人才培养工作。

(三) 职业培训机构

(1) 技工学校。技工学校是以培养中高级技术工人为目标,集职业学校教育和职业培训于一体的综合性职业培训基地,是职业培训工作的重要力量,是与就业联系最紧密的办学实体。

(2) 就业训练中心。就业训练中心是主要为新生劳动力和失业人员提供就业技能培训的职业培训基地。

(3) 民办职业培训机构。民办职业培训机构是指国家机构以外的社会组织或者个人,利用非国家财政性经费,面向社会举办的学校或其他教育培训机构。

(4) 中外合作举办职业培训机构。中外合作举办职业培训机构是外国教育培训机构同中国教育培训机构在中国境内合作举办的以中国公民为主要招生对象的职业培训机构。

(5) 企业培训机构。企业要根据实际需要举办职业学校和职业培训机构,强化自主培训功能,加强对职工特别是一线职工、转岗职工的教育和培训,形成职工在岗和轮岗培训的制度。

(四) 校企合作

发展职业教育培训,培养合格的技能人才,关键是要加强校企合作。要健全和完善以企业行业为主体、职业院校为基础、学校教育与企业培养紧密联系、政府推动与社会支持相互结合的技能人才培养体系。

五、职业培训相关制度

(一) 劳动预备制

《国务院办公厅转发劳动保障部等部门关于积极推进劳动预备制度加快提高劳动者素质意见的通知》规定:"从1999年起,在全国城镇普遍推行劳动预备制,组织新生劳动力和其他求职人员,在就业前接受1—3年的职业培训和职业教育,使其取得相应的职业资格或掌握一定的职业技能后,在国家政策的指导和帮助下,通过劳动力市场实现就业。"

劳动预备制是一项对新成长的劳动者就业前应当经过职业教育和培训的制度规定。该制度的对象是未能升学且有就业要求的城乡初、高中毕业生。制度的目的是通过职业教育培训和就业服务,提高新成长劳动者的就业能力,促使其就业。

《就业促进法》第四十八条规定:"国家采取措施建立健全劳动预备制度,县级以上地方人民政府对有就业要求的初高中毕业生实行一定期限的职业教育和培训,使其取得相应的职业资格或者掌握一定的职业技能。"

《就业服务与就业管理规定》第八条规定:"劳动者应当树立正确的择业观念,提高就业能力和创业能力。国家鼓励劳动者在就业前接受必要的职业教育或职业培训,鼓励城镇初高中毕业生在就业前参加劳动预备制培训。国家鼓励劳动者自主创业、自谋职业。各级劳动保障行政部门应当会同有关部门,简化程序,提高效率,为劳动者自主创业、自谋职业提供便利和相应服务。"

（二）职业资格证书制度

1. 职业分类

职业是从业人员为获取主要生活来源而从事的社会性工作类别。职业一般具备目的性、社会性、稳定性、规范性和群体性五个特征。

职业分类是以工作性质的同一性为基本原则，对社会职业进行的系统划分与归类。职业分类通过职业代码、职业名称、职业定义、职业所包括的主要工作内容等，描述出每一个职业类别的内涵与外延，从而为劳动力社会化管理、就业和培训、国民经济信息统计和人口普查提供依据。

2. 我国职业分类结构

1999年，我国颁布实施了第一部《中华人民共和国职业分类大典》，对我国职业进行系统分析和科学归类。我国的职业分类结构包括四个层次，即大类、中类、小类、细类。细类是我国职业分类结构中最基本的类别。《中华人民共和国职业分类大典（2015年版）》将我国职业分类体系调整为8个大类、75个中类、434个小类、1 481个职业，并列出了2 670个工种，标注了127个绿色职业（见图4-18）。

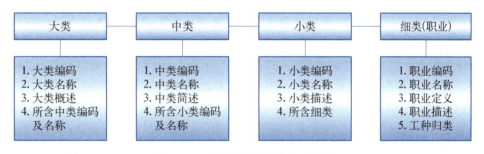

图4-18 我国职业分类的内容结构

这八个大类分别是：

第一大类，国家机关、党群组织、企业、事业单位负责人；

第二大类，专业技术人员；

第三大类，办事人员和有关人员；

第四大类，商业、服务业人员；

第五大类，农、林、牧、渔、水利业生产人员；

第六大类，生产、运输设备操作人员及有关人员；

第七大类，军人；

第八大类，不便分类的其他从业人员。

> 😊 **你知道么？**
>
> 电子竞技员、无人机驾驶员、农业经理人等正式成为中国新职业。
>
> 2019年4月，人力资源和社会保障部、市场监管总局、国家统计局正式向社会发布13个新职业信息，这是自《中华人民共和国职业分类大典（2015年版）》颁布以来发布的首批新职业。

> 据了解,这批新职业在向社会公开征集的43个建议职业基础上按程序遴选确定,分别是:人工智能工程技术人员、物联网工程技术人员、大数据工程技术人员、云计算工程技术人员、数字化管理师、建筑信息模型技术员、电子竞技运营师、电子竞技员、无人机驾驶员、农业经理人、物联网安装调试员、工业机器人系统操作员、工业机器人系统运维员。
>
> 人力资源和社会保障部有关负责人介绍,首批新职业主要集中在高新技术领域,对从业人员的知识、技能水平具有较高要求,并呈现与产业结构升级、科技提升、信息化的广泛应用密切相关等特点。

3. 职业资格

(1) 职业资格的概念。职业资格是对从事某一职业活动所必备的知识、技术和技能的评价,是技能人员和专业技术人员职业能力和水平的证明。与学历文凭不同,职业资格与职业活动密切相连,更直接、更准确地反映特定职业的实际工作标准和操作规范,以及劳动者从事该职业所达到的实际能力水平。

(2) 职业资格的种类。目前,我国的职业资格有两类,即行政许可类职业资格和水平能力评价类职业资格。行政许可类职业资格是指从事涉及公共安全、人身健康、生命财产安全等特定职业所需具备的复杂技能、知识、能力及操作规范的基本要求,是依法独立开业或从事某一特定职业学识、技术和能力的必备标准。水平能力评价类职业资格是对从事专业技术较强、技能要求较高、从业人数较多的人员的工作能力水平的客观评价。

(3) 职业资格的设置。行政许可类职业资格的设置必须依据有关法律、行政法规或国务院决定进行;凡没有法律、法规和国务院决定为依据的,任何部门、行业协(学)会及地方政府都不得自行设置和组织实施行政许可类职业资格;确需实行职业准入的,按国务院有关规定批准后组织实施。水平能力评价类职业资格的设置须经国务院劳动保障、人事部门批准后,组织实施。

(4) 职业资格的效力。行政许可类职业资格具有强制性。用人单位招用从事涉及公共安全、人身健康、生命财产安全等特定职业的劳动者,必须从取得相应职业资格证书的人员中录用。用人单位违反相关法律规定招用未取得相应职业资格证书的劳动者从事涉及公共安全、人身健康、生命财产安全等特定职业工作的,将依据国务院制定的规定承担相应的法律责任。水平能力评价类职业资格属于倡导性的职业资格,鼓励劳动者取得相应的职业资格证书,但不具强制性,不得强制推行。

4. 国家职业资格证书等级体系及技能要求

国家职业资格等级分为初级(五级)、中级(四级)、高级(三级)、技师(二级)、高级技师(一级)共五个等级(见图4-19)。

(三) 就业准入制

就业准入制是指根据《劳动法》《职业教育法》和《就业促进法》的有关规定,对从事涉及公共安全、人身健康、生命财产安全等特殊工种的劳动者,必须经过培训,并取得职业资格证书后,方可就业上岗。就业准入的职业范围,由国务院规定并向社会发布。

《就业促进法》第五十一条规定:"国家对从事涉及公共安全、人身健康、生命财产安全等特殊工种的劳动者,实行职业资格证书制度,具体办法由国务院规定。"

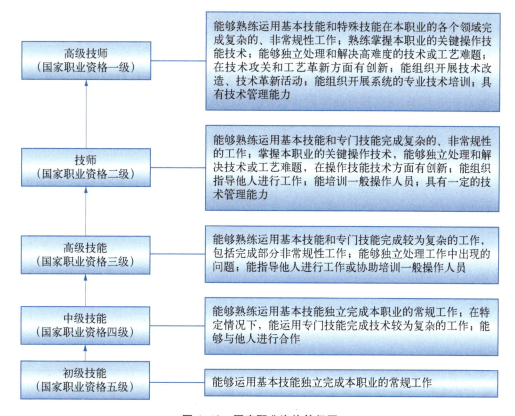

图 4-19　国家职业资格等级图

子任务 4-2　职业技能培训

【任务导入】

● 任务 4-21

【工作场景】

张军从北京市某机械加工厂下岗失业后,一直想找一份工作,经过一段时间的观察,他发现电子加工类的工作比较好找,工资也高,可是自己对这行也不懂,而且这类工作的应聘要求都写着需要职业资格证书,"都要这个那个证书,我啥也没有,这可怎么办呢?"张军一时陷入了苦恼中,听说像他这样的失业人员可以去进行免费的培训,学一门技术,是不是这样呢? 他来到了户口所在地的街道社会保障事务所进行咨询。

【具体任务】

1. 如果你是街道社会保障事务所的工作人员,请告诉张军需要满足什么条件才能报名参加培训。

2. 如果你是街道社会保障事务所的工作人员,请向张军提供失业人员参加职业培训相关政策的咨询服务。

一、业务基础

(一) 相关政策规定

《就业促进法》第四十九条规定:"地方各级人民政府鼓励和支持开展就业培训,帮助失业人员提高职业技能,增强其就业能力和创业能力。失业人员参加就业培训的,按照有关规定享受政府培训补贴。"第五十条规定:"地方各级人民政府采取有效措施,组织和引导进城就业的农村劳动者参加技能培训,鼓励各类培训机构为进城就业的农村劳动者提供技能培训,增强其就业能力和创业能力。"

《劳动法》第六十八条规定:"从事技术工种的劳动者,上岗前必须经过培训。"

《职业教育法》第八条规定:"国家实行劳动者在就业前或者上岗前接受必要的职业教育的制度。"

(二) 业务功能描述

职业技能培训指为城乡各类有就业要求和培训愿望的劳动者提高就业能力而进行的必备的职业知识、职业技能的培养和训练活动(见表4-2)。此处以北京市为例,详细介绍职业培训业务的工作流程。

表4-2 职业技能培训概况

类型	子类型	任务	对象	形式	时间
职业技能培训	就业前培训	帮助初次求职人员或其他劳动者提高就业能力而进行的必备职业知识、职业技能的培养和训练活动	城乡初次求职的劳动者、新成长劳动力、向非农产业或城镇转移就业的农村劳动者、其他劳动者	灵活多样,应届初、高中毕业生参加就业前培训以全日制为主,其他人员可采取非全日制、学分制和学时制相结合或参加远程培训等形式	短期:1—6个月 中长期:1—3年
	再就业培训	劳动者失业后,有针对性地对其进行职业技能培训,并开展职业指导和就业服务	城镇就业转失业人员、参加失业登记的其他人员	理论培训与实际操作训练相结合	短期:3个月 中期:3个月至1年

(三) 北京市职业培训相关政策规定

与职业培训密切相关的政策是职业培训补贴政策。职业培训补贴是指政府购买培训服务,对具备资质条件并经确定的培训机构,承担本市城镇失业人员和农村转移就业劳动力免费职业培训任务的补贴。此处主要以北京市为例,简单介绍职业培训补贴的相关政策规定。

《北京市职业培训补贴资金管理办法(试行)》第二条规定:"本办法所称职业培训补贴是指对符合条件的本市城镇失业人员、农村转移就业劳动力和外来农民工,开展职业技能培训、职业技能鉴定和创业培训的补贴。"

第三条规定:"本市城镇失业人员凭身份证和《北京市城镇失业人员求职证》,本市农村转移就业劳动力凭身份证和《北京市农村劳动力转移就业证》,每年可以结合自身条件和就业需求,选择参加一次职业技能培训或创业培训。同一职业(工种)的同一等级不能重复参加。"

第四条规定:"在本市从事家政服务员、护理员(护工)、养老护理员职业的外来农民工,可由所在用人单位统一组织到定点培训机构参加一次职业技能培训;其他可以享受职业培训补贴的职业(工种),由市人力资源和社会保障局(以下简称市人力社保局)定期发布。"

由政策规定可以看出,北京市城镇失业人员和农村转移劳动力就业技能培训业务量较大,本市城镇失业人员和农村转移劳动力培训工作已经实现城乡统筹,待遇基本相同,每年可享受一次免费职业培训;而外来农民工就业技能培训业务量相对较少,免费职业培训工种仅限于家政服务员、护理员(护工)、养老护理员。

《关于部分调整职业培训补贴政策有关问题的通知》有两部分调整内容。一是调整了培训补贴资金渠道:凡在本市参加过失业保险的,培训、鉴定补贴所需资金由失业保险基金负担;未参加过失业保险的,培训、鉴定补贴所需资金由就业专项资金负担。二是调整了培训补贴考核标准:对文件涉及享受职业培训补贴的人员,申请职业技能培训补贴的考核方式由原来的按班级考核调整为按人数考核。

本市城镇失业人员和农村转移就业劳动力,参加职业资格培训取得《北京市职业技能培训结业证》的,按照培训补贴标准的60%给予补贴,实现就业的,再按照培训补贴标准的10%给予补贴;取得《国家职业资格证书》或《特种设备作业证》的,按照培训补贴标准的90%给予补贴,实现就业的,再按照培训补贴标准的10%给予补贴;参加非等级培训取得《北京市职业技能培训结业证书》的,按照培训补贴标准的90%给予补贴,实现就业的,再按照培训补贴标准的10%给予补贴。

外省市来京务工人员参加职业资格培训,取得《国家职业资格证书》的,按照培训补贴标准给予全额补贴;取得《北京市职业技能培训结业证书》的,按照培训补贴标准的60%给予补贴;参加岗前培训取得《北京市职业技能培训结业证书》的,按照培训补贴标准给予全额补贴。

二、业务流程及操作注意事项

(一)业务操作流程

1. 业务流程图

失业人员参加职业培训的流程如图4-20所示。

2. 具体操作

(1)培训机构的选择。北京市目前实行社会培训机构办学许可证制度,人力资源和社会保障行政管理部门对举办职业资格培训的民办职业技能培训学校的条件、权限、设立、变更、延续、终止、教学组织与管理等进行管理。

(2)报名。北京市城镇失业人员凭身份证和《北京市就业失业登记证》,北京市农村转移就业劳动力凭身份证和《北京市农村劳动力转移就业证》,到定点培训机构报名,或在户口所在地街道社会保障事务所以集体形式报名,填写《失业人员免费培训报名表》。

(3)进行简单职业指导。若以集体形式报名,街道社会保障事务所工作人员组织实施职业指导培训后,将取得《北京市就业失业登记证》或《北京市农村劳动力转移就业证》的人

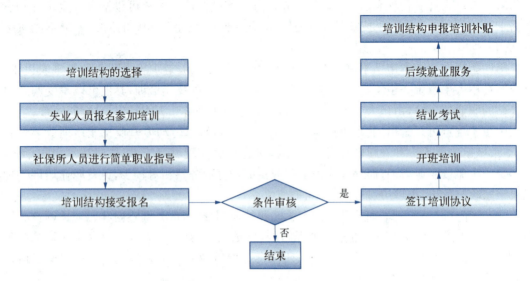

图 4-20　失业人员参加职业培训业务流程图

员基础信息、职业指导等信息录入"人力资源市场信息职业指导子系统"(以下简称"职业指导子系统")。

(4) 培训机构接受报名。培训机构接受本市农村转移就业劳动力培训报名时，应验明其有效证件，并将身份证和《北京市就业失业登记证》或《北京市农村劳动力转移就业证》等信息录入"人力资源市场职业技能培训子系统"(以下简称"培训子系统")进行核查，验明人员身份和参加培训的资格。对符合参加培训条件的，应留存参培人员身份证复印件，并与其签订《培训协议书》。

(5) 签订《培训协议书》。报名审核结束后，培训机构应与被培训对象签订《培训协议书》，以确定双方的权利与义务。

(6) 培训机构开班培训。培训机构工作人员应根据培训工种制订开课计划，区县人力资源和社会保障行政管理部门对其开课计划进行网上审核，并对其教学计划、到课率等进行监督检查。

(7) 结业考试。职业技能培训结束后，培训机构应对完成培训学业的学员进行考试。合格的颁发《北京市职业技能培训结业证书》(以下简称《结业证书》)；对符合参加职业技能鉴定条件的学员，培训机构应统一组织，按照职业技能鉴定要求参加鉴定。

职业技能培训考核、鉴定后，定点培训机构应及时将考核、鉴定成绩、《结业证书》《国家职业资格证书》《操作证》编号录入"培训子系统"。

(8) 后续就业服务。培训合格后，在后续服务和开业指导阶段应加强对学员的个性化指导，提高创业成功率。

(9) 培训机构申领职业培训补贴。培训机构申请补贴资金的申请与拨付程序如图 4-21 所示。

① 培训机构提出申请。培训机构按季度向区人力社保局提出职业技能培训、技能鉴定、创业培训补贴书面申请，同时使用"培训子系统"进行网上申请。

培训机构申请本市失业人员、农村转移就业劳动力职业技能培训、技能鉴定补贴的，应

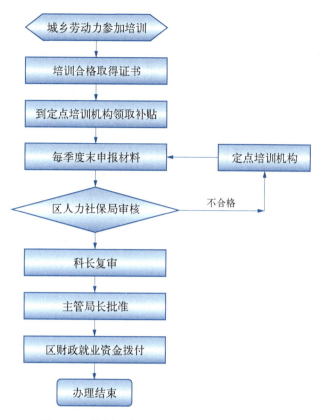

图 4-21　培训机构申领补贴资金经费审批流程

向区人力社保局提交下列材料：
- 职业培训补贴申请；
- 北京市职业培训补贴申请表；
- 北京市职业技能培训、鉴定（考核）花名册；
- 就业证明；
- 培训机构在银行开立的基本账户凭证复印件；
- 承诺报告。

② 受理。区人力社保局业务主管部门受理人员（业务部门工作人员），按照政策文件规定，对培训机构上报的职业培训补贴申请材料的完整性、规范性、有效性进行审查，并对培训机构网上上报材料进行审查。符合条件的，当即受理；材料不齐全或不符合申请培训补贴条件的，不予受理，退回申请材料，并说明不予受理的理由及申请材料补充时限，材料补充时限一般不超过 3 个工作日，一次性告之申请单位。申请单位未能在规定时限内完成材料补充上报的，取消本次申请资格。

③ 审核。审核分为业务部门工作人员进行初审和复审、业务部门负责人进行审核、局领导进行审批。区县人力社保局对培训机构提交的书面材料进行审核。区县人力社保局工作人员审核时应重点审核培训机构培训的合格率和就业率。

④ 公示。对拟批复职业培训补贴的培训机构、培训职业（工种）、参加培训人员名单、补贴

资金等情况在区人力社保局网站上进行公示,公示期为7天。公示结束后,对无异议的培训机构下达批复;对公示期提出异议的,终止此次申请,查明情况,退回申请材料,并告之申请单位。

⑤ 批复。申请本市城镇失业人员、农村转移就业劳动力职业培训补贴的,经公示无异议后,下达批复并抄送区社保中心,由社保中心将补贴资金拨付到培训机构,同时,区人力社保局在网上进行审批。培训机构申请外来农民工职业培训补贴经公示无异议的,区人力社保局向区财政局申请补贴资金,区财政局复核同意后,区人力社保局下达批复及在网上进行审批,区财政局将补贴资金拨付到定点培训机构;区财政局复核不同意的,应与区人力社保局沟通情况并说明理由,区人力社保局将申请材料退回申请单位并告之理由。

(二)业务办理过程中的注意事项

(1) 街道社会保障事务所工作人员或培训机构工作人员,接受失业人员参加培训报告材料时,一定要审核材料的规范性和完整性。

(2) 要求工作人员对职业培训政策有着很好的理解与应用能力,并会熟练使用和操作"培训子系统"。

(3) 区人力社保局工作人员,应本着认真负责和实事求是的态度,对培训机构的审核补贴材料的规范性、完整性和真实性进行审核。

(4) 培训机构应将申请职业技能培训补贴、技能鉴定补贴和创业培训补贴的全部材料,按照申请经费的批次进行存档。

政策链接

《北京市职业技能提升行动实施方案(2019—2021年)》提出,加强重点群体就业创业培训。

一是实施重点群体就业创业免费培训计划。面向失业人员、农村转移就业劳动力(含低收入农户)、城乡未继续升学初高中毕业生、转岗职工、本市高校毕业生、退役军人、残疾人持续实施劳动预备培训、就业技能培训、职业技能提升培训等免费培训。围绕冬奥会和冬残奥会筹办、北京城市副中心建设等重点工作或重大项目,持续开展农村劳动力转移就业培训。加强创业培训公共服务,创新创业培训模式,强化创业培训项目开发,以本市高校毕业生为重点,对符合条件且有创业愿望的重点群体开展免费创业培训。

二是实施就业困难人员培训补助计划。加大就业困难人员帮扶力度,对吸纳就业困难人员就业并开展以工代训的,按照每人每月500元的标准,给予企业不超过6个月的职业培训补贴。对就业困难人员和农村劳动力给予培训期间的生活费补贴。

三是实施家政服务提质扩容专项培训计划。对家政服务人员开展岗前培训,每人每年培训时间不低于80课时的,按每人2000元的标准给予企业补贴;开展"回炉"培训,且每人每年培训时间不低于40课时的,按每人500元的标准给予企业补贴,其中,对于开展"回炉"培训的员工制家政企业,按每人1000元的标准给予企业补贴。

四是实施农民职业素质提升计划。对于观光休闲、乡村旅游、林下经济、农村电商等新业态,重点围绕提升农民职业素质、生产技能和经营管理能力等方面建立培训目录,以政府购买服务的方式为主组织实施农民免费培训,加快构建一支有文化、懂技术、善经营、会管理的高素质农民队伍。

业务示例 4-12

失业人员参加培训报名表

姓　名		性　别		身份证号	
文化程度		所属街道			
参加工作时间		原工作单位			
联系电话		求职证号码			
人员类别		□就业转失业人员　　□其他城镇登记失业人员			
家庭住址					
培训工种：	（请在选择培训工种前打"√"）				
1. 低压电工取证　　　　2. 电气焊工取证　　　　3. 中式烹调师 4. 中式面点师　　　　　5. 家政服务员　　　　　6. 保健按摩师 7. 计算机仓库保管员　　8. 商品营业员　　　　　9. 电梯司机 10. 插花员　　　　　　 11. 美容师　　　　　　 12. 美发师 13. 汽车驾驶员　　　　 14. 汽车维修工　　　　 15. 餐厅服务员 16. 客房服务员　　　　 17. 管工					
实培学校（培训机构统一填写）					
本人签字：			报名时间：　　年　月　日		

业务示例 4-13

北京市职业培训补贴申请表
（人员类型：　　　　　　）

申请单位（盖章）：　　　　　　　　　　　　　　　　　　　　　　　　单位：人、万元

	培　训　补　贴					鉴　定　补　贴			补贴资金合计
	培训人数	合格人数	就业人数	成功创办企业人数	补贴资金	参加鉴定人数	鉴定合格人数	补贴资金	
合　计									
职业技能培训									
创业培训						—	—	—	

单位负责人（签字）：　　　　　　　经办人：　　　　　　　填报时间：　　年　月　日

业务示例 4-14

北京市职业技能培训、鉴定(考核)花名册

(人员类型：   )

培训机构(盖章)：   班级编号：

序号	姓名	性别	身份证号	求职证或转移就业证号	结业证书编号	职业资格证书或特种设备作业证编号

鉴定机构(盖章)：   证书核发部门(签章)：
经办人：   经办人：
日期：   年   月   日   证书核发日期：   年   月   日

子任务 4-3　企业职工技能提升培训

【任务导入】

● 任务 4-22

【工作场景】

北京纵恒集团具有二十多年的发展历史，是一家经营餐饮、房地产、医疗器械、有色金属进出口贸易的大型综合性集团，最近人力资源部门在招聘专业人员时发现求职者大部分都具有所从事行业的职业资格证书，各个业务部门也十分重视入职人员是否具有从业资格证书。而本企业目前在职人员具有相应的职业资格证书的人数较少，工龄比较长的一线员工专业技能急需提升。一些业务部门反映，在一些项目招投标及施工中，对于技术人员的业务能力考核的要求十分高，但目前缺乏标准。面对这种情况，集团总部的培训经理刘伟正在积极寻求解决的办法。

【具体任务】

1. 如果培训经理刘伟决定进行一次职业培训，请说明此次培训的培训类型和培训对象。

2. 请你为此次培训制订一份职工培训需求调查表。

一、业务基础

(一) 相关政策规定

《就业促进法》第四十七条规定:"县级以上地方人民政府和有关部门根据市场需求和产业发展方向,鼓励、指导企业加强职业教育和培训。职业院校、职业技能培训机构与企业应当密切联系,实行产教结合,为经济建设服务,培养实用人才和熟练劳动者。企业应当按照国家有关规定提取职工教育经费,对劳动者进行职业技能培训和继续教育培训。"

《劳动法》第六十八条规定:"用人单位应当建立职业培训制度,按照国家规定提取和使用职业培训经费,根据本单位实际,有计划地对劳动者进行职业培训。"

《企业职工培训规定》第九条规定:"企业应将职工培训列入本单位的中长期计划和年度计划,保证培训经费和其他培训条件。"第二十一条第1款规定:"职工培训经费按照职工工资总额的1.5%计取,企业自有资金可有适当部分用于职工培训。"

(二) 业务功能描述

企业职工技能提升培训,是指对企业在职职工进行的以提升岗位工作能力、新产品和新技术开发能力以及生产技能水平为主要目的的职业技能培训和继续教育(见表4-3)。

表4-3 企业职工技能提升培训概况

类型	任务	子类型	对象	形式	时间
企业职工技能提升培训	对企业在职职工进行的以提升岗位工作能力、新产品和新技术开发能力以及生产技能水平为主要目的的职业技能培训和继续教育	根据培训内容,职工培训可分为职业资格培训、岗位培训、岗位练兵、转岗转业培训、学徒培训等	企业管理人员、企业工程技术人员、企业一线生产操作技术工人	1. 根据承担培训任务的机构,可分为三种方式:一是由企业举办的职工培训机构承担;二是企业与企业外各类教育培训机构共同承担,教育培训机构承担文化理论教育,企业承担实际技能训练;三是由企业有偿委托企业外职业培训机构承担。 2. 根据培训与工作的关系,可分为脱产、半脱产和不脱产培训	根据参加教育培训的类型和层次不同,时间也不相同

(三) 北京市企业职工技能提升培训的政策

自2017年1月1日起,依法参加失业保险三年以上、取得技能人员职业资格证书或职业技能等级证书的企业职工,可申请参保职工技能提升补贴(以下简称技能提升补贴)。

企业职工申请技能提升补贴应同时符合以下条件:

(1) 取得技能人员职业资格证书或职业技能等级证书、申请技能提升补贴时,属于企业职工的;

(2) 在本市依法参加失业保险并累计缴纳失业保险费36个月(含36个月)以上的;

(3) 自2017年1月1日起取得初级(五级)、中级(四级)、高级(三级)技能人员职业资格证书或职业技能等级证书的。

技能提升补贴标准按照取得证书的等级分为三档：

(1) 取得初级(五级)职业资格证书或职业技能等级证书的,补贴标准为1 000元;

(2) 取得中级(四级)职业资格证书或职业技能等级证书的,补贴标准为1 500元;

(3) 取得高级(三级)职业资格证书或职业技能等级证书的,补贴标准为2 000元。

2019年1月1日以后取得初级工、中级工、高级工、技师、高级技师等国家职业资格证书或职业技能等级证书,且在本市缴纳失业保险1年以上的企业职工,分别按照1 000元、1 500元、2 000元、2 500元和3 000元的标准给予个人技能提升补贴。

同一职业(工种)同一等级只能申请并享受一次技能提升补贴。

技能提升补贴标准将根据本市失业保险基金运行情况、职业技能培训、鉴定收费标准等因素,适时调整。

符合申请条件的企业职工可在职业资格证书或职业技能等级证书核发之日起12个月内,到本人户籍地或居住地街道(乡镇)社保所申请技能提升补贴。

街道(乡镇)社保所在核实申请人的基本信息后,将申请人的相关信息录入系统,上报区失业保险经办机构。区失业保险经办机构对材料进行初审后按月上报市失业保险经办机构。

市失业保险经办机构通过联网查询、与社保系统参保信息比对等方式按月进行审核,并于次月5日前将拟享受技能提升补贴的职工名单等相关信息在北京市人力资源社会保障局官网上公示一周。公示无异议的,市社会保险经办机构将补贴资金直接拨付至申请职工个人的银行账户中。

政策链接

《北京市职业技能提升行动实施方案(2019—2021年)》提出,大力开展企业职工职业技能提升培训。

1. 加大企业职工岗前培训力度。推行企业新录用人员先招用、再培训、后上岗的岗前培训制度,开展适应岗位需求和发展需要的技能培训。一是对于企业新招用人员,在员工入职12个月内,培训时间不低于40课时的,按每人500元的标准给予企业补贴。二是实施"招工即招生、入企即入校、企校双师联合培养"的新型学徒培养计划,深化"共建专业、共育人才、共建基地"的培养机制。对于实施1—3年培养计划的新型学徒,根据产业急需程度、职业类型、培养等级以及实施效果,按照每人每年5 000—8 000元的标准给予企业补贴。三是实施高危行业企业从业人员安全技能提升行动计划,2019年1月1日以后取得特种作业操作证和特种设备作业人员证,且在本市缴纳失业保险1年以上的企业职工,按照每人1 000元的标准给予个人补贴。

2. 加强企业职工岗位技能提升培训。鼓励企业开展在岗培训、脱产培训、在线学习等职业技能培训,支持企业举办各类职业技能竞赛,提高从业人员的素质和服务水平。实施3项岗位技能素质提升培训计划:一是实施岗位培训提升计划,对于2019年1月1日以后取得初级工、中级工、高级工、技师、高级技师等国家职业资格证书或职业技能等级证书,且在本市缴纳失业保险1年以上的企业职工,分别按照1 000元、1 500元、2 000元、2 500元和3 000元的标准给予个人技能提升补贴。其中,经认定的困难企业开展国家职业资格培训或职业技能等级培训的,再按照上述标准的50%给予企业补贴;困难企业开展企业职工非等级技能培训且培训时间不少于20课时的,按照每人500元的标准给予企业补贴。二是实施高技能人才培养计划,支持企业组织高技能人才参加技术革新、工艺改造等研修培训项目,按照每人5 000元的标准,每年给予每家列入研修培训项目的企业不超过30万元的研修补助。三是实施技能大师工作室创新培训计划,支持企业建立技能大师工作室,承担技艺传承培训、技术技能革新、技能推广交流等项目,每年给予每个申报通过的项目不超过30万元的资助。

二、业务流程及操作注意事项

这里主要介绍由企业举办的职业培训这种形式,即企业培训模式,由企业根据实际需要制定培训计划,由企业组织培训。

(一) 业务流程

1. 业务流程图

企业职工技能提升培训的业务流程如图4-22所示。

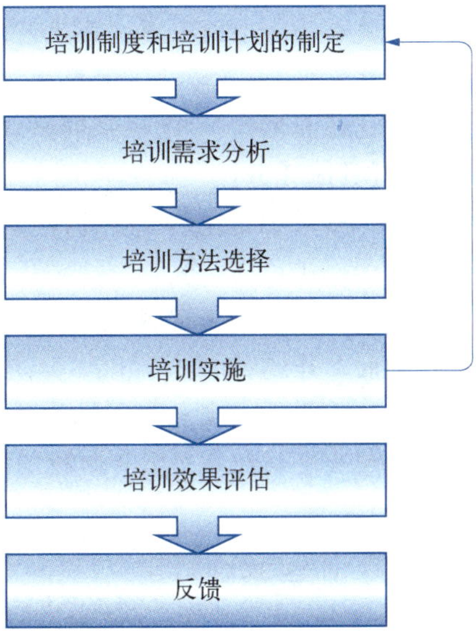

2. 具体操作

(1) 培训制度和培训计划的制定。企业职工提出培训申请或由企业集体组织培训,相关部门批准后,签订培训协议,约定企业和职工之间的责任和义务;同时,企业制订相应的培训考核制度和培训激励制度。根据培训需求制定培训计划,职工培训要立足企业实际需要,结合企业发展战略和生产经营的总体布局对各级各类劳动者的需求,摸清企业自有培训资源和周边社区教育培训资源的实际状况,制定科学合理的培训计划。

(2) 培训需求分析。从企业的经营管理角度进行培训需求分析,同时,结合职工个人的职业生涯规划,确定每一位职工在哪方面需要进行培训。

图4-22 企业职工技能提升培训业务流程图

(3) 培训方法的选择。可以选择以下培训方法:

① 在企业内举办短期培训班;开展技术比武与技能竞赛、组织技能月等活动,为高技能人才选拔和展示技能成果搭建舞台。

② 以师带徒。通过师徒"结对子"或"拜师学艺"等形式,在工作中安排中级技术工与高技能人员、技术专家或技术带头人组成工作组,形成技术上的传、帮、带。

③ 课题攻关。在应用新技术、新设备、新材料、新工艺的生产和科技攻关过程中,将其中的某些难点问题确定为课题,并形成若干攻关研究组,通过攻关研究,培养高技能人才。

④ 外送研修。一是参加政府部门举办的有关培训项目;二是参加行业协会、学会等社会团体举办的培训项目;三是到院校进行专题研修。

(4) 培训实施。这包括培训课程的设置、培训教材的选择和设计、培训教师的确定等。

(5) 培训效果评估。通过一系列的信息、资料、数据对培训效果进行定性和定量评价,包括对培训的认知成果、技能成果、情感成果、绩效成果及投资回报率进行评估。

（6）反馈。对培训效果评估的结果进行总结，并反馈给培训对象，为下次培训提供依据，使培训工作质量呈螺旋式上升。

子任务 4-4　创 业 培 训

【任务导入】

● 任务 4-23

【工作场景】

老李原是一家玻璃厂的职工，最近单位因为效益不景气而倒闭，老李失业了。以前总是听人说，给别人打工不如给自己打工，老李萌生了自己干的想法。经过了解，老李对微水洗车的一个创业项目产生了浓厚的兴趣，可是自己以前从没创过业，没有经验。一次偶然的机会，老李从老同事那儿听说，像他这样的人可以参加一次免费的创业培训课程。这还真不错，于是他来到户口所在地的街道社会保障事务所进行咨询。

【具体任务】

1. 如果你是街道社会保障事务所的工作人员，请告诉老李需要满足什么条件才能报名参加创业培训。

2. 如果你是街道社会保障事务所的工作人员，请列出你为老李报名参加创业培训需要做的工作流程。

3. 如果你是定点培训机构的工作人员，创业培训结束后，请列出向区县人力社保局申请创业培训经费所需要的材料清单。

一、业务基础

（一）相关政策规定

创业培训是提高劳动者创业能力的重要途径，是推动大众创业、万众创新的重要手段，在经济新常态下加强创业培训工作具有重要意义。

《就业促进法》第四十四条规定："国家依法发展职业教育，鼓励开展职业培训，促进劳动者提高职业技能，增强就业能力和创业能力。"

第五十条规定："地方各级人民政府采取有效措施，组织和引导进城就业的农村劳动者参加技能培训，鼓励各类培训机构为进城就业的农村劳动者提供技能培训，增强其就业能力和创业能力。"

（二）业务功能描述

创业培训是对具有创办小企业意向的人员和小企业经营管理者进行企业创办能力、市场经营素质等方面的培训，并对他们在企业开办、经营过程中给予一定的政策指导，使小企业创办者在成功地创办企业、解决自身就业问题的同时，创造和增加社会就业岗位，帮助更多的人实现就业或再就业（见表4-4）。

表 4-4　创业培训概况

类　型	任　务	对　象	形　式
创业培训	对有创业愿望和具备一定创业条件的人员开展的创业必备知识和能力的培训	城乡各类创业者,包括失业人员、农民工、青年学生、残疾人、刑满释放人员等	采取课堂培训与模拟演练相结合、教师讲授与创业者现身说法以及创业案例分析相结合的方式进行培训

☺ **你知道么?**

什么是"SIYB"?

SIYB(Start & Improve Your Business,创办和改善你的企业)项目培训模式是国际劳工组织针对培养微(小)型企业创办者的需要而专门开发的一个培训项目,在世界80多个国家推广。

SIYB培训采取小班制教学,注重教师和学员间的互动交流,采用知识培训、案例分析、角色扮演、自由讨论等多种形式,教学内容丰富,课堂气氛活跃,培训效果明显。采用的培训教材为原劳动保障部组织修订的中国版《创办你的企业》教材,分创业意识册、创业计划册和创业计划书三本。其包含四个模块:产生你的企业想法(Generate Your Business Idea,GYB)、创办你的企业(Start Your Business,SYB)、改善你的企业(Improve Your Business,IYB)和扩大你的企业(Expand Your Business,EYB)。

这套培训体系专门培养潜在的和现有的小企业者,使他们有能力创办切实可行的企业,提高现有企业的生命力和盈利能力,并在此过程中为他人创造就业机会。

(三) 北京市关于创业培训的相关政策规定

2009年,北京市人力资源和社会保障局发布了《关于印发〈北京市创业培训工作实施细则〉的通知》(京人社办发〔2009〕61号)。《通知》对创业培训机构、创业培训技术标准、创业培训教师资格认定及管理、创业培训机构的管理、创业培训档案管理等方面进行了详细规定。

2012年,北京市人力资源和社会保障局发布了《关于开展创业培训工作有关问题的通知》(京人社能发〔2012〕34号),扩大创业培训补贴范围,将本市创业培训补贴对象由本市城镇登记失业人员和农村转移就业劳动力,扩大到本市户籍应届及毕业2年内未就业的高校毕业生和复员转业军人。创业培训补贴由创业培训定点机构按属地向区县人力社保局申请,区县人力社保局按照有关规定和程序审核、拨付。

2012年,北京市人力资源和社会保障局发布了《关于印发〈北京市创业培训教学管理实施办法〉的通知》(京人社服发〔2012〕98号),规定本市创业培训实行培训方案认证制度。培训机构应根据不同创业群体的需求,以"实用、适用、够用"的培训理念,于每年12月10日前,向市劳服管理中心上报次年培训方案,培训方案经市劳服管理中心组织专家进行认证后方可实施;同时,对于师资认定及管理、培训机构的管理、教学组织实施及培训档案管理进行了更为详细的规定。

2016年,北京市人力资源和社会保障局发布了《关于进一步推进创业培训有关工作的通知》(京人社能发〔2016〕150号),提出:

一是搭建优质创业培训平台。从2016年10月1日起,创业定点培训机构由区人力社保局认定。各区要按照"条件公开、合理布局、平等竞争、动态管理"的原则,面向区域内高等院校、中等职业学校和职业技能培训机构,择优认定承担创业培训的定点机构。

二是创新创业培训模式。鼓励和支持有条件的创业定点培训机构充分利用互联网、信息化实训平台等载体,试点推广"慕课""微课"等"互联网+"创业培训新模式。

三是建立绩效评估制度。从2016年10月1日起,创业培训补贴方式由原来的按班级考核调整为按人考核。参加创业培训取得《北京市创业培训合格证书》的人员,按照补贴标准的40%给予补贴;创业成功的,再按照补贴标准的60%给予补贴;创业不成功的,不予补贴。

> **政策链接**
>
> 北京市创业培训补贴标准:
>
> 《北京市职业培训补贴资金管理办法(试行)》第二十一条规定,创业培训补贴根据每个班级的实际培训人数,按照2 400元/人的标准分两个阶段进行申请和补助。培训合格率达到80%的,按补贴标准的40%给予补助;培训合格率未达到80%的,按补贴标准的20%给予补助。培训后一年内,经后续跟踪和开业指导,创业成功率达到30%的,按补贴标准的60%给予补助;创业成功率不足30%的,按补贴标准的20%给予补助。

二、业务流程及注意事项

(一)业务流程图

本业务流程同职业技能培训流程图(见图4-20)。

(二)具体操作

(1)培训机构的选择。北京市目前实行社会培训机构办学许可证制度,人力资源和社会保障行政管理部门对举办职业资格培训的民办职业技能培训学校的条件、权限、设立、变更、延续、终止、教学组织与管理等进行管理。

(2)报名。北京市城镇失业人员凭身份证和《北京市就业失业登记证》,北京市农村转移就业劳动力凭身份证和《北京市农村劳动力转移就业证》,到定点培训机构报名,或在户口所在地街道社会保障事务所以集体形式报名,填写《失业人员免费培训报名表》。

(3)进行简单职业指导。若以集体形式报名,街道社会保障事务所工作人员组织实施职业指导培训后,将取得《北京市就业失业登记证》或《北京市农村劳动力转移就业证》的人员基础信息、职业指导等信息录入"劳动力市场信息职业指导子系统"(以下简称"职业指导子系统")。

(4)培训机构接受报名。培训机构接受本市农村转移就业劳动力培训报名时,应验明其有效证件,并将身份证和《北京市就业失业登记证》或《北京市农村劳动力转移就业证》等信息录入"劳动力市场职业技能培训子系统"(以下简称"培训子系统")进行核查,验明人员身份和参加培训的资格。对符合参加培训条件的,应留存参培人员身份证复印件,并与其签订《培训协议书》。

(5) 签订《培训协议书》。报名审核结束后,培训机构应与被培训对象签订《培训协议书》,以确定双方的权利与义务。

(6) 培训机构开班培训。培训机构工作人员应根据培训工种制订开课计划,区县人力资源和社会保障行政管理部门对其开课计划进行网上审核,并对其教学计划、到课率等进行监督检查。

(7) 结业考试。创业培训结束后,定点培训机构应指导学员独立完成创业计划书的设计,统一组织学员参加创业计划书的评审,评审合格的颁发《创业培训合格证书》。创业培训考核后,将考核合格人员的《创业培训合格证书》编号录入"培训子系统"。

(8) 后续就业服务。培训合格后,由培训机构或相关就业服务部门推荐就业,并进行跟踪服务。

(9) 培训机构申领职业培训补贴。培训机构职业培训补贴资金的申请与拨付程序与就业技能培训补贴相同。

应该注意的不同之处是,培训机构申请创业培训补贴的,依申请需要,应向区人力社保局提交下列材料:

① 职业培训补贴申请;
② 北京市创业培训花名册;
③ 北京市创业培训开业情况表;
④ 营业执照复印件;
⑤ 培训机构在银行开立的基本账户凭证复印件;
⑥ 承诺报告。

【知识巩固】

1. 根据培训对象和培训内容的不同,职业培训的类型有哪些?
2. 我国的职业分类结构是什么?
3. 我国的国家职业资格证书等级体系和技能要求是什么?
4. 什么是就业准入制?
5. 什么是职业培训补贴?

政策链接

2019年,北京市推出了一次性创业补贴政策。

1. 一次性创业补贴的补贴对象有哪些?

答:本市一次性创业补贴对象为以下人员在本市首次创办的企业或个体工商户(以下简称创业组织)。

(1) 本市户籍下列人员:

① 毕业年度及毕业两年以内的高校毕业生。这是指在毕业年度及毕业两年以内创业的普通高等学校、技师学院高级工班、预备技师班和特殊教育院校职业教育类毕业生。
② 登记失业人员。这是指在公共就业服务部门办理了失业登记的人员。
③ 退役士兵。这是指在批准退出现役一年内创业的退役士兵。

④ 社会公益性就业组织"托底"安置人员。这是指与本市社会公益性就业组织建立劳动关系且享受公益性岗位补贴的人员。

⑤ 报告企业分流职工。这是指按照国家及本市有关规定实施化解过剩产能、疏解搬迁以及其他全市重大调整改革项目,并在人力社保部门备案的企业中需分流的职工。

⑥ 农村劳动力。这是指具有农业户籍的劳动力。

(2) 入乡创业人员。这是指在本市乡镇地区登记注册创业组织并带动本市户籍劳动力就业的创业人员(含非京籍)。

2. 一次性创业补贴的补贴条件是什么？

答：创业人员及其创办的创业组织同时符合以下条件的,可申请一次性创业补贴。

(1) 自本通知印发之日起,创业人员在本市首次创办创业组织,并担任法定代表人或主要负责人。

(2) 创业人员在所创办的创业组织缴纳社会保险费且累计满6个月,其中入乡创业人员所创办的创业组织需招用本市户籍劳动力达到3名,并为其缴纳社会保险费累计满6个月。

(3) 创业组织自登记注册之日起正常经营且依法纳税1年以上。

(4) 创业人员及所创办的创业组织信用良好,未被列入北京市公共信用信息服务平台"黑名单"。

(5) 符合条件的入乡创业人员创办的创业组织,正常经营6个月以上的,可先行申领补贴资金的50%。

3. 一次性创业补贴的补贴标准是多少？

答：对符合条件的创业组织,给予8 000元的一次性创业补贴。创业组织每招用1名本市户籍劳动力(入乡创业人员创办的创业组织在招用3名本市户籍劳动力的基础上每多招用1名),并为其缴纳社会保险费累计满6个月的,再给予1 000元的补贴。每个创业组织补贴总额不超过1万元。

> **政策链接**
>
> **高校毕业生就业创业可领四项补贴**
>
> 人力资源和社会保障部出台政策,高校毕业生就业创业可领取如下补贴：
>
> 一是职业培训补贴和职业技能鉴定补贴。对参加就业技能培训和创业培训的毕业年度高校毕业生,培训后取得职业资格证书的(或职业技能等级证书、专项职业能力证书、培训合格证书),给予一定标准的职业培训补贴。对通过初次职业技能鉴定并取得职业资格证书(不含培训合格证)的毕业年度高校毕业生,给予职业技能鉴定补贴。
>
> 二是社会保险补贴。对离校2年内未就业的高校毕业生灵活就业后缴纳的社会保险费,给予一定数额的社会保险补贴,补贴标准原则上不超过其实际缴费的三分之二,补贴期限最长不超过2年。灵活就业的高校毕业生,向当地人社部门提供基本身份类证明原件或复印件、灵活就业证明材料等。人社部门审核后,将补贴资金支付到申请者本人

的社会保障卡银行账户。

　　三是一次性创业补贴。有条件的地区,对首次创办小微企业或从事个体经营,且所创办企业或个体工商户自工商登记注册之日起正常运营1年以上的离校2年内高校毕业生,给予一次性创业补贴。补贴标准和申领流程由各省级人社、财政部门确定。符合条件的高校毕业生可以去当地人社部门申请。

　　四是一次性求职创业补贴。对毕业学年有就业创业意愿并积极求职创业的低保家庭、贫困残疾人家庭、原建档立卡贫困家庭和特困人员中的高校毕业生和中等职业学校(含技工院校)毕业生,残疾及获得国家助学贷款的高校毕业生和中等职业学校(含技工院校)毕业生,给予一次性求职创业补贴。

　　符合条件的毕业生所在学校申请求职创业补贴,向当地人社部门提供毕业生获得国家助学贷款(或享受低保、身有残疾、原建档立卡贫困家庭、贫困残疾人家庭、特困救助供养)证明材料、学籍证明复印件等。申请材料经毕业生所在学校初审和公示,报当地人社部门审核后,将补贴资金支付到毕业生本人的社会保障卡银行账户。

　　资料来源:中国教育报(2022.1.20)

业务示例 4-15

北京市创业培训花名册
(人员类型:　　　　　)

培训机构(盖章)　　　　　　　　　　　班级编号:

序号	姓名	性别	身份证号	就业创业证或转移就业证号	创业培训合格证书编号	营业执照号

　　　　　　　　　　　　　　　　　　北京市劳动服务管理中心(签章):
　　　　　　　　　　　　　　　　　　经办人:
　　　　　　　　　　　　　　　　　　审核日期:　　年　月　日

业务示例 4-16

北京市创业培训开业情况表
（人员类型：　　　　　　）

培训机构（盖章）　　　　　　　　　　　班级编号：

序号	姓名	性别	身份证号	就业创业证或转移就业证号	创业培训合格证书编号	营业执照号

经办人：　　　　　　　　　　　　　　北京市劳动服务管理中心（签章）：
　　　　　　　　　　　　　　　　　　审核日期：　　年　月　日

任务五　就业管理业务

【知识目标】
➢ 掌握就业的含义以及就业的类型；
➢ 理解就业的主要统计指标及存在的问题；
➢ 理解北京市个人就业登记制度和单位就业登记的含义和作用。

【能力目标】
➢ 能计算就业相关的统计指标并分析其指标含义；
➢ 能为就业人员提供办理个人就业登记手续政策咨询；
➢ 能为就业人员提供办理单位就业登记手续政策咨询。

子任务 5-1　认知就业的基本理论

【任务导入】

● 任务 4-24

针对下列几种情况：
1. 在规定时间内从事有报酬劳动的人；
2. 有职业但临时因疾病、休假、劳动争议等不工作的人或单位因各种原因临时停工的人；
3. 没拿报酬但工作时间超过正常工作时间的 1/3 的雇主和自营人员；
4. 从事公益劳动或家务劳动的人。
试判断哪种情形属于就业行为？

● 任务 4-25

如果从不同角度对就业人员进行观察,如一个家庭小时工,分别从就业地点、就业时间、就业单位和工作量和收入上看,属于什么类型的就业行为？

一、就业

(一) 就业的含义

就业是指劳动者通过一定的组织形式实现同生产资料的相结合,自愿从事合法社会劳动,并获得相应的劳动报酬或经营收入的经济活动。

在我国,"就业"一词是在改革开放后出现的。1981年,中共中央、国务院作出《关于广开门路、搞活经济,解决城镇就业问题的若干决定》,就业以及关于就业的研究才逐渐开始。

(二) 就业的特征

我们可以从以下四个方面理解就业的特征:

(1) 劳动者必须在本国规定的年龄阶段内就业。国际劳工组织对年龄没有作明确限制,各国家根据本国国情,可对年龄作出不同的规定,我国规定劳动年龄的下限为16周岁,将法定退休年龄作为上限。

(2) 劳动者必须愿意而且有能力完成一定的社会经济工作。

(3) 劳动者必须以获得经营收入或工资报酬为直接目的。

(4) 劳动者所从事的必须是合法的经济活动。尽管每个国家都存在数量相当的非法或违法工作行为,且有着一定的经营收入或工资报酬,但是作为官方统计,必须是合法劳动才可以视为就业行为。

在实际操作中把握就业的概念,还须对法定劳动年龄的界限、从事社会劳动的时间长度和劳动报酬或经营收入标准作出具体规定。凡在劳动年龄之内,具有下列情况之一的都算就业:① 在规定时间内从事有报酬的劳动;② 有职业而临时由于疾病、事故、劳动争议、度假、矿工或气候不良、设备损坏临时停工等原因而没有工作;③ 当雇主和自己营业,包括协助家庭经营企业或工厂,从事正常工作时间的1/3以上,没拿报酬。下述情况不属于就业范畴:① 童工;② 不以获得收入或盈利为目的的公益劳动、家务劳动等。

二、就业的分类

(一) 按照传统标准进行分类

依据传统标准,可以对就业的类型进行不同的划分。

(1) 按城乡划分的就业类型。就业按城乡划分,可分为城镇就业和乡村就业。

(2) 按三次产业划分的就业类型。就业按产业划分,可分为第一产业就业、第二产业就业和第三产业就业。

(3) 按行业划分的就业类型。就业按国民经济行业划分,可分为:农、林、牧、渔业;采掘业;制造业;电力、煤气及水的生产和供应业;建筑业;地质普查业;水利管理业;交通运输、仓储业及邮电通信业;批发和零售贸易、餐饮业;金融、保险业;房地产;社会服务业;卫生、体育和社会福利业;教育、文化艺术和广播电影电视业;科学研究和综合技术服务业;国家机关、政党机关和社会团体;其他行业等。

(4) 按经济类型划分的就业类型。就业按经济类型划分,可分为在国有经济单位就业、在城镇集体经济单位就业、在其他经济单位就业、在乡镇企业就业、从事私营经济和个体劳动、在合资企业就业等形式。

(二)就业的新类型

1. 非正规就业(或称非正规部门就业)

此概念于20世纪70年代初由国际劳工组织正式提出。非正规部门就业主要是指规模很小的从事商品生产、流通和服务的单位。这主要包括微型企业、家庭的生产服务单位及独立的个体劳动者。国际劳工组织将非正规部门就业定义为:"发展中国家城市地区那些低收入、低报酬、无组织、无结构的很小的生产规划的生产或服务单位"。在非正规部门就业的劳动者则称为非正规就业(也称为分散性就业)。从这个定义可以看出,我国城乡大量存在的私营和个体劳动者都属于非正规就业。而且随着经济的进一步搞活,非正规就业人员还会大量增加,并成为中国就业大军中的重要组成部分。

2. 灵活就业

灵活就业是指在劳动时间、收入报酬、工作场地、保险福利、劳动关系等方面不同于传统主流就业方式的各种就业形式的总称。大致可以分为三大类型:第一类是在劳动标准方面(包括劳动条件、工时、工资、保险以及福利待遇等),生产的组织和管理方面以及劳动关系协调运作方面达不到现代化大企业标准的用工和就业形式。这主要是指小型企业、家庭作坊式的就业,如临时工、季节工、承包工、劳务工、小时工、派遣工等。第二类是由于科技和新兴产业的发展,现代企业组织管理和经营方式的变革引起就业方式的变革而产生的灵活就业,如目前发达国家广泛流行的非全日制就业、阶段性就业、远程就业、兼职就业等。第三类是独立于单位就业之外的就业形式,包括:① 自雇型就业,主要是个体经营和合伙经营者;② 自主就业即自由职业者,如律师、作家、自由撰稿人、翻译工作者、中介服务工作者、电商行业从业人员等;③ 独立服务型就业,如家政钟点工、街头小贩和其他类型的打零工者。目前,我国城镇已广泛存在着灵活就业现象。

3. 充分就业与不充分就业

(1) 充分就业。充分就业这一概念始于英国经济学家凯恩斯的代表作《就业、利息和货币通论》一书。凯恩斯认为,充分就业是"在某一工资水平下,所有愿意接受这种工资的人都能得到工作"。这时不存在非自愿失业。迄今为止,理论界对充分就业概念的解释大致分为两种:① 充分就业是指劳动力和生产设备都达到充分利用的状态。② 充分就业并不是失业率等于零,而是总失业率等于自然失业率。除此之外,有人还用定量分析的方法对充分就业与否进行界定。20世纪80年代以来,有的经济学家提出只要失业率不超过6%即为充分就业。充分就业包括就业数量和就业质量两个方面的含义。

(2) 不充分就业。不充分就业指有就业愿望和能力的劳动午龄段男子和妇女不能充分得到有报酬的、自由选择的、生产性就业的就业水平。不充分就业也包括数量和质量两个方面。不充分就业不同于失业,是指劳动力利用不饱满,而不是完全失去工作岗位。不充分就业是劳动力资源利用不充分的表现,可以看作隐性失业。

我国在1995年就确定了不充分就业的统计定义。不充分就业是指非个人原因,在调查周内工作时间不到标准工作时间的一半(20小时),并愿意从事更多工作的人员。在实际操作中,判断不充分就业人员的标准有三条:一是调查周内工作时间不到标准时间的一半,即不到20小时;二是工作时间短出于非个人原因;三是愿意从事更多的工作。这三条必须同时具备才能统计为不充分就业人员。目前,国内外也有学者认为只要愿意从事更多的工作,这种就业应视为不充分就业人员,但此定义涉及面太宽,需要慎重。

4. 阶段性就业

这是指在劳动者的职业生涯中,自愿退出社会劳动一个阶段后,再参加社会劳动的一种就业形式。它是与终生就业相对应的。我国目前存在的在职人员脱产上学实际上就是阶段性就业的一种形式。近年来,一些专家学者提出,妇女在生育期和幼儿成长期,可以在家承担哺育子女的职责而暂时退出社会劳动,待子女上幼儿园或上学后再去社会上就业,这也是阶段性就业的重要形式之一。

非正规就业、灵活就业、不充分就业、阶段性就业是相互交叉的,它们是从不同的角度对就业人员所进行的观察。如一个家庭小时工,从就业地点上看可能是灵活就业人员;从就业时间上看可能是阶段性就业人员;从就业单位上看可能是非正规就业人员;从工作量和收入上看又可能是不充分就业人员。在统计分析中我们可以根据不同需要对就业人员进行不同角度的分析,从而使劳动力分析更具广度和深度。

子任务 5-2　就业相关统计指标

【任务导入】

> ● **任务 4-26**
>
> 　　据相关数据统计,某地区某年的失业率为 9.2%,该失业率是否说明其就业率为 90.8%?为什么?

> ● **任务 4-27**
>
> 　　据报道,某年我国全年城镇新增就业 1 186 万人,明显高于 900 万人以上的预期目标,完成全年目标的 131.8%。
> 　　1. 具体解释该指标的含义。
> 　　2. 查找近五年该数据的情况,并分析其趋势。

一、就业相关统计指标

(一) 就业(从业)人员

就业人员是指在劳动年龄内,有劳动能力,参加社会经济活动取得劳动报酬或经营收入的人口。就业人员是分析国家或企业在经济活动中劳动投入的重要指标。

目前,我国就业人口及其分类数据,均由国家统计局通过每年一次 1‰ 的人口变动调查推算得出,并根据每 5 年一次的 1% 的人口抽样和每 10 年一次的人口普查,对有关指标进行调整;单位就业人员由国家统计局基层统计报表汇总得出,个体、私营企业就业人员由国家市场监督管理总局行政记录汇总得出。

(二) 就业率

就业率是指就业人数占劳动适龄人口的比例。西方国家常用就业率这一指标,如欧盟计划在 2023 年前使就业率达到 70%。请注意,就业率并非与失业率相对应的指标。

$$就业率＝(就业人数/劳动适龄人口)\times 100\%$$

(三) 城镇净增和新增就业人数

城镇净增就业人数是反映报告期就业工作最终结果的指标,指报告期末城镇就业人数与期初城镇就业人数之差。城镇新增就业人数是检查各地就业和再就业工作计划完成情况的指标,为报告期内城镇累计新就业人数减去自然减员人数之值。城镇累计新就业人数是反映报告期就业工作过程的指标,是指报告期内城镇各类单位、私营个体经济组织、社区公益性岗位累计新就业的人数,以及通过各种灵活就业形式新就业的人数总和。自然减员人数是指报告期内按照国家政策规定办理正式退休手续人员和因伤亡减员的人数。

(四) 失业人员再就业人数和就业困难人员就业人数

这两项均是反映各地重点群体就业和再就业工作完成情况的指标。失业人员数为报告期内登记失业人员重新就业的人员总数;就业困难人员就业人数为报告期内符合就业困难人员条件并实现就业的人员总数,它还体现了政府就业援助工作的成绩。就业困难人员的具体范围和申请认定程序,由各省、自治区、直辖市人民政府根据《就业促进法》的要求和本地实际情况规定。

子任务 5-3　就业登记业务

【任务导入】

● 任务 4-28　接任务 4-14

【工作场景】

张师傅在人力资源公共服务中心职业指导部门及社区工作人员的帮助下,决定自主创业,自己当"老板"。经过不懈的努力,张师傅在社区开办了一家便民早餐店,经营得还不错。

收入来源是不愁了,可是自己在原来的工作单位已经缴纳了 10 年的社会保险,自从失业后,他已经有两年没有继续缴纳社会保险了,如果不再续缴,将来无法办理退休手续,也领不到退休金,眼看自己离退休年龄没有几年了,所以他想继续参加社会保险。

经咨询,张师傅首先需要办理就业登记手续,即申请灵活就业,然后才可以办理人事档案和社会保险手续。自己是否符合办理就业登记的条件呢? 如何办理就业登记手续? 去哪里办理?

【具体任务】

1. 张师傅目前是否可以以灵活就业人员(个人)的身份补缴社会保险?
2. 如果他可以以灵活就业人员的身份补缴社会保险,需要提前办理什么业务?
3. 如果你是该人力资源公共服务中心前台工作人员,请向张师傅提供相关政策咨询。

任务 4-29

【工作场景】

与张师傅一起失业的王玲,家住北京市某社区。在失业期间,她去户籍所在地的街道社保所办理了失业登记。经过公共人力资源服务部门工作人员的帮助,王玲最终求职成功,被恒远物流公司招用。该公司最近由于业务量增加,人手比较紧张,需要招聘新员工,目前已完成了包括王玲在内的2名新员工的招聘工作,并签订了劳动合同。这2名新员工被录用前均为城镇登记失业人员,且已经办理了《就业失业登记证》。

【具体任务】

1. 如果你是恒远物流公司人力资源部门的招聘专员,请问在办理新员工入职手续之前,还需要为其办理什么业务?(需注明办理时限及办理地点)
2. 该业务有什么作用?

一、业务基础

就业登记制度是指在法定劳动年龄内,通过单位招用、自主创业、自谋职业或灵活就业等形式实现就业的人员,公共就业服务机构应当办理就业登记手续,包括个人基本信息以及就业时间、单位岗位等。

以北京市为例,需要办理就业登记的人员包括:

(1) 在本市进行失业登记的人员;

(2) 年满16周岁,从各类学校毕(结、肄)业未继续升学或经教育行政部门批准退学的本市非农业户籍劳动力;

(3) 初次在本市就业的进京落户劳动力;

(4) 取得本市非农业户籍的复员转业军人;

(5) 刑满释放、假释、监外执行、社区矫正或解除劳动教养的本市非农业户籍劳动力;

(6) 常住外地或移居境外后回京的本市非农业户籍劳动力;

(7) 以上第2—6项规定的城市化建设地区农业户籍劳动力;

(8) 本市农转非劳动力;

(9) 在本市实现创业的毕业年度内高校毕业生(仅适用于个人就业登记);

(10) 应办理就业登记的其他实现就业人员。

以上人员如果已经实现就业,则需要办理就业登记手续。

就业失业登记的主要作用是掌握各类劳动者的就业与失业情况,为有关政府职能部门组织管理劳动力、调节配置劳动力资源、制定和执行就业政策提供依据。

二、就业登记业务相关政策规定

《就业促进法》第三十五条规定:"县级以上人民政府建立健全公共就业服务体系,设立公共就业服务机构,为劳动者免费提供下列服务:……办理就业登记、失业登记等事务。"

《就业服务与就业管理规定》(中华人民共和国劳动和社会保障部令第28号,2014年、2015年分别修订)第二十五条规定:"公共就业服务机构应当免费为劳动者提供以下服务:……办理就业登记、失业登记等事务。"

《就业服务与就业管理规定》第七章"就业与失业管理"专门对此作了详细规定。

劳动者被用人单位招用的,由用人单位为劳动者办理就业登记。用人单位招用劳动者和与劳动者终止或者解除劳动关系,应当到当地公共就业服务机构备案,为劳动者办理就业登记手续。用人单位招用人员后,应当于录用之日起30日内办理登记手续;用人单位与职工终止或者解除劳动关系后,应当于15日内办理登记手续。

劳动者从事个体经营或灵活就业的,由本人在街道、乡镇公共就业服务机构办理就业登记。

就业登记的内容主要包括劳动者个人信息、就业类型、就业时间、就业单位以及订立、终止或者解除劳动合同情况等。就业登记的具体内容和所需材料由省级劳动保障行政部门规定。

公共就业服务机构应当对用人单位办理就业登记及相关手续设立专门服务窗口,简化程序,方便用人单位办理。

三、就业登记业务办理类型

下面以北京市为例介绍就业登记业务的办理类型。

(一) 单位就业登记

单位就业登记指实现就业人员被用人单位(含个体工商户)招用,由用人单位于招用之日起30日内,持有关材料到注册或经营所在地街道(乡镇)社会保障事务所办理就业登记手续。单位就业登记的主要内容包括用人单位信息、实现就业人员个人信息、就业时间、订立劳动合同等情况。

用人单位招用本市登记失业人员及初次进入本市人力资源市场实现就业的人员,应为其办理单位就业登记手续。由用人单位提出申请,由用人单位注册或经营所在地街道(乡镇)社会保障事务所受理。办理就业登记后,实现就业人员的档案应按相关规定从户籍所在地街道社保所提取到用人单位或区人力资源公共服务中心进行管理。

(二) 个人就业登记

个人就业登记是指自主创业、自谋职业的实现就业人员,及灵活就业的北京市户籍实现就业人员,应持相关材料于取得相关工商行政许可或实现就业的30日内,到户籍或常住所在地街道(乡镇)社会保障事务所办理就业登记手续。个人就业登记的主要内容包括实现就业人员个人信息、就业类型、就业地点、就业时间等情况。

自主创业、自谋职业、灵活就业的实现就业人员,应办理个人就业登记手续。由实现就业的劳动者个人提出申请,由户籍或常住所在地街道(乡镇)社会保障事务所受理。办理就业登记后,实现就业人员的档案应按相关规定从户籍所在地街道社保所提取到区人力资源公共服务中心,作为灵活就业人员进行管理。

(三) 农村劳动力转移就业登记

有转移就业要求的农村劳动力可通过村级就业服务站办理求职登记,也可直接到户口所在地的乡镇社保所进行求职登记,申领《北京市农村劳动力转移就业证》(以下简称《转移就业证》),建立《北京市农村劳动力转移就业档案》(以下简称《转移就业档案》)。

乡镇社会保障事务所为求职登记的农村劳动力免费发放《转移就业证》,并为其建立《转移就业档案》。

农村劳动力持《转移就业证》可在各级公共职业介绍机构享受免费政策咨询、职业指导和职业介绍服务,并按规定享受职业技能培训补贴、岗位补贴、小额担保贷款等市、区(县)、乡（镇）转移就业优惠政策。

《转移就业证》是农村劳动力转移就业享受就业优惠政策的凭证。

（四）常住外来劳动力个人就业登记

2019年，北京市发布了《北京市关于推进全方位公共就业服务的实施意见》（京就发〔2019〕1号）。其中提出："提高均等化水平，推进公共就业服务全覆盖。在常住地为劳动者提供公共就业服务。劳动年龄内、有劳动能力、有就业要求的劳动者均可持居民身份证（港澳台居民居住证、港澳居民来往内地通行证、台湾居民来往大陆通行证）或社会保障卡，在常住地公共就业服务机构申请公共就业服务。其中，处于无业状态的常住外来劳动力，可持居民身份证（或社会保障卡），在常住所在地的区级公共就业服务机构办理失业登记，享受职业指导、职业介绍等公共就业服务，实现就业的，及时办理就业登记。"

四、业务办理流程

（一）个人就业登记业务

1. 业务流程图

以北京市为例，个人就业登记业务的办理流程如图4-23所示。

图4-23　个人就业登记业务流程图

2. 具体操作

（1）提交材料。申请人须提交的材料有：

① 申请人居民身份证（港澳台居民居住证或港澳居民来往内地通行证、台湾居民来往大陆通行证）；

② 个体工商户或单位营业执照副本。

申请人可以去实体政务大厅窗口办理，也可以通过"首都之窗"平台进行网上办理。

（2）信息采集。申请人需要提前填写《个人就业登记信息采集表》（纸质或电子表格），工作人员受理申请后，审核材料的完整性。若未通过审核，告知申请人进行补正；若通过审核，进入下一环节。

（3）后台比对及证件办理。工作人员在系统中进行信息录入，并进行比对审核。若无误，申请人符合办理条件，则进行失业登记，打印或核发证件。申请人可以通过短信、触摸查询机、网上查询等方式获取办证信息。

3. 办理说明

（1）符合本市就业登记条件的中国香港、中国澳门、中国台湾地区的居民参加本市城镇职工社会保险的，就业登记和社会保险参保登记合并办理，就业登记信息以社会保险参保登记信息为准，无需单独办理。

（2）符合本市个人就业登记条件的港澳台居民劳动力未参加本市城镇职工社会保险的，可持港澳台居民居住证（港澳居民来往内地通行证或台湾居民来往大陆通行证）和个人就业登记相关材料,到任意街道(乡镇)政务服务中心(原社保所)申请办理个人就业登记。

(二) 单位就业登记

2018年,北京市人力资源和社会保障局发布了《关于用人单位就业登记和社会保险参保登记合并办理有关问题的通知》(京人社就发〔2018〕252号)。其中提出:

"一、自2018年12月21日起,用人单位招用本市登记失业人员及初次进入人力资源市场的本市人员的,其就业登记和社会保险参保登记合并办理,就业登记信息以社会保险参保登记信息为准,不再单独办理。

二、用人单位就业登记和社会保险参保登记合并办理(以下简称两项登记合并办理)后,市人力资源和社会保障局通过短信方式提示两项登记合并办理人员办理结果,将登记失业人员办理结果告知失业登记地街道(乡镇)社会保障事务所(以下简称街镇社保所)。失业登记地街镇社保所应于两项登记合并办理完成之日起5个工作日内,通过电话联系、入户走访等方式,告知登记失业人员办理结果、打印《就业失业登记证》、申请复核途径等内容。

三、两项登记合并办理过程中发现登记失业人员姓名与社会保险信息系统记载姓名不一致的,失业登记地街镇社保所应及时向登记失业人员本人核实。经核实确认,登记失业人员符合条件的,根据社会保险参保登记信息生成就业登记信息。

四、两项登记合并办理不成功或对合并办理结果有异议的,用人单位或个人(以下简称申请人)应填写《复核申请表》,向街镇社保所提出复核申请。其中:

(一) 两项登记合并办理不成功申请合并办理的,申请人应持《复核申请表》向街镇社保所提出申请。经复核确认,申请人符合两项登记合并办理条件的,根据社会保险参保登记信息生成就业登记信息。

(二) 两项登记合并办理结果有异议申请撤销的,申请人应持《复核申请表》向街镇社保所提出复核申请,街镇社保所审核无误后,录入信息系统。市人力资源和社会保障局对相关情况进行复核,复核结果录入信息系统,街镇社保所应及时将复核结果告知申请人。经复核发现确属有误的,为申请人恢复相关信息。

五、两项登记合并办理后,用人单位可到注册地或经营地街镇社保所打印《档案接转和就业失业业务明细表》作为办理就业登记的凭证。其中,招用本市登记失业人员的,用人单位应按照《关于新开办企业就业登记和社会保险参保登记合并办理后相关问题的通知》(京人社就发〔2018〕170号)第二条规定,及时为其办理档案转移手续。"

对用人单位未及时为劳动者办理就业登记手续的行为,人力社保行政部门要进行处罚。《就业服务与就业管理规定》第七十五条规定:"用人单位违反本规定第六十二条规定,未及时为劳动者办理就业登记手续的,由劳动保障行政部门责令改正,并可处以一千元以下的罚款。"

【知识巩固】

1. 就业应具备的要素是哪些?
2. 就业的类型有哪些?
3. 与就业相关的关键统计指标有哪些?
4. 我国个人就业登记制度的含义和作用是什么?
5. 我国单位就业登记制度的含义和作用是什么?

业务示例 4-17

个人就业登记信息采集表(样式)

有效身份证件名称	×××××	证件号码	××××××××××	姓名	×××	手机号码	×××××××××××
港澳台居民社会保障卡号码							

个人就业情况	就业类型		统一社会信用代码		就业所在地		就业时间
	自主创业				北京市××区×××街道(乡镇)×××××××		___年_月_日
	个体经营				北京市××区×××街道(乡镇)×××××××		___年_月_日
	灵活就业	雇佣人或证明人	姓名		北京市××区×××街道(乡镇)××社区(村)×××		___年_月_日
			手机		就业方式		
	转非劳动力自谋职业协议书编号				转非劳动力自谋职业协议公证号	协议签订时间	___年_月_日

个人就业登记申请:
本人目前已经实现就业,现申请在□户籍地 □常住地 办理就业登记。

未持有《就业失业登记证》或《就业失业登记证》信息发生变更人员还应填写以下证件信息:			
户籍行政区划	___省(直辖市、自治区)___市___区(县)___街道(乡镇)___社区(村)		
本市常住地地址	北京市___区___街道(乡镇)___社区(村)_____(详细地址)		
户籍性质	□农业 □非农业 □居民户	特殊身份	□享受本市居民最低生活保障待遇 □持残疾证人员
最高文化程度		专业		毕业学校名称		取得学历证书日期	___年_月_日
职业资格(专业技术职务)证书名称			取证日期	___年_月_日	证书等级	

个人声明:
　　本人承诺以上信息真实有效,如与实际情况不符,愿意承担相应的责任。
　　　　　　　　　　　　　　　　　　　　　　　　　个人确认签字:___×××_____
　　　　　　　　　　　　　　　　　　　　　　　　　　　　　　××××年××月××日

以下由公共就业服务机构填写		
	就业前身份类型	失业时间
就业人员类型	登记失业人员□	失业登记时间:___年_月_日
	毕(肄、结)业或退学人员□	毕(肄、结)业或退学时间:___年_月_日
	进京落户人员□	进京落户时间:___年_月_日
	复员转业军人□	复员转业时间:___年_月_日
	刑满释放人员□	刑满释放时间:___年_月_日
	常住外地或移居境外后回京人员□	回京时间:___年_月_日
	毕业年度内外地生源高校毕业生□	毕业日期:___年_月_日
	农转非人员□	转非时间:___年_月_日
	其他人员□	前身份终止时间:___年_月_日

(续表)

实现灵活就业人员接收材料时间	___年_月_日	接收人	
公共就业服务机构审核意见： 　　就业登记时间：___年_月_日 　　审核人：　　　数据录入人：		（盖　章） 年　　月　　日	

注：1. 本表仅用于实现自谋职业、自主创业或灵活就业的人员填写，就业人员类型按照申请人描述情况填写。
　　2. 本表所称有效身份证件包括：《居民身份证》《社会保障卡》、港澳台居民的通行证。
　　3. 办理就业登记后未持有本市核发《就业失业登记证》人员，申领证件时应填写证件信息相关内容。
　　4. 港澳台居民需在户籍行政区划栏填写户籍详细地址。

任务六　人力资源和社会保险公共事务代理

【知识目标】
➢ 了解人事档案的概念、作用、特点、分类;
➢ 理解并应用人事档案日常利用业务的政策规定;
➢ 掌握人事档案代理业务的基本内容;
➢ 了解人力资源服务机构社会保险代理业务的基本内容;
➢ 理解并应用劳动保障事务代理业务的相关政策规定。

【能力目标】
➢ 能为委托存档人员提供人事档案代理政策咨询;
➢ 能为委托存档人员提供人事档案代理相关业务;
➢ 能为存档人员提供社会保险代理政策咨询;
➢ 能为存档人员办理社会保险代理相关业务。

子任务 6-1　人事档案代理业务

【任务导入】

● **任务 4-30**　接任务 4-28

【工作场景】
　　张师傅从原单位离职后,原来存放在公司集体户上的人事档案需要转出。在失业期间,办理完失业登记后,张师傅的个人档案一直存放于社区的劳动保障部门。如今,张师傅已成为一名灵活就业人员,他的人事档案应当如何处理呢?人事档案是什么?有什么作用?他来到人力资源公共服务中心咨询台就相关流程进行咨询。

【具体任务】
1. 请向张师傅解释人事档案的概念和作用。
2. 张师傅的档案可否存放在人力资源公共服务中心?(简述个人委托存档的条件)
3. 办理个人委托存档需要带齐哪些材料?
4. 填写《北京市存档人员登记表》,并注意相应的填表要求。
5. 以小组为单位,通过角色扮演,模拟个人委托存档业务的流程。

● **任务 4-31** 接实训任务 4-29

【工作场景 1】
王玲被恒远物流公司招用后,她的人事档案关系应该转入新单位。小孙是该公司的 HR,他告诉王玲,该公司没有人事档案权,不能接收员工的人事档案;同时,随着公司规模的扩大,公司也有越来越多的外地生源毕业生入职,他们认为如果把档案寄回老家,办理业务不方便,希望能将档案存在公司。

【具体任务 1】
1. 该公司应当如何保管员工的人事档案?

【工作场景 2】
小孙来到单位注册地人力资源公共服务中心人事代理(档案)服务窗口,工作人员小张热情地询问:"您好,请问您办理什么业务?"小孙说明来意,小张审核了他带来的营业执照,公司是在本区注册的,符合存档条件。"好的,先给您办理单位立户登记,您需要填写《单位立户登记表》。"小孙发现忘了带公司公章,《单位委托存档协议》也没有提前填写。第二次带齐公章才办妥。

【具体任务 2】
2. 办理单位委托存档需要满足什么条件?
3. 单位立户登记需要带齐哪些材料?

【工作场景 3】
新员工王玲入职报到后,按规定办理档案转入手续。单位 HR 小孙要王玲带齐身份证、单位委托保存职工人事档案介绍信,自行前往人力资源公共服务中心办理。

【具体任务 3】
4. 新员工办理单位委托存档的具体流程是什么?
5. 以小组为单位,通过角色扮演,模拟单位委托存档业务的流程。

一、业务概述

《人力资源市场暂行条例》第十五条规定,公共人力资源服务机构可以向劳动者及用人单位提供人力资源服务,且不得收费。其中的第(七)项为流动人员人事档案管理。由此可见,人事档案管理是公共人力资源服务机构的一项重要业务。

(一) 人事档案的概念和作用

人事档案是国家机构、社会组织在人事管理活动中形成的,记述和反映个人经历、思想品德、学识能力、工作业绩的,以个人为单位集中保存起来以备查考的文字、表格及其他各种形式的历史记录材料。目前,个人需要的司法公正、职称申报、开具个人证明、办理退休手续等都要用到个人人事档案。

人事档案是我国人事管理制度的一项重要特色,它是个人身份、学历、资历等方面的证据,与个人工资待遇、社会劳动保障、组织关系紧密挂钩,具有法律效用,是记载人生轨迹的重要依据。

(二) 人事档案特点

1. 全面性

人事档案收存员工的履历、自传、鉴定（考评）、政治历史、入党入团、奖励、处分、任免、工资等方面的有关文件材料，因此，它能记录员工个人成长、思想发展的历史，能展现员工家庭情况、专业情况、个人自然情况等方面的内容。总之，人事档案是员工个人信息的储存库，它概括地反映员工个人的全貌。

2. 现实性

人事档案记述和反映的是当事人现实的生活、学习及工作活动情况。组织、人事、劳动部门在现实生活中，为了考察和正确使用员工，要经常查阅人事档案。反映现实与为现实工作服务，是人事档案的一个重要特点。

3. 真实性

人事档案材料的来源、内容和形式必须真实可靠，即真实地反映当事人各方面的历史与现实的面貌。真实性是人事档案的生命，是其核心特点。

4. 动态性

历史在发展，社会在前进，每个人的情况也在不断地发生变化，随着当事人人生道路的延伸将不断形成一些反映新信息的文件材料，包括年龄的增长、学历与学识的提高、职务与职称的晋升、工作岗位与单位的变更、奖励与处分的状况、在岗下岗及离退休等。因此，人事档案应当与时俱进。

5. 流动性

人事档案的管理与员工的人事管理相统一，才便于发挥人事档案的作用，因此，在工作中必须坚持"档随人走"，在员工调走后的一周以内，必须将其人事档案转往新的管理部门。

6. 机密性

人事档案的内容涉及个人功、过等诸多方面的情况，有些人员，如担任不同级别的党和国家的领导职务，或者身负外交、国防、安全、公安、司法等特殊任务，其人事档案往往涉及党和国家的机密。因此，人事档案在相当长的时间内及在一定的范围内具有机密性。

(三) 人事档案的分类

人事档案按照个人身份划分，可分为干部档案、工人档案、学生档案、军人档案四大类型。其中，干部档案按干部管理权限分属组织、人事部门管理；工人档案归劳资部门管理；学生档案由学生工作部门管理；军人档案由军队人事部门管理。这几类档案中，干部档案是主体和核心，备受重视，其他类档案均参照干部档案的管理方式进行。

随着市场经济体制的建立和国家人事制度的改革，传统的人事档案分类体系已不适应现代社会发展的需要，新的分类标准应运而生。

(1) 按工作单位的性质，可分为党政军机关人事档案、企业单位人事档案、事业单位人事档案、流动人员人事档案。

(2) 按职责和专业，可分为国家公务员（含参照公务员管理的单位、人民团体工作人员）档案、专业技术人员档案、职工档案、学生档案等。

(3) 按工作单位的稳定性与流动性，可分为工作单位固定人员档案和社会流动人员档案。

(4) 按在岗的情况，可分为在岗人员档案、待岗人员档案、离退休人员档案等。

（5）按载体形式，可分为纸质人事档案、磁质（软盘）人事档案、光介质（CD/DVD）人事档案、数字人事档案等。

（四）人事档案的内容

根据中共中央办公厅2018年11月印发的《干部人事档案工作条例》第十九条规定，人事档案的内容包括十大类。

第一类：履历类材料。这主要有《干部履历表》和干部简历等材料。

第二类：自传和思想类材料。这主要有自传、参加党的重大教育活动情况和重要党性分析、重要思想汇报等材料。

第三类：考核鉴定类材料。这主要有平时考核、年度考核、专项考核、任（聘）期考核，工作鉴定，重大政治事件、突发事件和重大任务中的表现，援派、挂职锻炼考核鉴定，党组织书记抓基层党建评价意见等材料。

第四类：学历学位、专业技术职务（职称）、学术评鉴和教育培训类材料。这主要有中学以来取得的学历学位，职业（任职）资格和评聘专业技术职务（职称），当选院士、入选重大人才工程，发明创造、科研成果获奖、著作译著和有重大影响的论文目录，政策理论、业务知识、文化素养培训和技能训练情况等材料。

第五类：政审、审计和审核类材料。这主要有政治历史情况审查，领导干部经济责任审计和自然资源资产离任审计的审计结果及整改情况、履行干部选拔任用工作职责离任检查结果及说明、证明，干部基本信息审核认定、干部人事档案任前审核登记表，廉洁从业结论性评价等材料。

第六类：党、团类材料。这主要有《中国共产党入党志愿书》、入党申请书、转正申请书、培养教育考察，党员登记表，停止党籍、恢复党籍，退党、脱党，保留组织关系、恢复组织生活，《中国共产主义青年团入团志愿书》、入团申请书，加入或者退出民主党派等材料。

第七类：表彰奖励类材料。这主要有表彰和嘉奖、记功、授予荣誉称号，先进事迹以及撤销奖励等材料。

第八类：违规违纪违法处理处分类材料。这主要有党纪政务处分，组织处理，法院刑事判决书、裁定书，公安机关有关行政处理决定，有关行业监管部门对干部有失诚信、违反法律和行政法规等行为形成的记录，人民法院认定的被执行人失信信息等材料。

第九类：工资、任免、出国和会议代表类材料。这主要有工资待遇审批、参加社会保险，录用、聘用、招用、入伍、考察、任免、调配、军队转业（复员）安置、退（离）休、辞职、辞退，公务员（参照公务员法管理人员）登记、遴选、选调、调任、职级晋升，职务、职级套改，事业单位管理岗位职员等级晋升，出国（境）审批，当选党的代表大会、人民代表大会、政协会议、群团组织代表会议、民主党派代表会议等会议代表（委员）及相关职务等材料。

第十类：其他可供组织参考的材料。这主要有毕业生就业报到证、派遣证，工作调动介绍信，国（境）外永久居留资格、长期居留许可等证件有关内容的复印件和体检表等材料。

干部人事档案材料具体内容和分类标准由中央组织部确定。

二、人事档案委托代理服务

《人才市场管理规定》第十九条规定：人事代理方式可由单位集体委托代理，也可由个人委托代理;可多项委托代理,也可单项委托代理;可单位全员委托代理,也可部分人员委托代理。

公共人力资源服务机构的人事档案代理,是指档案管理机构为委托存档的单位职工、存档个人办理存档和档案管理的服务过程。从委托主体的角度,一般分为单位委托存档业务和个人委托存档业务。

从具体存档业务划分,包括档案接收、档案转递、档案查阅、档案借阅、档案整理和保管、档案材料的收集、鉴别和归档、依据档案记载出具相关证明、提供政审(考察)服务等内容。下面以北京市流动人员人事档案管理业务为例进行介绍。

(一) 单位委托存档业务

在北京市内具备独立法人资格的非公有制企业、社会团体或律师事务所可到单位注册住所所在地的公共人力资源服务机构申办单位委托存档管理服务。

单位委托管理,是指依据有关规定,为用人单位办理委托保存职工人事档案的手续,包括单位立户登记、信息变更和单位销户登记。

1. 立户登记

单位立户登记是指立户单位提交相关申请材料,由公共人力资源服务机构存档服务窗口工作人员审核材料,审核通过后,由工作人员登记立户信息,存档机构与申请人签订《单位委托存档协议》的一系列服务过程。立户登记后,立户单位便与存档机构建立了委托存档服务关系。具体步骤如下:

第一步,申请人提交申请材料;

第二步,服务窗口审核申请材料,检查单位立户是否唯一,不符合立户规定的告知申请人;

第三步,审核通过后,申请人填写《单位立户登记表》;

第四步,服务窗口登记立户信息,与申请人签订《单位委托存档协议》;

第五步,服务窗口审核立户是否收费,需要收费的,开具缴费通知单,申请人缴纳立户费用;

第六步,服务窗口开具立户凭证交单位经办人;

第七步,申请材料、《单位立户登记表》《单位委托存档协议》归入文书档案管理。

需要注意的是:第一,带齐申请材料。① 立户单位的《企业法人营业执照》《事业单位法人登记证》《社会团体法人登记证》副本和单位成立证明文件原件及加盖公章的上述材料复印件,分支机构还需提供总部授权独立开户的证明。② 《组织机构代码证》《社会保险登记证》副本原件及加盖公章的复印件。③ 单位介绍信,法定代表人身份证复印件,经办人身份证原件和复印件。第二,《单位委托存档协议》提前填妥并加盖单位公章。

2. 信息变更

单位信息变更是指当委托存档单位需要变更名称、注册地址、法人代表等相关事项时,由单位经办人员到委托存档机构的服务窗口提交相关申请材料,工作人员进行审核的一系列服务过程。如变更委托存档协议,应终止原协议,签署新协议,登记变更信息;如单位变更其他信息,按提交的材料登记变更信息。

3. 销户登记

单位销户登记是指当委托存档单位需要终止与存档机构的服务关系时,由单位经办人提交销户申请材料,服务窗口工作人员进行审核,审核通过后,存档机构登记销户信息,收回立户凭证和单位委托存档协议的一系列服务过程。

(二) 个人委托存档业务

个人委托存档业务管理,是指以个人的形式委托档案管理机构办理存档、签订《个人委托保存人事档案合同》以及进行档案管理的服务过程。

流动人员人事档案的范围包括:

(1) 辞职辞退、取消录(聘)用或被开除的机关事业单位工作人员档案;

(2) 与企事业单位解除或终止劳动(聘用)关系人员的档案;

(3) 未就业的高校毕业生及中专毕业生的档案;

(4) 自费出国留学及其他因私出国(境)人员的档案;

(5) 外国企业常驻代表机构的中方雇员的档案;

(6) 自由职业或灵活就业人员的档案;

(7) 其他实行社会管理人员的档案。

(三) 档案代理服务的内容

1. 档案接收业务

由申请人提交材料,工作人员进行审核。通过审核后,申请人与存档机构则建立委托存档关系。如果是个人委托存档,需要提交《北京市流动人员存档登记表》、人事档案(要求密封);如果是单位职工委托存档,需要提交《北京市流动人员存档登记表》、人事档案(要求密封)、单位立户凭证、单位委托保存职工人事档案介绍信等。

对于北京生源应届毕业生,在申请委托存档时,必须提供《毕业生就业协议书》,办理档案接收手续时还需持《就业报到证》,其抬头单位必须与《毕业生就业协议书》中的单位保持一致。

2. 档案转递业务

依据有关规定,档案管理机构可以为委托存档单位职工、存档个人办理档案转递的服务。这包括调动转档、失业转档、退休转档、入学转档、毕业生初次就业转档等。

申请人需要提交转入单位开具的《商调函》、本人身份证、存档凭证,非本人办理的,需提供本人授权委托书;单位委托存档的,还需《单位减少存档人员表》等材料,工作人员审核后,符合档案转递规定的,可办理档案转递。

办理档案转出业务之前,先核实社会保险关系、集体户口、党组织关系是否已转出。除非接收单位同意密封自取,人事档案的转递必须通过机要交通或派专人送取。

3. 档案材料的收集、鉴别与归档

由申请人提交需要归档的材料,工作人员一是审核归档材料内容是否真实、填写是否规范、签章是否齐全;二是需要对档案材料进行鉴别,即按照一定的原则和方法,对收集的档案材料进行审查,甄别其真伪,判断其有无保存价值,确定是否归入人事档案,需要归档的,按照中共中央办公厅 2018 年 11 月印发的《干部人事档案工作条例》第十九条的规定,对人事档案材料进行归类。

4. 档案利用服务

这主要包括为符合相关规定的单位提供档案查(借)阅服务;依据档案记载出具存档、经历、亲属关系等相关证明;为相关单位提供入党、参军、录用、出国(境)等政审(考察)服务。

业务示例 4-18

北京人才档案服务
Beijing Talent Archives Service

北京市存档人员登记表

序号 业务表单 W-01

条形码粘贴处

本表存档，请认真填写

存档机构名称	
存档类别	□个人委托　□单位委托_____（请填写委托存档单位）

个人信息
- 姓名：_____　民族：_____　性别：□男 □女
- 手机：_____　固定电话：_____　参加工作时间：____年____月
- 身份证号：
- 政治面貌　□群众　□共青团员　□中共党员　□其他：

户籍信息
- 户籍地址　_____省/市　_____区/县
- 现住址　_____省/市　_____区/县
- 户籍性质　□本市　□外埠　□城镇　□农业　现住地邮政编码_____

教育信息
- 文化程度　□博士　□硕士　□本科　□专科　□中专　□技校　□高中　□初中及以下
- 毕业院校　学校名称：_____　专业名称：_____
- 毕业时间：____年____月

家庭状况
- 婚姻状况　□未婚　□初婚　□再婚　□离异　□丧偶
- 配偶姓名：_____　性别：□男 □女　联系电话：_____
- 子女情况　姓名：_____　性别：□男 □女　出生日期：____年____月____日
- 姓名：_____　性别：□男 □女　出生日期：____年____月____日

备注

————（请确认以上填写内容真实有效后签名）————

诚信声明　本人承诺所填写信息和提供材料均真实有效，无任何虚假情况。如与事实不符由本人承担相应责任。
本人签字：_____　____年____月____日

————（以下为存档机构填写）————

存档起止时间：____年____月____日至____年____月____日
转往机构名称：_____（存档机构盖章）____年____月____日

业务示例 4-19

单位立户登记表

单位名称		法定代表人（负责人）	
组织机构代码		社保登记号	
单位类型		注册资金	
发照机关		注册地址	市　　区　　街
注册号		办公地址	市　　区　　街
邮政编码		经济性质	国有、集体、民营、私营、股份、外商投资、合伙人制、其他
单位电话		传　真	
人力资源部负责人		联系人姓名	
联系电话		手机号码	
电子邮箱		备　注	□高新企业 □其他____

以上信息确认无误，申请办理委托存档立户登记。

单位（盖章）
经办人签字
年　月　日

业务示例 4-20

北京人才档案服务
Beijing Talent Archives Service

单位减少存档人员表

序号 _____ 业务表单 W-05

单位信息	统一社会信用代码/组织机构代码	
	单位名称	

特别提示	单位办理档案减员手续后,存档人员应持档案转出材料及时办理人事档案关系转接手续。

减少存档人员信息	序号	姓名	身份证号	存档截止时间	本人签字	备注

———————(请认真核对)———————

减少确认	(单位盖章) 单位经办人:_____ 年 月 日	(存档机构盖章) 机构经办人:_____ 年 月 日

业务示例 4-21

单位委托保存职工人事档案介绍信

序号 业务表单 W-02

_____：

　　_____同志（身份证号：_____），为我单位职工，工作岗位：_____，同意将其人事档案委托存放在我单位集体户内（协议编号：_____），并建立单位委托存档关系。

　　存档期间，该同志办理任何手续，需提供我单位开具的介绍信。解除或终止劳动（聘用）合同时，我单位为其提供档案转出相关材料，并在 15 日内协助职工本人完成人事档案转出手续。逾期未办理档案转出，单位及职工本人不再要求提供各项服务。

　　请协助办理。

存档人员签名：　　　　　　　　　　　委托单位盖章：
　　年　　月　　日　　　　　　　　　　年　　月　　日

业务示例 4-22

立户编号：_____

单位委托保存人事档案合同书

签订单位_____

签订日期_____年_____月_____日

××区人力资源公共服务中心

依据国家及北京市相关规定，_____（以下称甲方）与单位_____（以下称乙方），就保存乙方职工人事档案订立合同如下：

一、甲方责任：

1. 甲方负责办理乙方招用的本市城镇户籍职工的人事档案接转手续。
2. 甲方负责保管乙方职工的人事档案，依据国家及北京市有关人事档案管理规定及档案内容，为有关组织提供档案利用服务。
3. 甲方不负责档案管理以外的其他管理和保险责任。
4. 甲方负责依据国家及北京市有关人事档案管理规定，有权对不符合规定的档案拒收并告知。

二、乙方责任：

1. 乙方必须是经国家工商行政管理部门批准成立的××区行政区域内具有独立法人资格的合法企业。
2. 乙方委托甲方保存乙方职工人事档案，乙方应告知职工此种档案管理方式。
3. 乙方应自国家工商行政管理部门办理信息变更之日起30日内书面通知甲方，并持相关批准材料到甲方办理信息变更手续。
4. 乙方应设专人到甲方办理委托存档及相关事宜，遇特殊情况需委托存档职工个人办理时，乙方应为其出具介绍信，并指导职工如何办理。
5. 乙方应在与委托存档职工终止或解除劳动合同15日内，向甲方出具书面通知，并为职工办理档案转移手续。
6. 乙方负责为甲方收集、鉴别及归档工作提供方便，应及时向甲方提供委托存档职工在存档期间形成的符合国家及北京市有关人事档案管理规定的归档材料。委托存档职工构成行政处分的，应依据国家相关规定执行。
7. 乙方应依据国家及北京市有关人事档案管理规定，负责乙方委托存档职工存档期间的社会保险、住房公积金及退休审批等事项。

三、协议解除：

1. 乙方如出现违反国家及北京市有关人事档案管理规定的行为或有弄虚作假等不诚信行为，甲方有权单方终止本合同。
2. 乙方未按本合同第二条第2款执行，甲方及乙方委托存档职工依据乙方立户登记信息均无法与乙方取得联系时，甲方有权单方终止本合同，并协助乙方委托存档职工办理人事档案转移手续。

3. 乙方应自国家工商行政管理部门注销登记之日起 30 日内持相关注销材料到甲方办理合同终止手续;乙方自愿提出终止本合同,应提前 30 日以书面形式通知甲方。合同终止即视为同意销户,乙方应配合甲方在销户前将集体户内人事档案办理转出手续。

四、其他:

本合同一式两份,甲、乙双方各执一份,具有同等效力,自双方签字盖章之日起生效。如遇国家及北京市政策调整,甲方有权依据政策规定调整人事档案服务项目及流程。

甲方(盖章): 　　　　　　　　　乙方(盖章):
经办人: 　　　　　　　　　　　　单位联系人:
　　　　　　　　　　　　　　　　联系方式:
签订日期: 　年　月　日　　　　　签订日期: 　年　月　日

业务示例 4-23

个人委托保存人事档案合同

档案管理机构＿＿＿＿＿＿＿＿＿＿＿＿＿（以下称甲方）与＿＿＿＿＿＿同志(以下称乙方)就保存乙方人事档案订立合同如下：

一、乙方自愿将人事档案转入甲方并委托甲方保存。

二、甲方责任：

1. 负责保存乙方人事档案。

2. 依据国家及北京市有关人事档案管理规定及档案内容，为有关组织出具证明。

3. 依据国家和北京市有关规定提供相关档案利用服务。

4. 依据国家及北京市有关人事档案管理规定，对乙方提供的档案材料，经确认属于归档范围的，办理材料归档手续。

5. 负责为乙方办理档案转出手续。

6. 甲方不负责档案保存以外的保险、福利和其他管理责任。

三、乙方责任：

1. 乙方个人信息发生变化时，应在 30 日内衣书面形式通知甲方。

2. 按时缴纳人事档案保存费每月＿＿＿元；乙方欠缴人事档案保存费期间，甲方有权不再承担本合同第二条第 2、3 款责任。

3. 按国家及北京市有关规定参加社会保险，社会保险待遇及其他福利按国家及北京市有关规定执行。

4. 及时向甲方提交存档期间形成的档案材料，经甲方确认后归入乙方人事档案。

5. 乙方受聘到工作单位时，应在 30 日内将人事档案转至单位或单位委托的存档机构。

6. 乙方人事档案转出甲方或签订新的存档合同时，应将人事档案保存费缴至当月。

四、本合同一式两份，甲、乙双方各执一份，具有同等效力，自签字盖章后生效。如遇国家政策调整，合同条款与其发生抵触的，按国家有关规定执行。

甲方签字(盖章)：　　　　　　　　　　　　乙方签字：

年　月　日　　　　　　　　　　　　　　　年　月　日

子任务 6-2　社会保险代理业务

【任务导入】

● 任务 4-32

【工作场景】

张姐是本地城镇职工，1976年出生，2000年开始在一家国有企业工作，并开始参加本地的城镇企业社会养老保险，2010年离开原国有企业后停止缴费。离开原国有企业后，她开了一家商品零售店一直经营到今天。最近她看着许多原来的老同事有的退休，在企业工作的也参加社会保险，她开始担忧自己将来的养老问题。她想，自己是否也能参加社会保险，将来到了退休年龄后是否也能办理退休手续？

【具体任务】

1. 请判断张姐是否可以实现她的愿望？如何实现？
2. 如果你是张姐，请列出你需要完成的任务并实施。
3. 如果你是人力资源公共服务机构的工作人员，请列出你需要完成的任务并实施。

● 任务 4-33

【工作场景】

张姐来到户口所在区的人力资源公共服务中心，要求参保。但是存档部的人告诉她已经过年龄段了，即如果从2000年参加工作开始算起，至2010年离开原单位，张姐共缴纳10年的社会保险，而张姐今年（2022年）已经46岁，即使现在缴纳到她退休，加上原来的缴费年限也不够领取养老金的最低要求，不能再参保了。

【具体任务】

1. 这种说法正确吗？为什么？
2. 张姐这种情况应该如何解决？

● 任务 4-34　接实训任务 4-30

【工作场景】

张师傅自失业后，在社区进行了失业登记。在公共人力资源服务工作人员的努力和帮助下，张师傅开始自主创业，在社区开了一家便民早餐店，成了一名灵活就业人员。自主创业成功后，按照政策要求，他在社区办理了个人就业登记业务。

但是由于张师傅之前在原单位的养老保险并未达到最低缴费年限，当务之急是把社会保险接续上，以便达到退休年龄后办理退休手续。于是他来到了户籍所在地的公共人力资源服务机构进行咨询。

> **【具体任务】**
> 1. 张师傅进行失业登记后,他的人事档案和社会保险关系应作如何处理?
> 2. 张师傅目前可以参加社会保险吗?到了退休年龄后可以办理退休手续吗?
> 3. 张师傅需要经过哪些手续才可以以灵活就业人员的身份进行社会保险的补缴?
> 4. 办理个人就业登记后,张师傅的人事档案和社会保险关系又应如何处理?

一、机构介绍

为了更好地贯彻《劳动合同法》和《社会保险法》,扩大社会保险的覆盖面,保障存档人员的合法权益,使他们在年老、患病、工伤、失业、生育等情况下获得帮助和补偿,国家要求各地区在市、区(县)人力资源与劳动保障部门开办职业介绍和人才交流服务中心(统称为人力资源服务机构),负责代办委托存档人员的社会保险费的收缴和支付工作。需要说明的是,人力资源服务机构有多种功能,代理存档人员办理社会保险业务只是其功能之一。

人力资源服务机构目前分为公共人力资源服务机构与经营性人力资源服务机构,这里所涉及的主要是公共人力资源服务机构,即人力资源公共服务中心。以北京市为例,市级层面有北京市公共人力资源服务中心,各区有区人力资源公共服务中心,其社会保险代理服务职能是由地区的社会保险经办机构委托的。市社保中心负责指导、监督、检查人力资源公共服务中心的社会保险业务工作。

各区人力资源公共服务中心与各区社保经办机构委托的街道(乡镇)劳动保障事务所或街道(乡镇)劳动保障部门所具有的功能还是有区别的。

(一)街道(乡镇)社会保障事务所

街道(乡镇)社会保障事务所(以下简称社保所)是参保人员的社会保险业务社会化管理后的产物,它一般在街道(乡镇)办事处下面,隶属于地方人民政府管理,具体负责的社会保险业务内容主要有以下方面:

(1) 失业人员管理。
- 接收、管理失业人员档案;
- 为失业人员办理失业登记、参加医疗保险及领取失业保险金等手续,并出具相关证明;
- 进行失业人员动态跟踪管理,及时了解失业人员求职、培训等动态信息。

(2) 退休人员社会化管理服务。
- 按规定接收、管理退休人员档案及相关资料,建立基本情况数据库,出具有关证明材料;
- 受区劳动保障部门委托办理养老保险、医疗保险、工伤保险等工作;
- 开展社会保险政策宣传咨询,采集、上报退休人员社会保险待遇落实情况和文化、体育、健康及生存信息;
- 对特殊的退休人员协助落实相关服务项目。

(3) 城乡居民养老保险的相关业务。负责城乡居民养老保险的参保、缴费、个人账户管理和待遇支付的部分业务,协助社保经办机构完成一系列的城乡居民养老保险业务。

(4) 负责城镇居民医疗保险的相关业务。负责城镇居民医疗保险的参保、缴费、个人账户管理和待遇支付的部分业务,协助社保经办机构完成一系列的城镇居民医疗保险业务。

(5) 负责工伤人员及享受供养亲属抚恤金的人员社会化管理服务。
(6) 用人单位的社会保险业务代办。
(7) 负责劳动保障信息、统计数据的采集、汇总上报工作。

(二) 公共人力资源服务中心

在市、区(县)人力资源和社会保障部门开办的人力资源公共服务中心以个人名义委托存档的人员(以下简称存档人员),其中不包括与用人单位建立劳动关系的集体存档人员,可以参加本地区的城镇职工基本医疗保险、养老保险和失业保险,同时享受相应的"三险"待遇。

经本地区的社会保险经办机构委托的人力资源公共服务中心,可以为存档人员办理参加基本养老、失业和医疗保险的有关手续。这包括基本保险信息的采集、费用收缴、基本医疗保险手册或社保卡的发放以及社会保险经办机构委托的其他事项。

二、服务对象

人力资源公共服务中心的主要服务对象是以个人名义委托存档的人员,与用人单位建立劳动关系后在人力资源公共服务中心进行集中存档的人员不在此处论述。人力资源公共服务中心的个人委托存档与单位委托集体存档在办理社会保险业务方面的手续、费用标准、费用支付等方面是存在差别的。

由于以个人名义委托存档的人员一般都是以户籍为服务依据,所以,人力资源公共服务中心在代办社会保险业务的人员主要是本地户籍的存档人员。目前,拥有固定单位的职工的社会保险业务由单位负责,因此,人力资源公共服务中心的主要服务对象是社会上的在本市没有固定工作单位的灵活就业或自谋职业人员。

三、业务内容

人力资源公共服务中心代办的社会保险业务内容主要是为在该中心的存档人员办理基本养老、失业、基本医疗保险和大病医疗保险等。具体业务内容包括社会保险信息的采集、申报、基本医疗保险手册或保险卡的发放、费用支付,以及社会保险经办机构委托的其他相关事项。

社会保险代理业务主要包括为存档人员办理社会保险代理申报业务、为存档人员办理社会保障代理征缴业务及社会保险待遇支付业务。

(一) 申报业务

人力资源公共服务中心为存档人员代办社会保险业务是为了适应社会主义市场经济体制的需要,建立统一、开放、竞争、有序的人力资源市场,完善社会保障体系,从而促进多种形式就业。

依据《社会保险法》的规定和存档人员的职业特征,存档人员可以参加社会养老保险、失业保险、医疗保险。全国目前没有统一的政策规定,但各地均有相应的具体政策的规定。下面以北京市的政策为例进行具体论述。

1. 登记范围
(1) 基本养老保险的覆盖范围。
① 国家规定。基本养老保险的覆盖范围为无雇工的个体工商户、未在用人单位参加基

本养老保险的非全日制从业人员以及其他灵活就业人员。

② 地方规定。北京地区基本养老保险的覆盖范围为城镇个体工商户和灵活就业人员。

(2) 失业保险费的征缴范围。

① 国家没有明确规定。

② 地方规定。北京地区失业保险费的征缴范围为自由职业者、个人委托存档人员。

(3) 医疗保险费的征缴范围。

① 国家规定。医疗保险费的征缴范围为无雇工的个体工商户、未在用人单位参加职工基本医疗保险的非全日制从业人员以及其他灵活就业人员。

② 地方规定。北京地区医疗保险费的征缴范围为具有本市城镇户籍、在法定劳动年龄内从事个体劳动或者自由职业，并在市、区（县）劳动保障部门开办的人力资源公共服务中心以个人名义存档的人员。

2. 登记信息的基本要求

(1) 对人力资源公共服务中心的登记要求。人力资源公共服务中心作为一个代办单位，到本区的社会保险经办机构办理信息登记。依据《社会保险登记管理暂行办法》的规定，人力资源公共服务中心若要代办社会保险，应当自成立之日起 30 日内，持营业执照或者登记证书等有关证件，到当地（注册地或经营地的）社会保险经办机构申请办理社会保险登记。办理登记时需要提供相关的证明材料，如批准成立的证件、国家质量技术监督部门颁发的组织机构统一代码证书、社会保险经办机构规定的其他有关证件、资料等。

(2) 对参保的存档人员的登记要求。与单位职工缴纳社会保险不同的是，存档人员若要参加社会保险，需要首先把档案放在各区的人力资源公共服务中心。只有如此，人力资源公共服务中心才会为其代办社会保险的相关业务。

存档人员须出示相关的证明材料给人力资源公共服务中心，如《个人委托存档协议书》、居民身份证或户口簿、照片等，同时填写相应的个人基本情况表。

北京市规定，灵活就业人员携带本人第二代居民身份证或户口簿，到相应社会保险代理处填写《北京市灵活就业人员办理社会保险事项申请表》，办理参（续）保手续。无社会保障卡人员还需提供电子照片。

人力资源公共服务中心的社会保险业务负责人对存档人员的相关资料进行审核后，持与参保相关的证明材料到社会保险经办机构为存档人员办理信息登记和增员。

3. 特殊业务

(1) 信息变更。如果人力资源公共服务中心发生登记信息的变更，则需要持变更的证明材料到社保中心填写信息变更表给予变更。

存档人员一般容易发生的信息变更有定点医疗机构的变更、银行账户的变更、保险缴费标准的变更等。一旦存档人员需要对参保登记的一些信息进行变更时，可持存档卡、各项保险协议书（养老、失业和医疗）、医疗保险手册和社保卡、身份证或户口簿、银行的对账单等证明材料，到人力资源公共服务中心的社保代办处填写变更表。社保业务负责人在收到相关的证明材料后，会到社保经办机构为其办理相应的变更业务。

北京市规定，灵活就业人员姓名、证件类型或有效身份证件号码（有效身份证件指居民身份证、港澳台居民居住证）发生变更时，应及时携带本人第二代居民身份证或户口簿、港澳台居民居住证及相关变更证明到所属社会保险代理处填写《北京市灵活就业人员办理社会保险事项申请表》,办理变更手续。完成变更后原缴费协议自动终止,缴费人需重新签订缴费协议或选择其他缴费方式缴费。

灵活就业人员需要单独变更姓名的,可直接登录北京市社会保险网上服务平台(http：//rsj.beijing.gov.cn/csibiz/)点击"职工个人业务"进行变更。

灵活就业人员在社会保险代理处登记的用于缴纳社会保险费的银行及扣款账号信息发生变更时,应按国家税务总局北京市税务局、北京市人力资源和社会保障局、北京市医疗保障局联合印发的《关于做好灵活就业人员和城乡居民社会保险缴费协议签订相关工作的通告》的要求,及时办理缴费协议终止手续,重新签订缴费协议或选择其他缴费方式缴费。

(2) 转入和转出。若存档人员与人力资源公共服务中心中心终止存档协议,就需要办理转出。人力资源公共服务中心需要到社保中心为存档人员办理减员。如果存档人员要把自己的社会保险转向外地,社保经办机构的业务经办人将为其打印转移证明和转移单明细,办理相应的费用转移手续。若有存档人员转入,人力资源公共服务中心的社保业务经办人需要到社保经办机构为其办理信息登记、增员。假如该存档人员在本市内进行转入,则不需要进行相应的信息登记,只办理增员即可。

此外,如果存档人员的就业情况发生了变化,需要办理暂停缴费手续。北京市规定,灵活就业人员就业情况发生变更的,应按照北京市就业失业管理制度,及时携带本人第二代居民身份证或户口簿,到相应社会保险代理处填写《北京市灵活就业人员办理社会保险事项申请表》,办理暂停缴费手续。

(二) 征缴业务

个体存档人员一般没有固定的工作单位,他们对社会保险又有需求,《社会保险法》对他们参保往往实行自愿化管理。存档人员愿意或有能力时,可以申请加入社会保险体系。

由于目前政府下属的社会保险经办机构的业务主要针对单位,不直接对个人办理业务,因此,这批人参保需要依赖于社会保险代办机构。存档人员把自身的基本信息提供给代办机构,如人力资源公共服务中心或户口所在地的街道,代办机构类同于工作单位,代存档人员把基本信息提供给社会保险经办机构,并作为媒介建立两者收支关系的渠道,但参保人的收支费用并不通过代办机构,一般是社保经办机构直接从参保人的账户上收支保险费。

随着社会就业形式的变化,弹性就业形式越来越普遍,用工形式越来越灵活,通过代办机构直接缴费将会越来越多。

1. 缴费标准

存档人员的社会保险费一般是社保基金管理中心直接每月从存档人员账户上进行扣款,存档单位——人力资源公共服务中心一般不履行代扣代缴的行为,但可代社保基金管理中心监管存档人员的缴费行为,如帮助确定参保的险种、缴费基数、补缴、断缴、缴费不成功时的申诉等。

(1) 基本要求。

① 缴费主体为委托存档人员。

② 缴费要求。与单位职工强制性缴费不同的是,存档人员的缴费行为是自愿、非强制性的。存档人员可根据自己的经济情况决定参保、自愿中断或接续,但到退休前不能退出,

特殊情况除外。缴费标准一旦确定,就要按时足额缴纳,否则将影响缴费记录。缴纳方式是存档人员以货币形式全额缴纳社会保险费。

(2)征缴规定。在《社会保险法》中,国家只规定存档人员的社会保险费全部由参保人出,但国家并没有对存档人员的社会养老保险的缴费基数与缴费比例进行统一的规定,下面以北京市的最新规定来举例说明。

① 缴费基数。社会保险的基数核定发生在北京市全口径城镇单位就业人员月平均工资出来以后,在北京地区一般是每年的7月。北京市全口径城镇单位就业人员月平均工资是社会保险缴费基数确定的依据。

北京市最新的政策规定,在市、区人力资源公共服务中心等社会保险代理机构以个人身份存档,且参加社会保险的个人,以及在各街道(乡镇)政务服务中心缴纳社会保险的个人,缴费基数可以在企业职工养老保险缴费下限和上限之间适当选择。企业职工基本养老保险、失业保险月缴费基数下限标准为本市上一年全口径城镇单位就业人员月平均工资的60%,上限为本市上一年全口径城镇单位就业人员月平均工资的300%。医疗保险的缴费基数为本市上一年度全口径城镇单位就业人员月平均工资的70%。

② 缴费比例。养老保险的缴费比例为养老保险缴费基数的20%,其中,12%被划为统筹基金,8%被划为个人账户基金。失业保险的缴费比例为失业保险缴费基数的1%。医疗保险的缴费比例为医疗保险缴费基数的7%,其中,6.5%作为基本医疗保险基金;0.5%作为大病统筹基金。与职工基本医疗保险不同的是,存档人员不建立医疗保险的个人账户基金。

2. 补缴

依据北京市政策规定,存档人员因各种原因未缴纳基本养老保险费或有缴费中断情况的(国家及本市规定的不缴费情况除外),其在国家规定的劳动年龄内可以向现存档机构提出书面补缴申请,并附本人签字确认的补缴工资基数以及本人的身份证明等材料。经存档机构初审并将相关材料报请社会保险经办机构,经同意后,由本人到存档机构按照当时的有关政策及历年缴费规定补缴。

被保险人以前在国有、集体、外资及港、澳、台资企业工作过,1992年10月以后由于原企业没有参加养老保险,可补缴1992年10月以后企业和个人应缴纳的基本养老保险费。补缴后,1992年10月以前符合国家和北京市有关规定计算的连续工龄视同为缴费年限。

3. 人员减少

存档人员因各种原因不再在人力资源公共服务中心存档或达到退休年龄需要办理退休时,人力资源公共服务中心要为其办理人员减少手续。

(三)待遇支付业务

存档人员的待遇支付业务主要涉及基本养老保险、失业保险和医疗保险待遇支付业务。除存档人员外,还涉及人力资源公共服务中心、街道社保所、社会保险经办机构等。

1. 养老保险待遇支付

(1)退休管理。在人力资源公共服务中心(以下简称中心)存档的被保险人,符合国家规定的养老条件时,本人应提前一个月提出退休申请。中心应及时为其办理相应的退休手续。

中心的业务负责人需要为达到退休条件并申请退休的职工办理退休业务的前期服务,中心、街道社保所的业务负责人向社保经办机构进行个人退休业务的申报。当通过审批和申报后,中心还需要把退休人员的档案和支付关系转移到社区的社保所,退休人员的退休关系就由社保所代表退休人员进行处理。

劳动保障行政部门按其符合规定的养老条件的当月予以审核批准,社会保险经办机构按劳动保障行政部门批准的退休日期的次月开始支付基本养老金。

因被保险人个人原因(不可抗力的原因除外)延误审批的,由此产生的损失由个人承担。[北京市劳动和社会保障局《关于对间断缴纳基本养老保险费等有关问题的处理办法》(2002年12月24日 京劳社养发〔2002〕206号)]

(2) 退休条件。

① 正常退休。依据《国务院关于工人、职员退休处理的暂行规定》,对工人的退休资格的一般要求:男性年满60周岁,女工人年满50周岁、女干部年满55周岁,缴费年限(包括视同缴费年限)15年。

② 提前退休。提前退休可分为特殊工种提前退休和因病、因残退休。

特殊工种一般是指从事井下、高空、高温、特别繁重体力劳动或者其他有损身体健康工作的工人或干部,男性年满55周岁、女性年满45周岁;身体衰弱丧失劳动能力,经过劳动鉴定委员会确定或者医生证明不能继续工作的,一般要求男性年满50周岁、女年满45周岁的工人,连续工龄满5年,一般工龄满15年。

(3) 退休待遇。

① 1998年7月1日前退休的待遇。待遇标准为:月基本养老金＝退休前档案工资×计发比例＋综合补贴＋历年调整。

② 1998年7月1日以前工作,1998年7月1日(包括7月1日)以后2006年1月1日(不包括1月1日)以前退休的待遇。待遇标准为:月基本养老金＝基础养老金＋个人账户养老金＋过渡性养老金＋综合补贴。

③ 1998年7月1日以前工作,2006年1月1日以后退休的待遇。待遇标准为:月基本养老金＝基础养老金＋个人账户养老金＋过渡性养老金。

④ 1998年7月1日以后工作和2006年1月1日以后退休的待遇。待遇标准为:月基本养老金＝基础养老金＋个人账户养老金。

若达不到国家政策规定的退休条件,参保人将在退休时获得个人缴费额(包括个人账户利息)再加上一次性养老补偿金。补偿标准为缴费年限每满1年,发给两个月本人指数化月平均工资。

2. 失业保险待遇支付

(1) 享受待遇的条件。依据《失业保险条例》(中华人民共和国国务院令〔1999〕第258号)的规定,具备下列条件的失业人员,才可以领取失业保险金:

① 按照规定参加失业保险,所在单位和本人已按照规定履行缴费义务满1年的;

② 非因本人意愿中断就业的:

- 终止劳动合同的;
- 被用人单位解除劳动合同的;
- 被用人单位开除、除名和辞退的;
- 用人单位以暴力、威胁或者非法限制人身自由的手段强迫劳动的;
- 用人单位未按照劳动合同约定支付劳动报酬或者提供劳动条件的。

若职工个人主动提出申请与单位解除劳动合同,是辞职行为,属于本人意愿中断就业,不享受失业保险待遇。

③ 已办理失业登记,并有求职要求的。

失业人员在领取失业保险金期间,按照规定同时享受其他失业保险待遇。失业人员在领取失业保险金期间有下列情形之一的,停止领取失业保险金,并同时停止享受其他失业保险待遇:

① 重新就业的;

② 应征服兵役的;

③ 移居境外的;

④ 享受基本养老保险待遇的;

⑤ 被判刑收监执行或者被劳动教养的;

⑥ 无正当理由,拒不接受当地人民政府指定的部门或者机构介绍的工作的;

⑦ 有法律、行政法规规定的其他情形的。

(2) 待遇标准。依据《失业保险条例》的规定,对城镇失业人员失业前所在单位和本人按照规定累计缴费时间满1年不足5年的,领取失业保险金的期限最长为12个月;累计缴费时间满5年不足10年的,领取失业保险金的期限最长为18个月;累计缴费时间10年以上的,领取失业保险金的期限最长为24个月。

失业保险待遇主要由失业保险金、医疗补助金、丧葬补助金、抚恤金、社会保险补贴、职业培训和职业介绍补贴、其他待遇等构成。

失业保险待遇的标准按照各省、自治区、直辖市人民政府的有关规定执行。

(3) 转移。依据《失业保险条例》,若失业人员失业保险关系跨省、自治区、直辖市转迁的,失业保险费用应随失业保险关系相应划转。需划转的失业保险费用包括失业保险金、医疗补助金和职业培训、职业介绍补贴。其中,医疗补助金和职业培训、职业介绍补贴按失业人员应享受的失业保险金总额的一半计算。

若失业人员跨统筹地区转移的,凭失业保险关系迁出地经办机构出具的证明材料到迁入地经办机构领取失业保险金。

在人力资源公共服务中心个人存档的人员,如果失业,中心应为其出具终止存档的证明,并自终止存档之日起7日内,将终止存档人员名单报其户口所在地的区、县失业保险经办机构备案;在20日内,将存档人员档案转移到其户口所在地的区、县失业保险经办机构。

3. 医疗保险待遇支付

(1) 享受条件。对于存档人员,只要按时足额缴纳了医疗保险费,即可享受规定范围内的医疗保险待遇。

(2) 待遇标准。若存档人员发生费用,其待遇标准同在职职工的医疗保险待遇一样。

依据北京市基本医疗保险待遇支付的规定,门诊、急诊的医疗费用与到定点零售药店购药的费用,首先用个人账户的资金进行支付,超过了起付线后,然后才由大额医疗统筹基金来支付,针对参保人员类别的不同,起付线的标准也不一样。对于住院费用,也首先用个人账户的资金进行支付,然后再用基本统筹基金来支付,因参保人员类别的不同而有不同的起付线。具体标准如表4-5所示。

表 4-5　门诊与住院费用的起付线标准

	起付线(元)	
	门诊急诊	住院费用
在职职工	1 800	1 300
退休人员	1 300	1 300

起付线是指在统筹基金支付前按规定必须由个人负担的医疗费用额度,也就是通常所说的进入统筹基金支付的"门槛"。在职和退休医保、老年人、无业居民的起付线均为1 300元,在一个年度内第二次及以后住院起付线为650元。学生、儿童大病医疗保险的起付标准第一次及以后均为650元。

最高支付限额又被称为封顶线,指参保者超过起付线部分用统筹基金支付的最高限额。最高支付限额国家要求原则上控制在当地职工年平均工资的4倍左右。超过最高支付限额的部分,统筹基金不再支付,应寻找其他途径进行分担。

再以北京市为例说明最高支付限额,具体标准如表4-6。

表 4-6　门急诊与住院费用的最高支付额

	最高支付限额(元)	
	门急诊	住院费用
大额统筹	20 000	400 000
基本统筹	0	100 000

参保人员在一个年度内累计超过起付线的门诊、急诊医疗费用和超过基本医疗保险统筹基金最高支付限额(不含起付标准以下以及个人负担部分)的医疗费用,一般由大额医疗统筹基金按一定的比例进行支付。若大额医疗统筹资金不足支付时,市财政给予适当补贴。大额医疗费用互助资金在一个年度内累计支付职工和退休人员门诊、急诊医疗费用的最高数额为2万元。参加城镇职工基本医疗保险的人员,住院(包括门诊特殊病)发生的超过基本医疗保险统筹基金最高支付限额以上,大额医疗互助资金最高支付限额以下的医疗费用,在职职工的报销比例为85%,退休人员的报销比例为90%。

基本统筹基金支付在起付线以上和最高支付限额之间,基本医疗保险统筹基金最高支付限额为10万元,住院大额医疗互助资金最高支付限额调整为40万元。参加城乡居民大病医疗保险的老年人和无业人员,住院(包括门诊特殊病)发生的医疗费用,一个年度内大病医疗保险基金最高支付限额调整为25万元,连续参保人员门诊可报销3 000元。

统筹支付指参保人员在发生医疗费用时,依据医疗保险规定的药品、诊疗项目、诊疗设施等费用可由统筹基金按照一定的比例支付。

北京市存档人员的门诊报销比例如表4-7所示;住院报销比例如表4-8所示。

表 4-7 基本医保人员就医时的门诊报销比例

人员\类别	在职职工		退休职工		
			70周岁以下		70周岁以上
	医院	社区	医院	社区	
普通人员	70%	90%	85%	90%	90%

表 4-8 城镇职工就医时的住院费用报销比例

比例\医院\医疗费用金额段	一级医院		二级医院		三级医院	
	统筹支付	个人负担	统筹支付	个人负担	统筹支付	个人负担
起付标准—3万元	90%	10%	87%	13%	85%	15%
3万—4万元	95%	5%	92%	8%	90%	10%
4万—10万元	97%	3%	97%	3%	95%	5%
10万—50万元	85%	15%	85%	15%	85%	15%

自费指在实际发生的住院医疗费用中,按照有关规定不属于城镇居民基本医疗保险支付范围而全部由个人支付的费用。具体是指参保人员在使用不属于基本医疗保险范围的药品、检查治疗项目及服务项目时,由个人支付的费用。

特殊病经常指慢性肾功能衰竭(尿毒症)、白血病、各种恶性肿瘤、肾脏移植、器官移植后排异反应等疾病。重病确认需凭本人申请和医院的疾病诊断证明,经医院医保办初审后,由医保中心确认后可享受特殊病支付办法;若未经重新确认的,将停止享受重病人群待遇。

(3) 费用发生的相关管理。医疗保险费用的支付方式可分为后付制和预付制。前者是指服务项目付费,后者是指总额预算包干、按人头付费、工资制。具体情况如下所示。

① 按服务项目付费。医疗保险机构以医疗服务的发生服务项目和量向其支付费用,属于事后付费。

② 按人头付费。医疗保险机构按合同规定的时间,根据接受医疗服务的被保险人人数和规定的收费标准,预先支付医疗服务费用的支付方式。在此期间,医疗机构负责提供合同规定范围内的一切医疗服务,不再另行收费,属于包干制。

③ 总额预算制。医疗保险对服务地区的人口密度、人口死亡率、医院的规模、服务数量和质量、设备设施情况等因素进行综合考察与测算后,按照与医院协商确定的年度预算总额支付医疗费用的方式。其又被称为总额预算包干制。

④ 按病种付费,也称按疾病诊断分类定额支付。这种方式是根据国际疾病分类法,将住院病人分为若干组,同时将病人的疾病按诊断、年龄、性别等分为若干组,对每一组的不同级别分别制定价格标准,按照这种价格对该组某级疾病治疗的全过程进行一次性支付。

⑤ 工资制(薪金支付制)。医疗保险机构根据全国医疗服务机构医务人员所提供的服务向他们发工资,以补偿医疗机构的人力资源消耗。

目前,北京市主要采用第一种和第四种,参照第二种和第三种强化对医院的管理和监督。

【知识巩固】

1. 什么是人事档案?
2. 人事档案具有哪些特点?
3. 人事档案的材料是如何进行分类的?
4. 哪些类型人员的人事档案可以单位委托存档或个人委托存档的形式由人力资源公共服务中心等档案管理机构代为托管?
5. 人事档案代理相关业务包括哪些内容?
6. 公共人力资源服务机构代办社会保险的服务对象是什么?
7. 公共人力资源服务机构代办社会保险的业务内容包括哪些?
8. 基本养老保险、失业保险和医疗保险的征缴范围分别是什么?

业务示例 4-24

北京市个人缴费人员缴纳社会保险费协议

协〔 〕字 号

甲方(个人缴费人员):_____
甲方公民身份证号码(必须18位):_____
乙方(代办社会保险事务机构):_____

根据《社会保险法》《北京市基本养老保险规定》《北京市失业保险规定》《北京市基本医疗保险规定》《北京市个体劳动者、自由职业人员参加社会保险试行办法》及其他相关法律法规规定,甲、乙双方自愿签订本协议,双方应严格遵照本协议约定执行。

一、甲方权利与义务

(一)甲方于_____年_____月起自愿参加北京市社会保险,并按照国家规定缴纳社会保险费,选择参加险种如下(请勾选):
□基本养老保险 □失业保险 □基本医疗保险
只选择参加上述一项或两项险种的,甲方需同时提交书面申请。

(二)甲方自愿选择以下标准作为基本养老保险、失业保险费缴费基数(请勾选):
□本市上一年职工月社会平均工资的40%;
□本市上一年职工月社会平均工资的60%;
□本市上一年职工月社会平均工资。
甲方参加基本医疗保险的,其缴费基数为本市上一年职工月社会平均工资的70%。

依据现行社会保险相关规定,**社会保险缴费年度为当年7月1日至次年6月30日,次年7月1日开始为新的缴费年度**。甲方要求变更新缴费年度内缴费基数标准的,应当在当年缴费基数公布之日起至当年7月20日期间,到乙方办理新缴费年度缴费基数变更确认手续。甲方未办理确认手续的,新缴费年度默认沿用甲方上一缴费年度选定的基数标准核定。

(三)甲方已选择以下银行中的一家银行作为社会保险费的缴费银行,并已与该银行签订了社会保险费银行缴费相关协议,缴费银行(请勾选)、借记卡号或存折账号信息如下:

缴费银行:
□招商银行   □农商银行   □中国银行
□交通银行   □中信银行   □广发银行
□邮储银行   □工商银行   □北京银行
□兴业银行

借记卡号或存折账号:
_____

(四)甲方在办理社会保险相关手续时,应如实向乙方提供以下材料和信息,并按要求填写相关报表:
1. 第二代居民身份证复印件;
2. 与缴费银行签订的社会保险费银行缴费协议;

3. 用于缴纳社会保险费的借记卡或存折的复印件;

4. 电子照片(符合第二代居民身份证标准;jpg格式;宽度:358像素,高度:441像素;文件不小于9 KB,不大于20 KB);

5. 其他个人信息。

甲方为新参保人员时,必须提供以上1—4项材料;甲方办理续保及信息变更手续时,应根据具体业务要求提供上述材料中的一项或几项。

(五)甲方应按照与银行约定的缴费方式,于**每月5日至20日期间,按时、足额**缴纳社会保险费。

按时、足额缴纳社会保险费后,可按法律法规及相关规定享受相应的社会保险待遇。

甲方未在每月缴费期内缴纳社会保险费的,视为未按时、足额缴纳社会保险费,其社会保险待遇核定将严格依照社会保险相关法律法规规章及规范性文件执行。

由于甲方原因连续3个月应缴纳的社会保险费未足额缴纳的,视为甲方缴费间断,同时本协议自行终止失效。甲方缴费间断后再次缴费的,需重新签订协议。

(六)遇如下几种情形,甲方应与乙方重新签订《北京市个人缴费人员缴纳社会保险费协议》(以下简称《协议》),并同时办理相应的信息变更手续:

1. 甲方要求变更参加险种的;

2. 在同一缴费年度内,甲方要求变更缴费基数标准的;

3. 甲方的缴费银行、借记卡号或存折账号发生变更的;

4. 甲方的姓名、公民身份证号码发生变更的。

甲方应于每月20日前完成重签《协议》及相应信息变更手续,以免造成缴费中断、影响相关待遇享受。

甲、乙双方每月20日前重签《协议》的,当月生效。每月20日后签订《协议》的,视为次月签订,协议次月生效。

(七)甲方享有按法律法规及相关规定查询个人权益记录的权利。

二、乙方权利与义务

(一)在甲方申请办理新参保、续保、信息变更手续并提供相应材料后,乙方应及时、准确地到所在地社会保险经办机构为其办理新参保、续保、信息变更手续。因乙方未及时、准确地办理相关手续,给甲方造成的损失,由乙方承担。

(二)乙方应按相关法律法规规章及本协议的要求为甲方提供相应的社会保险服务。

(三)乙方在收到所在地社会保险经办机构发布的关于缴费基数及按月缴纳社会保险费金额的书面通知及其他相关的社会保险政策调整文件后,应及时执行并在办公场所电子屏、公告栏内予以公布。

(四)乙方应当依法为甲方的个人权益记录保密,不得违法向他人泄露。

三、其他

(一)本协议未尽事项,依照社会保险法律法规规章及其他规范性文件执行。

(二)今后新出台的社会保险法律法规规章及规范性文件与本协议有关条款内容不一致的,自实施之日起,本协议中与之相抵触的条款内容自然失效。

(三)由于自然灾害等不可抗力原因,造成甲方、乙方权利义务无法按时履行的,由双方共同协商解决,双方均不为此承担违约责任。

（四）本协议适用中华人民共和国的法律法规。本协议项下及有关本协议的一切争议均由乙方所在地的人民法院管辖。

（五）本协议一式两份，甲、乙双方各执一份，自双方签订之日起生效。

甲方：本人已充分了解本协议中甲乙双方的各项权利和义务，同意按上述约定缴纳社会保险费。

（请在此抄录：）_____

_____

甲方(签字)：　　　　　　　　　　　　　被委托人(签字)：
_____年___月___日

手机号码：_____

联系地址：_____市_____区_____街道(镇)_____

_____

邮政编码：_____

座机号码：_____

乙方(章)：
_____年___月___日

业务示例 4-25

北京市灵活就业人员办理社会保险事项申请表

个人基本信息	姓名：	
	证件类型：	
	证件号码：	
	户口性质：	
	手机号：	
	户口所在地地址： 邮编：	
参保人员类型	□个人委托存档人员　　□无人事档案人员　　□灵活就业的农村劳动力 □失业人员　　　　　　□港澳台居民　　　　□延期缴费人员	
申办事项	1. □参（续）保登记 （□在京首次参保）	参加险种：□基本养老保险　□失业保险　□基本医疗保险 养老、失业保险缴费工资为　　　　元（填报整数） 医疗保险缴费基数为缴费年度上一年本市职工月平均工资的70%
	2. □暂停缴纳社会保险费	申请自　　年　　月起暂停缴纳社会保险费
	3. □个人参保信息变更	变更项目名称： 变更前： 变更后：
定点医疗机构信息	□首次填报定点医疗机构　　□变更定点医疗机构	
	定点医疗机构1：	
	定点医疗机构2：	
	定点医疗机构3：	
	定点医疗机构4：	
为了保障您的权益，请认真阅读告知内容（附后），抄写以下内容确认： 本人已认真阅读并知悉申请所示内容，确认填写的信息准确无误。		
本人签字：　　　　　　　　　　　　　　　　　　　　　　申请日期：　　年　月　日		
社会保险代理处经办人：　　　　受理日期：　　　　　　　　　　（盖章）		

参 保 须 知

1. 缴费年度起止时间为当年 7 月至次年 6 月,一个缴费年度内养老保险、失业保险缴费基数和缴费周期不进行调整。当一个缴费年度即将结束时,在截止月内的 5 日至次月 25 日期间,可向社会保险代理处申报调整缴费基数和缴费周期,从下一个缴费年度的起始月开始按照调整后的缴费信息进行缴纳;未按时申报的,新缴费年度的缴费基数自行依据本人上一年度的缴费基数确定,低于职工养老保险缴费下限的,以下限作为缴费基数。具体申报时间及办法以当年缴费基数申报公告为准。

2. 社会保险自申请之月起缴费,实行"当月申请、次月缴费"的模式,社会保险费需按照税务部门的要求办理缴费业务。自 2021 年 9 月起,灵活就业人员可通过电子税务局、银行柜台、银行 App 等渠道查询缴费,同时,自 2021 年 10 月起,由税务部门负责办理缴费协议签订(有关缴费问题请咨询 12366)。

3. 由于姓名、证件号码等个人参保信息填写错误,或未及时变更社保登记的上述个人信息,或用于缴纳社会保险费的银行及扣款账号信息变更后未及时按税务部门要求办理缴费业务等个人原因,造成连续三个月未能按时缴纳养老保险费、失业保险费、医疗保险费的,视为个人自动中断缴费。自行中断缴费后,个人要求恢复缴费的,应重新向原办理参保登记业务的社会保险代理处提出申请,养老保险费、失业保险费、医疗保险费从申请之月起按月缴纳。

4. 初次参加基本医疗保险,缴费 180 天后发生符合规定范围的医疗费用,基金予以支付。

5. 灵活就业人员参加基本医疗保险后应当连续足额缴纳基本医疗保险费,逾期 90 天未缴费的视为缴费间断。间断后再次缴费,按初次参加基本医疗保险享受待遇。

【项 目 总 结】

本项目对公共人力资源服务的业务进行了详细阐述。与经营性人力资源服务相比,公共人力资源服务具有明显不同的特点。本项目具体包括失业管理业务、职业介绍业务、职业指导业务、职业培训业务、就业管理业务、人力资源和社会保险公共事务代理业务六个任务,每一个任务下又包含若干个子任务。所创设的工作场景具有连续性,贯穿了一名劳动者从失业到成功再就业(创业)以及后续到公共服务机构寻求人力资源和社会保险事务代理服务的全过程。每个业务从任务导入开始,从业务基础、业务流程和操作注意事项等角度都进行了详细阐述。

项目五

就业政策法规

【学习导图】

```
                  ┌─ 宏观就业政策分析
                  ├─ 促进失业人员再就业政策
   就业政策法规 ──┤
                  ├─ 特殊群体就业保障政策
                  └─ 涉外就业政策
```

任务一　宏观就业政策分析

【知识目标】
➤ 理解影响就业的主要因素；
➤ 理解就业调控的概念和目标；
➤ 掌握调控人力资源市场的宏观政策工具。

【能力目标】
➤ 能为失业人员进行宏观就业环境分析。

【任务导入】

● 任务 5-1

【具体任务】

假如你是一名职业指导人员,现需要进校与应届大学毕业生进行面对面的交流,请你结合当前的我国宏观经济形势和就业现状,对当前大学生的就业现状、原因及解决措施进行分析,并形成分析报告。

● 任务 5-2

【工作场景】

据有关资料报道,发展中国家的就业弹性平均在 0.3—0.4,我国的就业弹性从 20 世纪 80 年代的 0.3 下降到目前的 0.1。另据报道,我国第一产业的平均就业弹性为 0.06,第二产业的平均就业弹性为 0.34,第三产业的平均就业弹性为 0.57。

【具体任务】

试分析以上数据说明了什么问题?如何理解上述报道?

一、影响就业的主要因素

从宏观角度分析,影响就业的主要因素来自人力资源供给、人力资源需求和人力资源的配置方式三个方面。

(一) 影响人力资源供给的因素

影响人力资源供给数量的因素主要是人口结构和劳动力参与率;影响人力资源供给质量的因素主要是教育和培训。

1. 人口结构

在总人口中,对就业产生直接影响的是劳动年龄段的人口规模。根据劳动年龄段人口占总人口的比重,可将一国或一个地区一定时期内的人口分为增长型、老龄型和均衡型。增长型人口是指 0—15 岁年龄段人口比重大的类型,在这种情况下,劳动力供给趋于增长,就业压力也呈增长态势;老龄型人口是指 60 岁及以上人口比重大的类型,在这种情况下,人口年龄结构趋于老化,劳动力供给将出现停滞甚至减少的趋势,就业压力会减小;均衡型人口即劳动年龄段人口占合理比重的人口结构。人口结构年轻化和老龄化,都会增大人口赡养系数,表现为现实的劳动力资源不足,使就业者的负担加重。

2. 劳动参与率

劳动力参与率是指经济活动人口占 16 岁以上人口的比例。劳动参与率在一定程度上反映了劳动者对于工作收入与闲暇偏好的选择,它一方面受到基本工资、家庭整体收入范畴以及年龄、性别等影响,另一方面受到社会保障水平、劳动力状况等影响。

我国的劳动参与率属于较高水平,但呈现下降趋势;从劳动参与率的性别差异来看,男性的劳动参与率高于女性。男性年龄模式相对稳定。除了15—19岁组因在受教育中而下降外,25岁后男性的曲线基本保持不变。女性年龄模式在45岁后持续下降,并随时间延续显示出较大差异。与世界水平相比,中国女性的劳动参与率一般要高于其他国家,并且受结婚、生育等的影响较小;从城镇劳动参与率差异看,在劳动参与率方面农村远比城市与城镇高。其中,60—64岁的年龄段城乡劳动参与率相差最大,而25—29岁的年龄段相差最小。60岁以上劳动参与率相差最大是因为乡村的养老保险制度还不够完善,大多数60岁以上的乡村老人依然要自力更生地维持生计,而城镇的这一年龄段人群有正式工作的均已退休,并且有养老保险等保障。

在我国实行了有效的计划生育政策后,劳动参与率已经成为劳动力供给中起主要作用的因素。

3. 教育和培训

教育和培训是提高劳动力素质和能力的主要途径。通过教育和培训可以提高劳动者的智力、知识、能力和技术水平,从而有效地提高就业质量。

教育按照教学目的可以分为普通教育和职业教育。普通高等教育是以学科为导向,培养应用型、学科型的人才教育。职业教育是以职业为导向,培养技术员或技术工人类的操作型人才教育。

培训不同于教育。职业教育是一种注重工作技能的学制教育,而培训则是一种短期的、目的比较直接的学习过程。前者必须有课堂教学,而后者的形式多样,不一定有课堂教育。培训按目的可分为就业前培训、在职培训和转岗培训等。

实践证明,由于教育和培训导致的劳动力素质的提高对经济增长的贡献率很大,因此,教育和培训本身就能扩大就业需求。同时,教育普及水平提高有助于推迟就业年龄,降低劳动参与率,从而减小就业压力。

(二)影响人力资源需求的因素

在一定时期内,劳动力供给具有相对稳定性,就业主要取决于劳动力需求,影响经济发展和经济结构的因素都会对人力资源需求产生影响。

1. 就业弹性

就业弹性是衡量经济总量对就业的影响的指标。就业弹性是指某一经济变量的单位变动率所引起的就业量的变动率,自变量可以是国民收入指标、消费指标、投资指标等,我们通常讲的"投资增加一个百分点,就业增加多少个百分点",实际上讲的是就业的投资弹性。一般情况下,就业弹性是指就业的收入弹性,计算时较常用的收入指标是国内生产总值(GDP),其计算公式为:

$$就业弹性 = \frac{就业增长率(\%)}{经济增长率(\%)}$$

当就业弹性等于1时,说明就业量随着经济增长而保持同步增长;当就业弹性小于或等于0时,说明经济增长并不能创造就业岗位,甚至减少了就业岗位。目前,发展中国家的就业弹性平均在0.3—0.4,我国的就业弹性从20世纪80年代的0.3下降到目前的0.1,即GDP增长1个百分点,就业所拉动的人数从30年前的200万人下降到100万人。近年来,我国第一产业的平均就业弹性在降低,意味着农业已经不再具有吸纳就业的潜力,这符合经济发展规律;第二产业的就业弹性也在趋于下降,这与工业中出现资本增密的特点有关,这是指工业增长中越来越倾向于投入物质资本,投入的劳动力相应减少;第三产业的就业弹性处于上涨趋势,保持较高的吸收就业能力,这是与大多数国家的演变趋势相一致的。

鉴于我国劳动力资源丰富及就业弹性较低的现状,在收入较低的情况下,经济增长应该能带动比目前更高的就业增长,所以,应千方百计地提高就业弹性,特别是在发展水平不高的地区,更应当选择劳动密集型的适用性技术,实行增加就业的经济发展战略。

2. 就业结构

就业结构是社会劳动力在各部门之间分配的数量和比例,是经济结构大系统中的一个子系统。经济结构及其变动趋势从根本上取决于经济和社会发展水平,就业结构也随着生产力的发展而有规则地变动,并从一个方面反映了经济结构及其变动趋势。

就业结构变动的总趋势为:一是随着农业劳动生产率的不断提高,第一产业占用的劳动力不断减少,占社会总劳动力的比重不断下降,第二和第三产业占用的劳动力不断增加,占社会劳动力的比重不断上升;二是随着科学技术的进步、生产力的发展和第一、第二产业部门劳动生产率的提高,第三产业部门所占用的劳动力不断增加,占社会总劳动力的比重不断上升。我国三大产业就业人员的构成如图 5-1 所示。

图 5-1 2016—2020 年全国就业人员产业构成情况(单位:%)

3. 技术进步

技术进步主要从两个方面影响就业:一是增加或减少就业总量;二是改变就业结构。技术进步也会提高资本的有机构成,导致就业弹性下降。

(1)增加或减少就业总量。首先,技术进步有增加就业的效应。原因在于:第一,技术进步使劳动工具不断发生变化,使生产劳动工具的部门扩大其劳动力需求;第二,技术进步还导致劳动生产率的提高,使劳动者的收入水平提高,从而刺激消费品生产向多样、复杂、高级的方面发展,极大地增加劳动力需求;第三,科技进步使个人的教育训练时间延长,劳动时间减少,在社会总劳动量增加的情况下,必然需要更多的人从事社会劳动力。其次,技术进步具有减少传统岗位就业的作用。中国 20 世纪 80 年代以后开发和引进了大量的先进技术和设备,对就业而言,技术进步存在着替代就业的效应。总之,技术进步对就业影响的净效应要看这两种作用的大小,应通过经验分析来作出定论。

为了避免技术进步对就业产生不利影响,可以选择既能促进生产率提高、又能促进就业的技术。这就需要在制定产业政策时,充分考虑就业因素,实现技术进步与就业的协调发展。

(2) 对就业结构产生影响。第一,由于技术进步使第一、第二产业的劳动生产率提高,生产能力增强,物质生产技术装备水平提高,社会在该行业投入较少的劳动力就能生产出保证社会生产和消费水平不断提高的物质产品。因此,技术进步为劳动就业从第一产业转到第二产业再转到第三产业创造了物质条件。第二,技术进步使生产部门结构发生变化,从而带来了劳动力在不同部门就业量的变动。第三,技术进步还使劳动者的职业结构向减少体力劳动、增加脑力劳动的方向发展。

(三) 影响人力资源配置方式的因素

影响人力资源配置方式的根本因素是经济体制及就业制度。经济体制可以简单地分为计划经济体制和市场经济体制,经济体制对就业的影响主要通过就业体制实现,与市场经济体制相适应的是市场就业体制,与计划经济体制相适应的是行政计划就业体制。这一影响主要体现在劳动关系调整方面。

在计划经济体制下,包括劳动力在内的所有资源都掌握在政府手中。政府根据行政渠道获得所需信息,并据此作出生产、投资和消费的具体决策。在这种体制下,劳动者没有选择就业的权利,用人单位也没有用人权,企业用什么人、用多少人,劳动者到什么岗位就业,都由政府决定。从长远来看,计划经济体制不利于增加就业。

在市场经济体制下,根据市场供求机制,拥有劳动力所有权的劳动者根据劳动力市场价格自主竞争就业,拥有经营自主权的用人单位根据实际需要选择用人,最终建立一种契约式的劳动关系,实现了劳动关系的市场化调整。这样,就有利于劳动力的合理配置、使用和流动,因而比计划经济体制更有利于开拓就业空间,增加就业岗位。

但是,完全的市场就业也有它不利于就业的一面。由于通过市场价格信号进行的市场调节存在盲目性,市场波动较大,容易造成就业的波动。因此,通常政府要进行必要的干预,避免由于就业问题引起社会不稳定。

二、就业调控的概念

所谓就业调控,是指国家行政机关运用宏观调控手段促进就业的行为。就业调控属于宏观调控的有机组成部分。2008年颁布实施的《就业促进法》第二条规定:"国家把扩大就业放在经济社会发展的突出位置,实施积极的就业政策,坚持劳动者自主择业、市场调节就业、政府促进就业的方针,多渠道扩大就业。"第四条规定:"县级以上人民政府把扩大就业作为经济和社会发展的重要目标,纳入国民经济和社会发展规划,并制定促进就业的中长期规划和年度工作计划。"第五条规定:"县级以上人民政府通过发展经济和调整产业结构、规范人力资源市场、完善就业服务、加强职业教育和培训、提供就业援助等措施,创造就业条件,扩大就业。"这些规定从法律层面上明确了国家有采取各种措施促进劳动就业的义务。

三、就业调控的机构

关于就业调控的机构,《就业促进法》第六条作了规定(见表5-1)。但是,全国促进就业工作协调机制的地位、组织形式和权力还不够清晰和完善。

表 5-1 就业调控的机构

机　　构	就业调控的职能
国务院	建立全国促进就业工作协调机制,研究就业工作中的重大问题,协调推动全国的促进就业工作
国务院劳动行政部门	具体负责全国的促进就业工作
省、自治区、直辖市人民政府	根据促进就业工作的需要,建立促进就业工作协调机制,协调解决本行政区域就业工作中的重大问题
县级以上人民政府有关部门	按照各自的职责分工,共同做好促进就业工作

四、就业调控的目标

我国宏观调控的目标之一就是充分就业,这也是就业调控的主要目标。充分就业通常以失业率表示,如果失业率控制在 5% 以下,一般就被认为实现了充分就业。我国就业调控目标的表现形式有多种,主要有失业率和新增就业两种,2021 年《政府工作报告》中提出的就业预期目标包括:"2021 年城镇新增就业 1 100 万人以上,城镇调查失业率控制在 5.5% 以内"。促进就业的宏观调控政策体系是通过调控劳动力需求和供给来实现调控目标的。

《就业促进法》第五十八条规定:"各级人民政府和有关部门应当建立促进就业的目标责任制度。县级以上人民政府按照促进就业目标责任制的要求,对所属的有关部门和下一级人民政府进行考核和监督。"

五、就业调控的政策工具

就业调控的政策工具主要包括财政政策、货币政策、金融政策、收入政策、产业政策、人力政策、投资政策等。下面以财政政策、货币政策、产业政策、人力政策为例,说明宏观调控对于就业的影响。

(一) 货币政策

货币政策是政府利用中央银行为实现既定的经济目标,运用各种工具调节货币供给量,进而影响整个经济活动,促进就业。中央银行通过贴现率政策、公开市场业务和变动商业银行法定准备金率等手段,在发生由需求引起的通货膨胀时,提高利率,收紧银根,采取紧缩性货币政策;在发生由需求不足引起的通货紧缩时,则会采取扩张性的货币政策。在前一种情况下,通常会对就业产生不利影响;在后一种情况下,通常能刺激投资和消费需求,促进就业。实施扩张性货币政策,一是降低利率,一是增发货币。但是,货币政策的作用是有限的,在经济发展阶段,通货膨胀不一定是解决失业问题的有效工具。

(二) 财政政策

财政政策是利用政府预算(税率和支出)来调节总需求水平,促进充分就业和控制通货膨胀。在解决就业问题方面,通常认为财政政策比货币政策更有效。当经济出现衰退、失业增加时,通过扩大公共工程、政府购买和其他支出,提高社会总需求中的政府开支部分,同时减低税收以刺激消费和投资,间接扩大社会总需求,即采取扩张性的财政政策,这些措施可以增加就业,促进就业水平的提高;当出现通货膨胀时,通过削减公共工程和政府购买,增加税收,减少人们的可支配收入,以减少消费和投资,平抑物价,即采取紧缩性的财政政策,这些措施不利于就业增加。当出现失业与通货膨胀并存的滞胀局面时,财政政策也很难奏效。

(三) 产业政策

产业政策是市场经济下政府对经济的重要干预方式,是一个国家对其产业结构实施引导、调节和管理的方针政策。《就业促进法》第十一条规定:"县级以上人民政府应当把扩大就业作为重要职责,统筹协调产业政策与就业政策。"

我国的产业政策主要关注以下两方面。

1. 大力发展具有就业优势的劳动密集型产业

只有大力发展劳动密集型产业,才能早日把农业劳动者吸纳进工业化、城市化、现代化的进程中来,提高就业水平及收入水平。发展劳动密集型产业是将加速经济发展和促进就业有机结合起来的一项极为有效的政策,也正是我国在改革开放以来的四十多年中选择的主要产业发展道路。

2. 调整产业结构,大力发展第三产业

随着经济发展水平的不断提高,第三产业吸纳的劳动力就业越来越多,并成为劳动力就业的主要部门。2020年,我国第一产业的增加值为77 754亿元,增长3.0%;第二产业的增加值为384 255亿元,增长2.6%;第三产业的增加值为553 977亿元,增长2.1%。第一产业增加值占国内生产总值的比重为7.7%,第二产业增加值的比重为37.8%,第三产业增加值的比重为54.5%。第三产业有着巨大的发展潜力。

(四) 人力政策

人力政策就是要消除劳动力面临的就业障碍;使劳动力获得充分的就业准备和训练,以具有较广的选择余地;增加对失业人员的训练,提高其就业能力等。

人力政策的基本内容有:加强基础教育和职业教育,促进高等教育;对失业者进行再就业训练等,以提高劳动力的就业能力。《就业促进法》第二十四条规定:"地方各级人民政府和有关部门应当加强对失业人员从事个体经营的指导,提供政策咨询、就业培训和开业指导等服务。"

新闻链接

财政政策要聚力促发展、稳就业

近日,经济形势专家和企业家座谈会释放出重要信息,强调保持宏观政策的连续性和稳定性,积极的财政政策、稳健的货币政策要继续聚焦支持实体经济和促进就业。在央行实施降准措施之后,市场十分关注财政政策的走向。

2021年以来,积极的财政政策突出强化"提质增效、更可持续",在保持必要力度的同时,具体操作上更加注重精准有效。财政收入实现恢复性增长,支出方面则加大对保就业、保民生、保市场主体的支持力度,实施了常态化的财政资金直达机制、减税降费等一系列重要政策措施。当前,经济运行稳中加固、稳中向好,就业形势总体稳定,积极的财政政策在其中发挥了重要作用。

值得关注的是,当前国内外形势依然错综复杂,大宗商品价格上涨推高企业成本,广大企业特别是中小微企业面临较大的压力和困难。与此同时,随着新增减税政策落地释放红利,加上受去年下半年同期基数相对较高的影响,全年财政收入增幅预计呈现前高后低的走势,收支紧平衡状态还会持续。

上述两方面情况叠加,给有效实施财政政策带来了不小的挑战。财政政策应保持连续性和稳定性,突出前瞻性和精准性,更有效地支持实体经济和促进就业。

当前不少企业的日子还很难过,需要宏观政策的大力扶持,特别是要通过减税降费助其减负前行。中小微企业是就业的主力军,对经济发展和社会稳定有着特殊意义。

总之,要保持政策的连续性、稳定性、可持续性,把积极的财政政策各项措施落实到位,与货币政策、产业政策等密切协同配合,助力巩固经济恢复基础,促进经济运行保持在合理区间。

资料来源:金观平.财政政策要聚力促发展、稳就业[N].经济日报,2021-7-19.

【知识巩固】

1. 影响就业的主要因素有哪些?
2. 就业调控的目标是什么?
3. 如何理解就业调控政策工具对就业的影响?
4. 我国的就业弹性和就业结构的发展趋势是什么?

任务二 促进失业人员再就业政策

【知识目标】
➢ 理解积极的就业政策的含义;
➢ 掌握积极的就业政策体系中每一项政策的具体内容。

【能力目标】
➢ 能为失业人员提供就业扶持政策咨询服务;
➢ 能将促进就业政策内容结合生活实际进行灵活运用。

【任务导入】

● 任务 5-3

【工作场景】
王某和李某为某国有企业的普通职工,由于该企业近年来效益不景气,王某和李某被迫失业在家,并办理了失业登记手续。一年后,两人在人力资源公共服务部门的帮助下准备自主创业。王某,38 岁,曾是厨师,在烹饪方面具有工作经验和劳动技能,准备在某繁华地段开一家餐馆,拟投资 2 万元,需贷款 1 万元;李某,35 岁,曾是缝纫工人,准备在居住社区内开设一家便民裁缝铺,提供服装裁减和修补等服务,拟投资 5 000 元,需贷款 3 000 元。

【具体任务】
若你是该地区人力资源公共服务机构的工作人员,根据有关规定,请分析以下问题:
1. 王某和李某是否可以享受有关下岗失业人员从事个体经营的税费优惠政策?为什么?
2. 按照小额担保贷款政策规定,王某和李某是否可以凭《就业失业登记证》申请小额担保贷款?为什么?
3. 如果王某和李某获得贷款,是否需要他们本人偿还利息?为什么?

● 任务 5-4 接实训任务 4-34

【工作场景】
在人力资源公共服务中心工作人员的帮扶下,张师傅(男,51 岁)开始自主创业,目前经营着一家便民早餐店,生意还不错,并已经吸纳了6名本市城镇失业人员就业。张师傅经过一系列手续的办理后,终于可以以灵活就业人员的身份缴纳社会保险了。

缴纳了几个月的社保后,他发现即便按照北京市最低缴费基数进行缴费,每月的社保费也是一笔不小的负担,这可怎么办呢?他来到了社会保障事务所咨询相关工作人员。

【具体任务】

假如你是社会保障事务所的工作人员,请就以下问题向张师傅提供政策咨询服务。

1. 如果张师傅以最低标准为基数来缴纳社会保险,他每月应该缴纳多少元?
2. 张师傅是否可以申请相关就业资金补贴?为什么?
3. 若可以,他可以获得多少就业资金补贴?补贴期限为多长?

● 任务5-5　接实训任务4-31

【工作场景】

王玲从原单位失业后,在户籍所在地社会保障事务所按照流程办理了失业登记。两年后,经过几番求职后,她被北京恒远物流公司招用,该公司准备与她签订为期三年的劳动合同,并约定第一年的月工资为4 000元,每年工资预期涨幅为10%,并按期为其缴纳社会保险。关于就业资金补贴政策,公司的人事专员小孙来到劳动行政部门进行咨询。

【具体任务】

请思考:
1. 该公司招聘王玲后,是否可以申请相关就业资金补贴?为什么?
2. 若可以,在她的劳动合同期第一年内,该公司可以获得多少就业资金补贴?

一、积极的就业政策

积极的就业政策是相对于消极的就业政策而言的。积极的就业政策,主要是向失业者提供免费的公共就业服务和就业培训,对参加培训或再就业的失业人员实行鼓励和补贴措施,来促进就业。积极的就业政策侧重于帮助失业者提升再就业能力以实现再就业(或创业)。

消极的就业政策主要是指,通过向失业者支付失业保险金、使失去工作的生活困难群体享受最低生活保障。消极的就业政策不注重在增加就业岗位和强化就业服务方面的投入和政策引导。这种"重保障、轻就业"的政策模式不仅需要强大的财力作保证,也极容易影响劳动者就业与再就业的积极性,形成养懒汉的福利机制。

目前,我国已经形成了有中国特色的积极就业政策框架。这些政策包括:以提高经济增长对就业的拉动能力为取向的宏观经济政策;以鼓励劳动者多渠道就业为取向的就业扶持政策;以实现劳动力与就业需求合理匹配为取向的人力资源市场政策;以促进高校毕业生、农民工和就业困难群体就业为取向的统筹就业政策;以提高劳动者职业技能为取向的职业培训政策;以减少失业为取向的失业调控政策;以创业带动就业的政策;与就业联动的社会保障政策等。

具体来看,我国积极的就业政策主要围绕用人单位、失业人员和公共就业服务机构展开:对用人单位运用岗位补贴、社会保险补贴、税费减免等手段鼓励其招用各类失业人员和就业困难群体;对于失业人员,通过提供职业介绍、职业指导、职业培训等帮助其再就业,或者采用社会保险补贴政策鼓励其自谋职业,提供小额担保贷款和微利贴息贷款鼓励其自主创业;对于公共就业服务机构,要为其提供职业介绍补贴、职业培训补贴等,鼓励其提供优质的公共就业服务来帮助失业人员早日实现再就业。

二、我国促进失业人员再就业的优惠政策

我国已形成了促进失业人员再就业的积极就业政策体系。具体的就业政策包括:税费减免政策、创业担保贷款政策、社会保险补贴和岗位补贴政策、就业援助政策、职业介绍补贴政策、职业培训补贴等。

(一) 税费减免政策

税费减免政策可以具体分为税收减免政策和管理行政费用减免政策。

《就业促进法》第十七条规定,对下列企业、人员依法给予税收优惠:

(1) 吸纳符合国家规定条件的失业人员达到规定要求的企业;

(2) 失业人员创办的中小企业;

(3) 安置残疾人员达到规定比例或者集中使用残疾人的企业;

(4) 从事个体经营的符合国家规定条件的失业人员;

(5) 从事个体经营的残疾人;

(6) 国务院规定给予税收优惠的其他企业、人员。

1. 税收减免政策

为进一步支持和促进重点群体创业就业,财政部、税务总局、人力资源和社会保障部、国务院扶贫办联合印发了《关于进一步支持和促进重点群体创业就业有关税收政策的通知》(财税〔2019〕22号)、《关于〈关于实施支持和促进重点群体创业就业有关税收政策具体操作问题的公告〉的解读》(2019年2月28日)等政策。

(1) 鼓励自主创业的情况。

① 政策内容。建档立卡贫困人口、持《就业创业证》(注明"自主创业税收政策"或"毕业年度内自主创业税收政策")或《就业失业登记证》(注明"自主创业税收政策")的人员,从事个体经营的,自办理个体工商户登记当月起,在3年(36个月)内按每户每年12 000元为限额依次扣减其当年实际应缴纳的增值税、城市维护建设税、教育费附加、地方教育附加和个人所得税。限额标准最高可上浮20%,各省、自治区、直辖市人民政府可根据本地区实际情况在此幅度内确定具体限额标准。

纳税人年度应缴纳税款小于上述扣减限额的,减免税额以其实际缴纳的税款为限;大于上述扣减限额的,以上述扣减限额为限。

纳税人向主管税务机关办理备案并享受优惠。

每人只能享受一次该优惠政策。

《就业失业登记证》是上述人员享受税收减免政策的有效凭证。

政策链接 1

> 上述人员具体包括：① 纳入全国扶贫开发信息系统的建档立卡贫困人口；② 在人力资源社会保障部门公共就业服务机构登记失业半年以上的人员；③ 零就业家庭、享受城市居民最低生活保障家庭劳动年龄内的登记失业人员；④ 毕业年度内高校毕业生。高校毕业生是指实施高等学历教育的普通高等学校、成人高等学校应届毕业的学生；毕业年度是指毕业所在自然年，即 1 月 1 日至 12 月 31 日。此外，还包括符合条件的残疾人和随军家属。

② 享受优惠政策的方式。建档立卡贫困人口从事个体经营的，自行申报纳税并享受税收优惠。

登记失业半年以上的人员，零就业家庭、城市低保家庭的登记失业人员，以及毕业年度内高校毕业生，可持《就业创业证》（或《就业失业登记证》）、个体工商户登记执照（未完成"两证整合"的还须持《税务登记证》）向创业地县级以上（含县级）人力资源社会保障部门提出申请。符合条件的人员从事个体经营的，自行申报纳税并享受税收优惠。

（2）鼓励企业吸纳情况。

① 政策内容。企业招用建档立卡贫困人口，以及在人力资源社会保障部门公共就业服务机构登记失业半年以上且持《就业创业证》或《就业失业登记证》（注明"企业吸纳税收政策"）的人员，与其签订 1 年以上期限劳动合同并依法缴纳社会保险费的，自签订劳动合同并缴纳社会保险当月起，在 3 年内按实际招用人数予以定额依次扣减增值税、城市维护建设税、教育费附加、地方教育附加和企业所得税优惠。定额标准为每人每年 6 000 元，最高可上浮 30%，各省、自治区、直辖市人民政府可根据本地区实际情况在此幅度内确定具体定额标准。城市维护建设税、教育费附加、地方教育附加的计税依据是享受本项税收优惠政策前的增值税应纳税额。

按上述标准计算的税收扣减额应在企业当年实际应缴纳的增值税、城市维护建设税、教育费附加、地方教育附加和企业所得税税额中扣减；当年扣减不完的，不得结转下年使用。

这里所称企业是指属于增值税纳税人或企业所得税纳税人的企业等单位。

② 享受优惠政策的方式。享受招用重点群体就业税收优惠政策的企业，向县以上人力资源社会保障部门递交申请。人力资源社会保障部门经核实后，对持有《就业创业证》的重点群体，在其《就业创业证》上注明"企业吸纳税收政策"；对符合条件的企业，核发《企业吸纳重点群体就业认定证明》。

符合条件的企业自行申报纳税并享受税收优惠。

2. 管理行政费用减免政策

登记失业人员、残疾人、退役士兵以及毕业 2 年以内的普通高校毕业生四类人员从事个体经营的，要按有关规定，自其在工商部门首次注册登记之日起 3 年内，免收管理类、登记类和证照类等有关行政事业性收费。

（二）创业担保贷款政策

1. 创业担保贷款的概念

创业担保贷款是指以具备规定条件的创业主体为借款人，由创业担保贷款担保基金提供担保,由经办此项贷款的金融机构发放,由财政部门给予贴息,用于支持个人创业或小微企业扩大就业的贷款业务。

2. 申请创业担保贷款的对象

创业担保贷款的对象范围调整扩大为:城镇登记失业人员、就业困难人员(含残疾人)、复员转业退役军人、刑满释放人员、高校毕业生(含大学生村官和留学回国学生)、化解过剩产能企业职工和失业人员、返乡创业农民工、网络商户、建档立卡贫困人口。对上述群体中的妇女,应纳入重点对象范围。

此外,还将农村自主创业农民纳入支持范围。将小微企业贷款的对象范围调整为:当年新招用符合创业担保贷款申请条件的人员数量达到企业现有在职职工人数15%(超过100人的企业达到8%)、并与其签订1年以上劳动合同的小微企业。

以北京市为例:在本市注册经营、资信良好、有具体经营项目的小型微型企业、个体工商户、农民专业合作社、民办非企业单位等创业主体均可申请。

3. 贷款额度和期限

符合条件的个人最高可申请创业担保贷款的额度为20万元,对符合条件的个人创业担保贷款借款人合伙创业的,可根据合伙创业人数适当提高贷款额度,最高不超过符合条件个人贷款总额度的10%。

以北京市为例:符合条件的个人借款人可申请最高不超过50万元的创业担保贷款,贷款期限最长不超过3年;小微企业等借款人当年新招用职工达到现有在职职工人数15%(职工超过100人的达到8%),并按规定缴纳社会保险的,贷款额度可提高至不超过300万元,贷款期限最长不超过2年。实际贷款额度由借款人根据实际需求和经营状况与担保公司协商确定。

4. 创业担保贷款贴息

自2021年1月1日起,新发放的个人和小微企业创业担保贷款利息,LPR-150BP以下部分,由借款人和借款企业承担,剩余部分财政给予贴息。

(三)社会保险补贴和岗位补贴政策

社会保险补贴和岗位补贴是鼓励引导用人单位招用符合条件城乡劳动者的资金补助,所需资金从失业保险基金列支。

社会保险补贴一方面是政府为了鼓励用人单位招用城镇失业人员并按规定为其缴纳社会保险费后,给予用人单位的资金补助;另一方面,为了鼓励失业人员自谋职业或灵活就业并缴纳社会保险费,政府给予自谋职业或灵活就业者的资金补助。

岗位补贴是为了降低用人单位招用城镇失业人员的用工成本,政府给予用人单位用于职工工资、福利、劳保及社会保险方面的开支。下面以北京市为例,介绍社会保险补贴和岗位补贴政策内容,分为鼓励用人单位吸纳就业和自谋职业或灵活就业两种情况。

1. 鼓励用人单位吸纳就业

(1)申请用人单位岗位补贴和社会保险补贴的范围

北京市人力资源和社会保障局发布的《关于印发〈用人单位岗位补贴和社会保险补贴管理办理〉的通知》(京人社发〔2012〕308号)规定,本市(北京市)行政区域内的企业、民办非企业单位、事业单位、社会团体及个体工商户等各类用人单位(以下统称用人单位)可以申请岗位补贴和社会保险补贴。

国家机关、全额拨款事业单位、各级政府公共管理服务项目、村集体组织公益性项目以及农民专业合作社、未经改制的村集体经济实体不列入岗位补贴和社会保险补贴范围。

(2) 申请享受岗位补贴、社会保险补贴的对象

① 用人单位招用失业登记或转移就业登记的本市"4050"人员、低保人员、初次进京的随军家属、登记失业一年以上人员、零就业家庭和低收入农户劳动力，以及招用未实行就业失业管理的农村就业困难地区(绿化隔离建设、资源枯竭、矿山关闭或保护性限制等)转移就业登记农村劳动力，在劳动合同期限内可申请享受最长不超过5年的岗位补贴和社会保险补贴。

② 用人单位招用失业登记的本市其他人员，在劳动合同期限内可申请享受最长不超过3年的社会保险补贴。

此外，《关于用人单位招用本市高校毕业生、退役士兵等人员享受岗位补贴、社会保险补贴有关问题的通知》(京人社就发〔2016〕264号)对招收人员范围进行了扩大，规定上述用人单位直接招用下列人员(以下简称扩大范围人员)可申请享受岗位补贴、社会保险补贴。

- 毕业年度内普通高等学校、技师学院高级工班、预备技师班的本市毕业生和特殊教育院校职业教育类的本市毕业生(简称应届高校毕业生)。
- 由本市接收的批准退出现役时间尚未超过一年的退役士兵(简称退役士兵)。
- 与本市社会公益性就业组织建立劳动关系且享受失业保险基金公益性就业组织岗位补贴的人员(简称公益性就业组织安置人员)。
- 按照国家及本市有关规定实施化解过剩产能、疏解搬迁以及其他全市重大调整改革项目、在人力社保部门备案的企业中需分流的本市职工(简称本市分流职工)。

用人单位直接招用应届高校毕业生，可申请享受最长不超过3年的社会保险补贴；用人单位直接招用退役士兵、公益性就业组织安置人员、本市分流职工的，可申请享受最长不超过5年的岗位补贴、社会保险补贴。

补贴对象出现退休、死亡等情况的，可根据用人单位与其实际履行的劳动合同，申请享受岗位补贴和社会保险补贴。

(3) 用人单位享受岗位补贴和社会保险补贴的条件

① 依法签订一年及以上期限劳动合同。

② 按规定缴纳职工社会保险。

③ 按月足额发放不低于当年本市最低工资标准1.2倍的工资。

注：以上三条须同时满足。

(4) 用人单位享受岗位补贴和社会保险补贴的具体标准

① 招用就业困难人员的岗位补贴标准为每人每年8 000元。

② 招用就业困难人员的社会保险补贴标准为：基本养老保险补贴16%，失业保险补贴0.8%，以上年度全口径城镇就业人员平均工资的60%为最高补贴基数，低于60%的，据实补贴；医疗保险补贴10%，以医疗保险确定的最低缴费基数为补贴基数。

③ 招用本市其他登记失业人员的社会保险补贴标准为：基本养老保险补贴16%，失业保险补贴0.8%，医疗保险补贴10%，以各险种最低缴费基数为补贴基数。

针对招用"扩大范围人员"的情况，用人单位直接招用应届高校毕业生，按照第③种情况的标准执行；用人单位直接招用退役士兵、公益性就业组织安置人员、本市分流职工的，按照第②种情况的标准执行。

劳动合同期限届满,用人单位与补贴对象续签劳动合同且未达到最长补贴期限的,可根据续签劳动合同的期限继续申请享受岗位补贴和社会保险补贴,直至累计达到最长补贴期限。

用人单位与补贴对象终止或解除劳动关系后,重新招用的不能申请享受岗位补贴和社会保险补贴。

2. 自谋职业或灵活就业

(1) 自谋职业或灵活就业人员缴纳社会保险的标准

在市、区人力资源公共服务中心等社会保险代理机构以个人身份存档,且参加社会保险的个人,以及在各街道(乡镇)政务服务中心缴纳社会保险的个人,养老保险和失业保险的缴费基数可以在企业职工养老保险缴费下限和上限之间适当选择,养老保险的缴费比例为20%,失业保险的缴费比例为1%。未按期办理申报手续的,其该年度的社会保险缴费基数将依据本人上一年度的缴费基数确定,低于职工养老保险缴费、失业保险缴费下限的,以下限作为缴费基数。医疗保险的缴费基数为本市上一年全口径城镇就业人员平均工资的70%,缴费比例为7%。

(2) 可以申请自谋职业(自主创业)社会保险补贴的范围

为鼓励本市城镇失业人员中的就业困难人员依法申领个体工商户营业执照从事个体经营,实现自谋职业(自主创业),并带动更多失业人员就业,从事个体经营的本市城镇登记失业人员符合下列条件的,可以申请自谋职业(自主创业)社会保险补贴:

① 女年满40周岁以上、男年满50周岁以上及在法定劳动年龄内的中、重度残疾人;

② 在失业期间依法申领《个体工商户营业执照》《税务登记证》,正常经营3个月以上,并按规定办理了就业登记手续;

③ 在市或区、县职业介绍服务中心办理了个人委托存档手续。

享受过自谋职业、自主创业和灵活就业社会保险补贴政策的失业人员,再次就业后,符合相关规定的可以再次申请社会保险补贴。

(3) 自谋职业(自主创业)社会保险补贴的期限

① 申请补贴时,女年满40周岁、男年满50周岁的及中度残疾人,可按规定连续享受3年的社会保险补贴。享受期满后,对经营状况良好并吸纳5名以上本市城镇失业人员就业的,可再享受2年的社会保险补贴;

② 申请补贴时,女年满45周岁、男年满55周岁的及重度残疾人,可按规定连续享受最长5年的社会保险补贴。

(4) 可以申请灵活就业社会保险补贴的对象

具有本市城镇户口,从事灵活就业,并办理了就业登记的城镇登记失业人员,符合下列条件的,可以申请灵活就业社会保险补贴:

① 女满40周岁、男满45周岁以上(以下简称"4045"失业人员)及中、重度残疾人;

② 在社区从事家政服务与社区居民形成服务关系,或在区(县)、街道(乡镇)、社区统一安排下从事自行车修理、再生资源回收、便民理发、果蔬零售等社区服务性工作,以及没有固定工作单位、岗位不固定、工作时间不固定能够取得合法收入的其他灵活就业工作;

③ 已实现灵活就业满30日,并在户口所在区(县)劳动保障部门办理了个人就业登记。

(5) 灵活就业社会保险补贴的期限

① 符合规定的"4045"失业人员及中度残疾人可以享受累计最长3年的社会保险补贴;

② 距法定退休年龄不足5年的城镇登记失业人员及重度残疾人,可以享受累计最长5年的社会保险补贴。

(6) 社会保险补贴的标准

基本养老保险以本市职工养老保险缴费、失业保险缴费下限为补贴基数,补贴14%;失业保险以本市职工养老保险缴费、失业保险缴费下限为补贴基数,补贴0.8%;基本医疗保险的补贴基数调整为灵活就业人员缴纳职工医疗保险缴费基数,补贴6%。

(四) 就业援助政策

就业援助制度是指依托街道、社区等公共就业服务机构,以就业困难人员作为主要对象,开设专门窗口,实施政策咨询、求职登记、职业指导、岗位推荐、技能培训、事务代理等就业援助措施,使他们在生活保障、再就业和社会保险等方面得到及时有效的帮助。2012年5月1日,《北京市就业援助规定》正式实施,第一次将就业援助政策长期化、正式化。

1. 就业援助的对象

《就业促进法》第五十二条规定,就业援助的主要对象是指有劳动能力和就业愿望的就业困难人员。就业困难人员是指因身体状况、技能水平、家庭因素、失去土地等原因难以实现就业,以及连续失业一定时间仍未能实现就业的人员。就业困难人员的具体范围,由省、自治区、直辖市人民政府根据本行政区域的实际情况规定。

《北京市就业援助规定》对本市的就业困难人员进行了界定。就业困难人员是指在法定劳动年龄内,有劳动能力和就业愿望,处于无业状态并难以实现就业的本市城乡劳动者,具体范围包括:

(1) 属于零就业家庭成员的;

(2) 享受城乡居民最低生活保障待遇的;

(3) 女满四十周岁及以上、男满五十周岁及以上的;

(4) 经残疾评定机构评定为残疾的;

(5) 连续失业一年以上的;

(6) 市人民政府规定的其他情形。

符合条件的城乡劳动者可以按照本市有关规定,到住所地街道(乡镇)公共就业服务机构进行失业登记或者转移就业登记,申请就业困难人员认定。

街道(乡镇)公共就业服务机构应当自受理就业困难人员认定申请之日起5个工作日内完成审查认定,对符合法定条件属于就业困难人员的,应当依法给予就业援助。

申请人对认定结果有异议的,可以自收到认定结果之日起15个工作日内向作出认定结果的公共就业服务机构所在区人力资源和社会保障行政部门申请复核。

就业困难人员认定、复核的具体程序由市人力资源和社会保障行政部门制定并向社会公布。

2. 就业援助的主要政策

(1) 政府开发公益性岗位。政府投资开发的公益性岗位优先安排就业困难人员再就业这是帮扶就业困难人员再就业的主要渠道,也是就业援助制度的重要基础,属于"兜底"安置。

《北京市就业援助规定》第九条规定:"各级人民政府及有关部门应当根据经济社会发展状况和就业援助需要,通过投资、购买等方式开发适合就业困难人员的公益性岗位,定向安排就业困难人员就业。"

政府投资开发的公益性岗位是指由政府作为出资主体,扶持或通过社会筹集资金开发的,以安置就业困难人员为主,符合社会公共利益需要的服务性岗位和协助管理岗位。

这种公益性岗位通常包括以下三种情况:

一是协助政府行使公共管理职能所必需的就业岗位,如社会保障协理、公共交通协管、社会治安协管、环境卫生协管等。

二是政府为满足社会公众需要,投入相关基础设施形成的就业岗位,如车辆看管、书报亭、电话亭等。

三是政府补贴、社会共同出资形成的维护社区正常运转的岗位,如社区保洁、社区保安、社区绿化等。此外,一些地方还规定,机关、事业单位的门卫、收发、后勤服务等临时用工岗位,也应作为政府投资开发的岗位。

(2) 实行优先安排。优先安排是指各级公共就业服务机构要在同等条件下,优先为就业困难人员提供岗位信息、职业介绍、职业指导等就业服务。同时,政府投资开发的公益性岗位,在同等条件下应当优先录用和安排就业困难人员。这是就业援助制度的重要举措,也是帮扶就业困难人员再就业的主要渠道。

《北京市就业援助规定》第十三条规定:"本市鼓励用人单位向公共就业服务机构提供岗位空缺信息,用人单位提供的岗位空缺信息应当真实准确。公共就业服务机构应当优先为提供岗位空缺信息的用人单位提供服务,对符合该用人单位需求并适合就业困难人员就业的岗位,优先推荐就业困难人员。"

(3) 免费的就业服务。《北京市就业援助规定》第十四条规定:"本市鼓励公共就业服务机构以外的职业中介机构、职业技能培训机构和职业技能鉴定机构免费为就业困难人员提供服务。免费为就业困难人员提供职业介绍、职业指导等服务的职业中介机构,按照国家和本市有关规定享受职业介绍补贴。免费为就业困难人员提供职业技能培训、创业培训、技能鉴定的职业技能培训机构、职业技能鉴定机构,按照国家和本市有关规定享受培训补贴、鉴定补贴。"

(4) 享受促进就业优惠政策。《北京市就业援助规定》第十五条规定:"用人单位招用就业困难人员的,按照国家和本市有关规定享受营业税、企业所得税等税费减免,贷款贴息,养老、医疗、失业等社会保险补贴和岗位补贴。就业困难人员自主创业、自谋职业的,按照国家和本市有关规定享受营业税、个人所得税等税费减免,贷款贴息,养老、医疗、失业等社会保险补贴,各级人民政府及有关部门应当在经营场地等方面给予照顾。就业困难人员灵活就业的,按照国家和本市有关规定享受养老、医疗、失业等社会保险补贴。"

(5) 享受就业困难人员精细化就业援助服务。为不断完善"四精准"(精准识别、精准指导、精准支持、精准匹配)全方位公共就业服务模式,北京市制定了《北京市精细化公共就业服务实施细则》(京人社职介发〔2018〕153号),包括总则、求职者精细化服务、就业困难人员精细化就业援助服务、用人单位精细化服务、信息审核、分析和利用、业务督导、队伍建设和附则共8章75条。

《北京市精细化公共就业服务实施细则》第三章专门针对如何对就业困难人员提供精细化就业援助服务进行了详细阐述。要求街道(乡镇)公共就业服务机构应主动开展就业困难人员就业意愿摸查工作,并对摸查对象、就业意愿摸查的方法、内容、就业困难人员就业困难等级确定等进行了详细规定。

街道(乡镇)公共就业服务机构应及时主动地联系在本地区求职登记的就业困难人员,与其签订就业援助服务协议,建立就业援助服务关系,明确双方的权利和义务,并应指定一名本机构职业指导人员作为就业援助服务专员。根据就业意愿摸查情况提供下列针对性服务:

① 对进行求职登记的就业困难人员,应主动采集其求职登记信息和精细化服务信息,录入其个人服务台账;

② 对表示有就业意愿但暂不进行求职登记的就业困难人员,应在 10 个工作日内进行跟踪摸查服务,及时了解其就业意愿变化情况;对出现生育、陪护家人等情况的,可适当调整跟踪摸查时间,但两次摸查间隔最长不超过 30 天。对跟踪摸查 3 次(含)以上仍不进行求职登记,超过 6 个月未与公共就业服务机构联系的,公共就业服务机构应及时向就失业登记管理部门反馈有关情况,不再提供相关公共就业服务;

③ 对跟踪摸查 3 次(含)以上仍表示无就业意愿且不进行求职登记的就业困难人员,应及时向就失业登记管理部门反馈有关情况,不再提供相关公共就业服务。

就业援助服务专员应在接受专门服务的就业困难人员的个人服务台账中,对其就业援助服务协议履行、接受专门服务、执行就业援助方案及相关行动计划等情况进行全程记录跟踪,并及时评估帮扶措施效果和其就业准备情况。根据就业困难人员的就业失业状态、匹配推荐等情况及时做好其相关求职信息的整理归档。

(五) 鼓励职业中介机构开展公共就业服务的职业介绍补贴

1. 可以申请职业介绍补贴的范围

依法取得职业中介行政许可,经市人力资源和社会保障局以公开招投标或资质认定的方式择优确认的职业中介机构,为本市城镇登记失业人员、有转移就业要求的农村劳动力和来京农民工提供免费职业介绍等公共就业服务,使其成功在本市用人单位稳定就业的,可以申请享受职业介绍补贴。

2. 职业介绍补贴的标准

职业介绍补贴包括日常职业介绍服务补贴和公共就业服务专项活动补贴,由市就业再就业资金列支。

(1) 日常职业介绍服务补贴。职业中介机构免费为服务对象提供求职登记、信息发布、岗位推荐、职业指导、政策咨询、跟踪辅导等一系列职业介绍服务,成功帮助服务对象与用人单位签订一年及以上劳动合同,且用人单位实际履行合同 3 个月及以上并按相关规定为服务对象缴纳社会保险的(以下简称介绍成功),按每人 300 元的标准给予补贴。服务对象属于本市城乡就业困难人员的,按每人 500 元的标准给予补贴。

(2) 公共就业服务专项活动补贴。职业中介机构参加市人力资源和社会保障局统一开展的公共就业服务专项活动,免费提供职业招聘洽谈和政策咨询服务的,按每次 2 000 元的标准给予公共就业服务专项活动补贴。

(六) 职业培训补贴

职业培训补贴是指政府购买培训服务,对具备资质条件并经确定的培训机构,承担本市城镇失业人员和农村转移就业劳动力免费职业培训任务的补贴。职业培训补贴由失业保险基金支出。

在就业服务机构办理了登记手续,取得《北京市就业失业登记证》的本市城镇失业人员和取得北京市农村劳动力转移就业相关证明的农村转移就业劳动力,每年可结合自身条件和就业需求,参加一次免费职业技能培训或创业培训。

职业培训补贴包括职业指导培训补贴、职业技能培训补贴、职业技能鉴定补贴和创业培训补贴。

(七) 其他支持稳定就业的政策

为应对特殊时期的就业情况,如金融危机、疫情防控等,稳定就业市场,帮助企业渡过难关,人力资源和社会保障行政部门发布多项稳定就业的政策,采取积极措施减轻企业负担,稳定就业局势。例如:鼓励困难企业不裁员或少裁员,使用失业保险基金对采取在岗培训、轮班工作、协商薪酬等办法稳定员工队伍,并对保证不裁员或少裁员的困难企业支付社会保险补贴和岗位补贴;鼓励困难企业开展职工在岗培训等方式稳定职工队伍。

2020年《关于应对新冠肺炎疫情影响强化稳就业举措的实施意见》中,提出五个方面政策措施:一是更好地实施就业优先政策;二是引导农民工安全有序地转移就业;三是拓宽高校毕业生就业渠道;四是加强困难人员兜底保障;五是完善职业培训和就业服务。同时,发布阶段性的社保减征缓缴优惠政策等,全方面保障特殊时期的就业形势。

【知 识 巩 固】

1. 如何理解积极就业政策的概念?
2. 促进失业人员再就业政策的内容有哪些?
3. 简述税费减免政策的内容。
4. 什么是社会保险补贴和岗位补贴?
5. 简述就业援助政策的具体内容。

任务三 特殊群体就业保障政策

【知识目标】
- 理解就业歧视的概念和类型；
- 理解特殊就业群体范围的界定；
- 掌握针对不同特殊群体就业保险政策的具体内容。

【能力目标】
- 能为失业人员提供特殊群体就业保障政策咨询；
- 能将特殊群体就业保障政策结合生活实例进行灵活运用。

【任务导入】

● 任务5-6

【工作场景】
在一次人才招聘会上，某煤矿和一家计算机软件开发公司都在招聘员工。其中，该煤矿在招聘井下采煤工时，张贴的招聘广告中特意指明只招男性不招女性。该计算机软件开发公司因为生产经营的需要，欲招聘5名程序员，登出了这样的招聘启事："应聘者须满足下列条件：1. 男性；2. 35岁以下；3. 大学本科以上学历；4. 具有两年以上工作经验。"

【具体任务】
请分析：煤矿和计算机软件开发公司的做法是否正确？为什么？

● 任务5-7

【工作场景】
谭某一岁的时候，因右臂神经损伤，落下了残疾。大专毕业后又考取了初级会计师资格。本以为这样就可以找到一份好工作，可一到人才市场，就在激烈的竞争中败下阵来。一次偶然的机会，他在北京市残疾人就业服务机构进行了求职登记，没过多久就业服务部门的工作人员就把他介绍到松下公司，这是一家连好多健全人都很难进入的知名企业，经过几轮考试，他终于被聘用了，成为松下电工（中国）有限公司财务部的一名员工。

【具体任务】

请分析以下问题：

1. 我国促进残疾人就业的方式有哪几种？上述案例属于哪一种方式？
2. 详细解释你所选择方式的具体内容。
3. 如果松下公司没有按照相关要求招录残疾人，将会有什么后果？

任务 5-8

【工作场景】

今年24岁的张明出生于一个普通的农民家庭，张明完成了大学学业后，在网上向某大型通讯公司投递了应聘测试技术员岗位的简历。之后，张明顺利地通过笔试和面试。该公司人力资源部通知张明其被录用，和他谈了薪水等待遇，并要求他到指定的医院参加入职体检，如果体检合格，他就可以到公司上班了。2天后，张明到单位指定的医院进行入职前的体检。

在体检结果还没出来时，他就主动告诉人力资源部负责人自己是乙肝病毒携带者。该负责人称："情况不太严重不会影响录用。"同时，他还到专业传染病医院开具了其病毒不具有传染性的证明。

但是，该公司依然拒绝了张明。公司给他的答复是："公司所有人都是在同一个饭堂吃饭，处于同一个工作环境，担心你会传染给公司其他人，建议你换一份轻松点的工作。这是公司的规定"。

在该公司吃了闭门羹后，张明尝试找了4份工作，但最终因为"身体原因"未能胜任。他承受了巨大的精神压力，他希望除了可以通过法律的手段让该公司作出精神损失赔偿外，还应把"不得歧视乙肝病毒携带者"的条款写进公司的入职标准。

【具体任务】

1. 请分析该通讯公司的做法是否妥当。为什么？
2. 假如你是劳动行政部门的工作人员，请向该通讯公司的人力资源部门工作人员就传染病病原携带者就业保护问题进行政策解释。

就业中的特殊群体（特殊就业群体）指的是因特殊原因在就业竞争过程中处于不利地位，从而需要给予特殊就业保障的人员的总称，包括妇女、残疾人、少数民族人员、传染病病原携带者、未成年人等。出于维护社会公平正义和构建和谐社会的需要，对谋求职业有困难的特殊人群的就业要予以特殊保障，以保障实质上的就业平等权。

一、关于就业歧视的界定

就业歧视是一种社会现象，是指条件相等或相近的求职者在求职过程中，或者受聘者在就业时因某些与个人工作能力无关的因素不能够享有平等的就业机会以及工资配置、升迁、培训机会、就业安全保障的平等待遇，从而使其平等就业机会受到损害的情况。

二、就业歧视的类型

我国目前的人力资源市场，就业歧视类型繁多，而且随着市场经济的发展，歧视类型也会发生新的变化。现简要分析就业歧视的若干表现。

（一）性别歧视

性别歧视主要是指用人单位在招聘、待遇上，对女性实行不合理的差别对待而形成的歧视。虽然近年来中国女性的社会地位得到了很大提高，但女性就业通常比男性困难，包括许多女大学生在毕业求职过程中都会遇到性别歧视问题。

（二）户籍与地域歧视

户籍与地域歧视主要是指用人单位在招聘、待遇上，对不同户籍或地域的劳动者实行不平等的差别对待而形成的歧视。目前中国在户籍制度上仍存在农业户口和非农业户口，有70%的人是农业户口，这部分人口在城镇就业时会受到很多限制；同时，本地户籍比外地户籍在就业时具有优先性，一些地方政策会限制外地户籍劳动者在本地就业或限制外地户籍者在本市的就业行业和具体工种等。

（三）年龄歧视

年龄歧视主要是指用人单位在招聘、待遇上，对不同年龄的劳动者实行不合理的差别对待而形成的歧视。在现实中，许多用人单位招聘人员包括政府招聘公务员都对年龄作了限制，一般规定是小于35周岁或40周岁。在一些招聘广告中，如招收文秘人员的广告，甚至把年龄限制在25岁以下。

（四）健康歧视

健康歧视主要是指用人单位针对一些足以胜任工作条件、也不会危害公共卫生安全的劳动者，在招聘、待遇上实行差别对待而形成的歧视。中国就业中因健康原因而受到歧视的人群主要有乙肝病毒携带者等传染病病原携带者和糖尿病、高血压等非传染病群体。这一类劳动者在就业时经常发生被拒绝录取或无法通过体检、被强行要求从现有岗位离职等情况。

（五）残疾歧视

残疾歧视主要是指用人单位直接拒绝录用残疾人，或通过建立一定的体检标准来排斥残疾人，而实际上残疾人完全具备该工作所需能力，从而构成的歧视。残疾人就业困难成为普遍的社会现象，许多有工作能力的残疾人求职无门，其聪明才智无处可施，使得本来已是弱势地位的残疾人生存更加困难。

（六）身体歧视

身体歧视指用人单位通过人为的设定，对求职者的身高、相貌甚至体重、血型、姓名、星座、生肖等条件进行限制，从而对一部分求职者形成的歧视。在身高歧视方面，许多用人单位在招聘时设置了身高限制条款；在相貌歧视方面，许多用人单位存在以貌取人的"潜规则"，要求劳动者长相端正、漂亮。

此外，在就业领域还存在着姓名歧视、方言歧视、婚育状况歧视、学历歧视、履历歧视、经验歧视等。

目前，我国现行有效的规范性文件从不同方面对反就业歧视作了规定。2007年颁布的《就业促进法》是一部全面体现促进就业公平和反就业歧视的重要法律。该法设定"公平就业"专章，共有6个条款涉及保护就业公平和反就业歧视问题。其中，第三条规定："劳动者就业，不因民族、种族、性别、宗教信仰等不同而受歧视。"而后利用5条条款分别对妇女、少数民族、残疾人、传染病病原携带者、农村劳动者提出禁止就业歧视的规定。即国家立法中明确禁止的就业歧视类型有民族歧视、种族歧视、性别歧视、宗教信仰歧视、残疾人歧视、传染病病原携带歧视、农民工歧视。这使得现实存在的一些相当严重的就业歧视现象被法律明确禁止。

如果劳动者在求职或就业的过程中遭受了就业歧视,依据《就业促进法》第六十二条规定:"违反本法规定,实施就业歧视的,劳动者可以向人民法院提起诉讼。"

二、妇女的就业保障

女性就业歧视主要体现在:一是男女就业机会不平等。据上海市妇联对女性就业问题的一项调查显示,高学历女性就业难于同等学历的男性,就业率平均低10%。二是男女退休年龄不一。现行政策规定,全民所有制企业、事业单位、党政机关和群众团体的男工人退休年龄为60周岁,女工人退休年龄为50周岁。三是工作待遇差距大。据统计,女性平均工资是男性平均工资的74%—90%。即使在社会服务业等女性传统优势行业,这种男女同工不同酬的现象也不例外。此外,调查还显示,男女薪酬差异会随着工作年限增加而逐渐拉大。四是就业门槛高。为减少人力成本,用人单位在招聘和甄选中,为女性员工设置了"隐形门槛",提高了录用标准。"全面多孩"政策的开放意味着大部分原本只需生育一次的育龄女性很可能会经历多次生育阶段,用人单位面对女性的额外支出成本会承担更大的压力。所以在招聘与甄选的时候,企业会提高招聘标准,减少适龄女性员工的录取。

为了保障妇女的劳动权,促进妇女劳动就业,法律确立了妇女的就业平等权,对妇女提供特殊的就业保障。其主要内容有以下六个方面。

(一) 确立妇女的就业平等权

就业平等权是指平等地获得就业机会的权利,它是公民的基本权利之一。男女平等是我国宪法规定的基本原则。为了落实《宪法》的基本精神,1992年颁布(2005年修订)的《妇女权益保障法》、1995年开始实施的《劳动法》(2018年修订)及2008年颁布的《就业促进法》(2015年修订)和《就业服务与就业管理规定》(2018年修订)中均明确规定:"国家保障妇女享有与男子平等的劳动权利和社会保障权利""妇女享有与男子平等的就业权利""各单位在录用职工时,除国家规定的不适合妇女的工种或者岗位外,不得以性别为由拒绝录用妇女或者提高对妇女的录用标准"。

同时,实行男女同工同酬。在任何单位,不论男女,只要付出同等劳动,就应当领取同等的报酬。在工资的定级、升级和工资调整中,女职工和男职工应当同等对待。在职工晋级、评定专业技术职务等方面,也应当坚持男女平等的原则,不得实行差别待遇。

(二) 保障妇女的就业保护权

2012年4月28日中华人民共和国国务院令第619号公布的《女职工劳动保护特别规定》规定:"用人单位不得因女职工怀孕、生育、哺乳降低其工资、予以辞退、与其解除劳动或者聘用合同。"《妇女权益保障法》规定:"各单位在录用女职工时,就当依法与其签订劳动(聘用)合同或者服务协议,劳动(聘用)合同或者服务协议中不得规定限制女职工结婚、生育的内容。""任何单位不得因结婚、怀孕、产假、哺乳等情形,降低女职工工资,辞退女职工,单方解除劳动(聘用)合同或者服务协议。"《就业促进法》和《就业服务与就业管理规定》规定:"用人单位录用女职工,不得在劳动合同中规定限制女职工结婚、生育的内容。"

2019年2月,人力资源和社会保障部会同教育部、司法部、卫生健康委、医保局、全国总工会、全国妇联、最高人民法院等部门制定出台了《关于进一步规范招聘行为促进妇女就业的通知》,明确提出了用人单位和人力资源服务机构开展招聘中的"六个不得",即不得限定性别或性别优先,不得以性别为由限制求职就业、拒绝录用,不得询问妇女的婚育情况,不得将妊娠测试作为入职体检项目,不得将限制生育作为录用条件,不得差别化提高妇女的录用标准。

除此之外,为了保护女职工的身体健康,《女职工劳动保护特别规定》附录内容中规定女职工禁忌从事的劳动范围包括:① 矿山井下作业;② 体力劳动强度分级标准中规定的第四级体力劳动强度的作业;③ 每小时负重 6 次以上、每次负重超过 20 公斤的作业,或者间断负重、每次负重超过 25 公斤的作业。

(三) 建立生育保险制度

生育保险是通过国家立法规定,在劳动者因生育子女而导致劳动力暂时中断时,由国家和社会及时给予物质帮助的一项社会保险制度。

《妇女权益保障法》以法律的形式对生育保险制度进行确认,规定:"国家推行生育保险制度,建立健全与生育相关的其他保障制度。地方各级人民政府和有关部门应当按照有关规定为贫困妇女提供必要的生育救助。"

我国生育保险待遇主要包括两项。一是生育津贴,用于保障女职工产假期间的基本生活需要;二是生育医疗待遇,用于保障女职工怀孕、分娩期间以及职工实施节育手术时的基本医疗保健需要。《女职工劳动保护特别规定》规定:"女职工产假期间的生育津贴,对已经参加生育保险的,按照用人单位上年度职工月平均工资的标准由生育保险基金支付;对未参加生育保险的,按照女职工产假前工资的标准由用人单位支付。""女职工生育或者流产的医疗费用,按照生育保险规定的项目和标准,对已经参加生育保险的,按照用人单位上年度职工月平均工资的标准由生育保险基金支付;对未参加生育保险的,按照女职工产假前工资的标准由用人单位支付。"

(四) 对女职工实行"四期"保护

针对妇女身体结构和生理机能上的特点,有关规定还要求用人单位和有关部门采取各种积极措施,对女职工实行"四期"保护。《妇女权益保障法》规定:"任何单位均应根据妇女的特点,依法保护妇女在工作和劳动时的安全和健康,不得安排不适合妇女从事的工作和劳动。妇女在经期、孕期、产期、哺乳期受特殊保护。"

《女职工劳动保护特别规定》规定:"女职工生育享受 98 天产假,其中产前可以休假 15 天;难产的,增加产假 15 天;生育多胞胎的,每多生育 1 个婴儿,增加产假 15 天。""女职工怀孕未满 4 个月流产的,享受 15 天产假;怀孕满 4 个月流产的,享受 42 天产假。""女职工在孕期不能适应原劳动的,用人单位应当根据医疗机构的证明,予以减轻劳动量或者安排其他能够适应的劳动。对怀孕 7 个月以上的女职工,用人单位不得延长劳动时间或者安排夜班劳动,并应当在劳动时间内安排一定的休息时间。怀孕女职工在劳动时间内进行产前检查,所需时间计入劳动时间。""对哺乳未满 1 周岁婴儿的女职工,用人单位不得延长劳动时间或者安排夜班劳动。用人单位应当在每天的劳动时间内为哺乳期女职工安排 1 小时哺乳时间。"《女职工劳动保护特别规定》的附录针对女职工在经期、孕期、哺乳期规定了禁忌从事的劳动范围。

(五) 禁止用人单位招收女童工

为了保证女性未成年人的身心发育和健康成长,使其接受义务教育,《妇女权益保障法》第二十三条第 3 款规定:"禁止录用未满 16 周岁的女性未成年人。"通过法律的强制手段保证适龄女童能接受义务教育。

(六)预防职场骚扰

《妇女权益保障法》对禁止对妇女实施性骚扰作出规定。第四十条规定:"禁止对妇女实施性骚扰。受害妇女有权向单位和有关机关投诉。"这对于打击工作场所中的性骚扰,保障妇女的合法权益具有重大意义。

2021年1月1日起施行的《民法典》要求用人单位应尽到预防查处等管理义务。根据我国《民法典》规定,违背他人意愿,以言语、文字、图像、肢体行为等方式对他人实施性骚扰的,受害人有权依法请求行为人承担民事责任。机关、企业、学校等单位应当采取合理的预防、受理投诉、调查处置等措施,防止和制止利用职权、从属关系等实施性骚扰。

> **😊 你知道吗?**
>
> **一、女职工禁忌从事的劳动范围**
>
> (一)矿山井下作业;
>
> (二)体力劳动强度分级标准中规定的第四级体力劳动强度的作业;
>
> (三)每小时负重6次以上、每次负重超过20千克的作业,或者间断负重、每次负重超过25公斤的作业。
>
> **二、女职工在经期禁忌从事的劳动范围**
>
> (一)冷水作业分级标准中规定的第二级、第三级、第四级冷水作业;
>
> (二)低温作业分级标准中规定的第二级、第三级、第四级低温作业;
>
> (三)体力劳动强度分级标准中规定的第三级、第四级体力劳动强度的作业;
>
> (四)高处作业分级标准中规定的第三级、第四级高处作业。
>
> **三、女职工在孕期禁忌从事的劳动范围**
>
> (一)作业场所空气中铅及其化合物、汞及其化合物、苯、镉、铍、砷、氰化物、氮氧化物、一氧化碳、二硫化碳、氯、己内酰胺、氯丁二烯、氯乙烯、环氧乙烷、苯胺、甲醛等有毒物质浓度超过国家职业卫生标准的作业;
>
> (二)从事抗癌药物、己烯雌酚生产,接触麻醉剂气体等的作业;
>
> (三)非密封源放射性物质的操作,核事故与放射事故的应急处置;
>
> (四)高处作业分级标准中规定的高处作业;
>
> (五)冷水作业分级标准中规定的冷水作业;
>
> (六)低温作业分级标准中规定的低温作业;
>
> (七)高温作业分级标准中规定的第三级、第四级的作业;
>
> (八)噪声作业分级标准中规定的第三级、第四级的作业;
>
> (九)体力劳动强度分级标准中规定的第三级、第四级体力劳动强度的作业;
>
> (十)在密闭空间、高压室作业或者潜水作业,伴有强烈振动的作业,或者需要频繁弯腰、攀高、下蹲的作业。
>
> **四、女职工在哺乳期禁忌从事的劳动范围**
>
> (一)孕期禁忌从事的劳动范围的第一项、第三项、第九项;
>
> (二)作业场所空气中锰、氟、溴、甲醇、有机磷化合物、有机氯化合物等有毒物质浓度超过国家职业卫生标准的作业。

三、残疾人就业保障

残疾人是指在心理、生理、人体结构上某些组织、功能丧失或者不正常,全部或者部分丧失以正常方式从事某种活动能力的人。这包括视力残疾、听力残疾、言语残疾、肢体残疾、智力残疾、精神残疾、多重残疾和其他残疾的人。

(一) 确定了残疾人的就业平等权

残疾人同健康人一样,享有平等的获得工作的权利。《就业促进法》第二十九条规定:"国家保障残疾人的劳动权利。各级人民政府应当对残疾人就业统筹规划,为残疾人创造就业条件。用人单位招用人员,不得歧视残疾人。"《就业服务与就业管理规定》第十八条规定:"用人单位招用人员,不得歧视残疾人。"《残疾人保障法》第三条规定:"残疾人在政治、经济、文化、社会和家庭生活等方面享有同其他公民平等的权利。"其中,包括就业方面的平等权。

同时,国家负有协助残疾人实现就业平等权的义务。国家必须采取特殊保障措施,促进残疾人就业,保障残疾人的就业平等权。《残疾人保障法》第二十七条规定:"国家保障残疾人劳动的权利。各级人民政府应当对残疾人劳动就业统筹规划,为残疾人创造劳动就业条件。"

(二) 实施积极的残疾人就业政策

《残疾人保障法》第二十八条规定,残疾人劳动就业,实行集中与分散相结合的方针,采取优惠政策和扶持保护措施,通过多渠道、多层次、多种形式,使残疾人劳动就业逐步普及、稳定、合理。该规定明确了国家在促进残疾人就业中的责任。这具体包括以下三个方面。

1. 残疾人集中就业

集中就业是指残疾人在各类福利企业、盲人按摩机构和其他福利性单位集中劳动就业。《残疾人就业条例》第十条规定:"政府和社会依法兴办的残疾人福利企业、盲人按摩机构和其他福利性单位(以下统称集中使用残疾人的用人单位),应当集中安排残疾人就业。集中使用残疾人的用人单位的资格认定,按照国家有关规定执行。"第十一条规定:"集中使用残疾人的用人单位中从事全日制工作的残疾人职工,应当占本单位在职职工总数的25%以上。"

对于残疾人集中就业的就业援助,《残疾人就业条例》作了比较详尽的规范。《残疾人就业条例》第十七条规定:"国家对集中使用残疾人的用人单位依法给予税收优惠,并在生产、经营、技术、资金、物资、场地使用等方面给予扶持。"第十八条规定:"县级以上地方人民政府及其有关部门应当确定适合残疾人生产、经营的产品、项目,优先安排集中使用残疾人的用人单位生产或者经营,并根据集中使用残疾人的用人单位的生产特点确定某些产品由其专产。政府采购,在同等条件下,应当优先购买集中使用残疾人的用人单位的产品或者服务。"

为防止一些企业利用国家对残疾人的税收优惠政策进行投机,现行政策对单位享受税收优惠的条件,除了安置残疾人的比例、人数必须达到规定的条件外,还规定了其他四个条件:

(1) 企业必须依法与安置的每位残疾人员签订一年(含一年)以上的劳动合同或服务协议,并且安置的每位残疾人在单位实际上岗工作;

(2) 企业必须为安置的每位残疾人员按月足额缴纳所在县级人民政府规定的基本养老保险、基本医疗保险、失业保险和工伤保险等社会保险;

(3) 企业必须通过银行等金融机构向安置的每位残疾人员实际支付不低于所有县(市)适用的最低工资标准工资;

(4) 企业必须具备安置残疾人员就业的基本设施和规章制度。

2. 残疾人分散按比例就业

按比例就业是指国家机关、社会团体、企业事业单位、民办非企业单位按照单位职工总数的一定比例为残疾人预留就业岗位,并安排残疾人就业。《残疾人保障法》第三十条规定:"国家推动各单位吸收残疾人就业,各级人民政府和有关部门应当做好组织、指导工作。机关、团体、企业事业组织、城乡集体经济组织,应当按一定比例安排残疾人就业,并为其选择适当的工种和岗位。省、自治区、直辖市人民政府可以根据实际情况规定具体比例。"

考虑到我国实行按比例就业政策的时间不长,残疾人岗位预留比例如果过高,在现阶段将可能加重用人单位的负担。《残疾人就业条例》规定,用人单位安排残疾人就业的比例不得低于本单位在职职工总数的1.5%。具体比例由省、自治区、直辖市人民政府根据本地区的实际情况规定。用人单位跨地区招用残疾人的,应当计入所安排的残疾人职工人数之内。

北京市自2019年开始,降低了残疾人安排的比例,由1.7%降低为1.5%,即规定:本市行政区域内的用人单位,应当按照不少于本单位在职职工总数1.5%的比例安排残疾人就业,达不到上述规定比例的,应当缴纳保障金。

如果用人单位安排残疾人就业达不到其所在省、自治区、直辖市人民政府规定比例的,应当缴纳残疾人就业保障金。国家通过建立残疾人就业保障金制度,对未按规定安排残疾人就业的用人单位收缴相应的资金。

《残疾人就业保障金征收使用管理办法》的相关条款规定,保障金按上年用人单位安排残疾人就业未达到规定比例的差额人数和本单位在职职工年平均工资之积计算缴纳。计算公式如下:

保障金年缴纳额=(上年用人单位在职职工人数×所在地省、自治区、直辖市人民政府规定的安排残疾人就业比例-上年用人单位实际安排的残疾人就业人数)×上年用人单位在职职工年平均工资。

用人单位在职职工,是指用人单位在编人员或依法与用人单位签订1年以上(含1年)劳动合同(服务协议)的人员。季节性用工应当折算为年平均用工人数。以劳务派遣用工的,计入派遣单位在职职工人数。

用人单位安排残疾人就业未达到规定比例的差额人数,以公式计算结果为准,可以不是整数。

上年用人单位在职职工年平均工资,按用人单位上年在职职工工资总额除以用人单位在职职工人数计算。

同时规定:自工商登记注册之日起3年内,对安排残疾人就业未达到规定比例、在职职工总数20人以下(含20人)的小微企业,免征保障金。

根据《残疾人就业条件》的规定,依法征收的残疾人就业保障金纳入财政预算,专项用于残疾人职业培训以及为残疾人提供就业服务和就业援助。

3. 个体就业

由于自主创业、个体经营具有就业容量大、就业领域广等特点,在我国就业形势持续严峻的情况下,国家通过实施的就业政策,引导残疾人员通过自谋职业、自主创业和个体经营等渠道实现就业。《残疾人保障法》第三十一条规定:"政府有关部门鼓励、帮助残疾人自愿组织起来从业或者个体开业。"

目前,个体就业在残疾人总体就业人数中所占的比重接近45%。为鼓励和保护残疾人个体就业的发展,国家逐步加大对残疾人个体就业的支持与援助,对残疾人个体就业实行税收减免、行政事业性收费减免政策。

《残疾人就业条例》第十九条规定:"国家鼓励扶持残疾人自主择业、自主创业。对残疾人从事个体经营的,应当依法给予税收优惠,有关部门应当在经营场地等方面给予照顾,并按照规定免收管理类、登记类和证照类的行政事业性收费。国家对自主择业、自主创业的残疾人在一定期限内给予小额信贷等扶持。"为了增强可操作性和法律的执行力,《就业促进法》第十八条进一步明确,对从事个体经营的残疾人,免除行政事业性收费。即不论其征收部门、性质类型,凡是属于残疾人个体经营中涉及的行政事业性收费,都不得向残疾人收取。

《残疾人保障法》还规定,对申请从事个体经营的残疾人,有关部门应当优先核发营业执照。残疾人创办的小微企业和社会组织优先享受国家扶持政策,对其优惠提供孵化服务。对符合条件的灵活就业残疾人,按规定给予税费减免和社会保险补贴,有条件的地方可以帮助安排经营场所、提供启动资金支持。

四、传染病病原携带者就业保护

目前,乙肝歧视问题已引起了社会的广泛关注,也引起了政府部门的高度关注。因此,有必要制定法规对传染病病原携带者的平等就业权益进行保护。依法对传染病病原携带者的平等就业权加以保护,是《就业促进法》关于公平就业内容的重要突破之一。

2007年5月18日,劳动保障部与卫生部联合下发了《关于维护乙肝表面抗原携带者就业权利的意见》,以文件的形式明确了政府保护乙肝表面抗原携带者就业权利的政策措施。

(1) 社会公众要科学认识乙肝表面抗原携带者不会通过呼吸道和消化道传染,一般接触也不会造成乙肝病毒的传染。

(2) 要促进乙肝表面抗原携带者实现公平就业。

2008年出台的《就业促进法》对传染病病原携带者的就业保护措施法制化。其第三十条规定:"用人单位招用人员,不得以是传染病病原携带者为由拒绝录用。但是,经医学鉴定传染病病原携带者在治愈前或排除传染嫌疑前,不得从事法律、行政法规和国务院卫生行政部门规定禁止从事的易使传染病扩散的工作。"

> **你知道么?**
> 2010年2月,卫生部等三部门联合下发《关于进一步规范入学和就业体检项目 维护乙肝表面抗原携带者入学和就业权利的通知》,明确规定除卫生部核准并公布的特殊职业外,"用人单位在就业体检中,不得要求开展乙肝项目检测","不得以劳动者携带乙肝表面抗原为由拒绝聘用或者辞退、解聘"。卫生部核准的特殊职业仅有三类:特警、民航飞行员以及血站从事采血、血液成分制备、供血等业务工作的员工。

具体措施包括：

① 保护乙肝表面抗原携带者的就业权利。除国家法律、行政法规和卫生部规定禁止从事的易使乙肝扩散的工作外，用人单位不得以劳动者携带乙肝表面抗原为理由拒绝招用或者辞退乙肝表面抗原携带者。

② 严格规范用人单位的招、用工体检项目，保护乙肝表面抗原携带者的隐私权。用人单位在招、用工过程中，可以根据实际需要将肝功能检查项目作为体检标准，但除国家法律、行政法规和卫生部规定禁止从事的工作外，不得强行将乙肝病毒血清学指标作为体检标准。各级各类医疗机构在对劳动者开展体检过程中要注意保护乙肝表面抗原携带者的隐私权。

（3）要维护乙肝表面抗原携带者的就业和健康权益。

① 各地劳动保障部门要加强企业劳动用工管理和劳动争议处理工作，维护劳动者的合法就业权利。各地劳动保障部门要加强对用人单位招、用工行为的规范和指导，防止用人单位在招、用工过程中发生就业歧视现象，依法调处因劳动者感染乙肝病毒而发生的劳动争议。

② 各级劳动保障部门和卫生部门要加强协调配合，共同维护劳动者的合法权益。劳动保障部门要在卫生部门的配合下，指导用人单位加强对劳动者的劳动保护和劳动安全卫生工作，定期对劳动者开展体格检查。

这实际上是对《就业促进法》关于传染病病原携带者平等就业权利法律保障的注解和具体措施之一。另外，关于艾滋病病毒携带者也应当受到保护，虽然我国目前还没有统一的艾滋病防治法，但一些地方政府也制定了相关的规定，明确了禁止歧视艾滋病病毒携带者的原则，如上海市、云南省都制定了艾滋病防治办法，规定任何单位和个人不得歧视艾滋病病毒携带者及其亲属。

五、其他特殊群体的就业保障

（一）退役军人就业保障的内容

服役期间的军人为了国家的利益，错过了就业的最佳时间和机会，因此，必须对退役军人的工作进行特殊对待。国家应承担一定的义务，采取特殊保障措施，保障退役军人的劳动权和就业平等权。

现阶段我国退役军人就业保障制度是以指令性安置为主，同时，国家也鼓励有条件的军人自主择业和城镇退役士兵自谋职业。

1. 确立国家对退役军人就业的安置义务

我国法律明确规定了国家对退役军人的安置义务。《兵役法》第五十九条规定："军官退出现役后，由国家妥善安置。"《中国人民解放军现役军官法》第四十九条规定："军官退出现役后，采取转业由政府安排工作和职务，或者由政府协助就业、发给退役金的方式安置；有的也可以采取复员或者退休的方式安置。"《中国人民解放军现役士兵服役条例》第四十八条规定："对退出现役的士兵，按照国家有关规定妥善安置。"

2. 退役义务兵的安置

义务兵退出现役后，按照从哪里来、回哪里去的原则，由原征集的县、自治县、市、市辖区的人民政府接收安置。

家居农村的义务兵退出现役后，由乡、民族乡、镇的人民政府妥善安排他们的生产和生活。机关、团体、企事业单位在农村招收员工时,在同等条件下,应当优先录用退伍军人。

家居城镇的义务兵退出现役后,由县、自治县、市、市辖区的人民政府安排工作。机关、团体、企事业单位,不分所有制性质和组织形式,都有按照国家有关规定安置退伍军人的义务。入伍前是机关、团体、企事业单位职工的,允许复工、复职。原是城镇户口的退伍义务兵,服役前没有参加工作的,由国家统一分配工作,各接收单位必须妥善安置。具体实施办法见《退伍义务兵安置条例》。

3. 退役志愿兵(士官)的安置

退出现役的士官符合下列条件之一的,作复员安置:服现役满第一期或第二期规定年限的;符合转业或者退休条件,本人要求复员并经批准的。

退出现役的士官符合下列条件之一的,作转业安置:服现役满10年的;服现役期间荣获二等功以上奖励的;服现役期间因战、因公致残被评为二等、三等伤残等级的;服现役未满10年,符合法定情况的;符合退休条件,地方需要和本人自愿转业的。

退出现役的士官符合下列条件之一的,作退休安置:年满55岁的;服现役满30年的;服现役期间因战、因公致残,被评为特等、一等伤残等级的;服现役期间因病基本丧失工作能力,并经驻军医院诊断证明,军以上卫生部门鉴定确认的。

具体实施办法见《中国人民解放军士官退出现役安置暂行办法》。

4. 军队转业干部的安置

军队转业干部安置工作,坚持为经济社会发展和军队建设服务的方针,贯彻妥善安置、合理使用、人尽其才、各得其所的原则。国家对军队转业干部实行计划分配和自主择业相结合的方式安置。计划分配的军队转业干部由党委、政府负责安排工作和职务。自主择业的军转干部由政府协助就业,发给退役金。

《军队干部安置暂行办法》对军转干部自主择业作了细致规定:① 规定政府在军转干部自主择业中的职责。第三十一条规定:"对自主择业的军队转业干部,安置地政府应当采取提供政策咨询、组织就业培训、拓宽就业渠道、向用人单位推荐、纳入人才市场等措施,为其就业创造条件。"② 规定对自主择业军转干部的优先录用。第三十二条规定:"党和国家机关、团体、企业事业单位在社会上招聘录用人员时,对适合军队转业干部工作的岗位,应当优先录用、聘用自主择业的军队转业干部。"③ 对自谋职业的军转干部给予优惠政策。第三十三条规定:"对从事个体经营或者创办经济实体的自主择业的军队转业干部,安置地政府应当在政策上给予扶持,金融、工商、税务等部门,应当视情况提供低息贷款,及时核发营业执照,按照社会再就业人员的有关规定减免营业税、所得税等税费。"同时,此办法还对自主择业的军转干部的退役金、职业培训、住房补贴、医疗保障等作了具体规定。

5. 鼓励城镇退役士兵自谋职业

我国法律鼓励城镇退役士兵自谋职业。《兵役法》第五十六条第4款规定:"城镇退伍军人自谋职业的,由当地人民政府给予一次性经济补助,并给予政策上的优惠。"第五十八条规定:"志愿兵退出现役后,服现役不满十年的,按照本法第五十六条的规定安置;满十年的,由原征集的县、自治县、市、市辖区的人民政府安排工作,也可以由上一级或者省、自治区、直辖市的人民政府在本地区内统筹安排;自愿回乡参加农业生产或者自谋职业的,给予鼓励,由当地人民政府增发安家补助费。"

(二) 未成年人就业保护内容

1. 确立最低就业年龄，禁止使用童工

最低就业年龄是一国法律规定的该国公民就业的最低年龄。我国《劳动法》第五十八条规定："未成年工是指年满十六周岁未满十八周岁的劳动者。"第十五条规定："禁止用人单位招用未满十六周岁的未成年人。"《禁止使用童工规定》第二条规定："国家机关、社会团体、企业事业单位、民办非企业单位或者个体工商户（以下统称用人单位）均不得招用不满十六周岁的未成年人（招用不满十六周岁的未成年人，以下统称使用童工）。禁止任何单位或者个人为不满十六周岁的未成年人介绍就业。禁止不满十六周岁的未成年人开业从事个体经营活动。"

此外，有关法律还规定了违法使用童工的处罚措施。《劳动法》第九十四条规定："用人单位非法招用未满十六周岁的未成年人的，由劳动行政部门责令改正，处以罚款；情节严重的，由工商行政管理部门吊销营业执照。"《禁止使用童工规定》第六条规定："用人单位使用童工的，由劳动保障行政部门按照每使用一名童工每月处 5 000 元罚款的标准给予处罚。"第七条规定："单位或者个人为不满十六周岁的未成年人介绍就业的，由劳动保障行政部门按照每介绍一人处 5 000 元罚款的标准给予处罚；职业中介机构为不满十六周岁的未成年人介绍就业的，由劳动保障行政部门吊销其职业介绍许可证。"

对于某些特殊的单位需要招收未满十六周岁的未成人的，我国《劳动法》第十五条第 2 款规定："文艺、体育和特种工艺单位招用未满十六周岁的未成年人，必须依照国家有关规定，履行审批手续，并保障其接受义务教育的权利。"《禁止童工规定》第十三条规定："文艺、体育单位经未成年人的父母或者其他监护人同意，可以招用不满十六周岁的专业文艺工作者、运动员。用人单位应当保障被招用的不满十六周岁的未成年人的身心健康，保障其接受义务教育的权利。文艺、体育单位招用不满十六周岁的专业文艺工作者、运动员的办法，由国务院劳动保障行政部门会同国务院文化、体育行政部门制定。学校、其他教育机构以及职业培训机构按照国家有关规定组织不满十六周岁的未成年人进行不影响其人身安全和身心健康的教育实践劳动、职业技能培训劳动，不属于使用童工。"

2. 对未成年工的就业保护

（1）未成年工禁忌从事的工作。由于未成年工是年满十六周岁未满十八周岁的未成年人，他们正处于身体成长发育阶段，因此，国家通过有关规定对未成年工所从事的工种进行限制。

《劳动法》第六十四条规定："不得安排未成年工从事矿山井下、有毒有害、国家规定的第四级体力劳动强度的劳动和其他禁忌从事的劳动。"劳动部于 1994 年 12 月颁布的《未成年工特殊保护规定》对未成年工禁忌从事的工作作了较为详细的规定。

> **政策链接 2**
>
> 《未成年工特殊保护规定》第三条规定，用人单位不得安排未成年工从事国家标准中第一级以上的接尘作业；国家标准中第一级以上的有毒作业；国家标准中第二级以上的高处作业；国家标准中第二级以上的冷水作业；国家标准中第三级以上的高温作业；国家标准中第三级以上的低温作业；国家标准中第四级体力劳动强度的作业；矿山井下及矿

> 山地面采石作业；森林业中的伐木、流放及守林作业；工作场所接触放射性物质的作业；有易燃易爆、化学性烧伤和热烧伤等危险性大的作业；地质勘探和资源勘探的野外作业；潜水、涵洞、涵道作业和海拔 3 000 米以上的高原作业（不包括世居高原者）；连续负重每小时在 6 次以上并每次超过 20 公斤，间断负重每次超过 25 公斤的作业；使用凿岩机、捣固机、气镐、气铲、铆钉机、电锤的作业；工作中需要长时间保持低头、弯腰、上举、下蹲等强迫体位和动作频率每分钟大于 50 次的流水作业；锅炉司炉等 17 种作业。

（2）对未成年工的使用和特殊保护实行登记制度。国家为了更好地监督用人单位严格执行保护未成年工的特殊措施，规定了对未成年工的使用和特殊保护实行登记制度，未成年工须持《未成年工登记证》上岗。

（三）少数民族人员就业保障内容

由于生活习惯、文化观念等方面的影响，少数民族人员在就业中处于不利地位，因此，国家必须采取扶持政策，对少数民族人员的就业进行特殊保障，促进少数民族人员就业平等权的实现。《就业促进法》第二十八条规定："各民族劳动者享有平等的劳动权利。用人单位招用人员，应当依法对少数民族劳动者给予适当照顾。"同时，《就业服务与就业管理规定》第十七条规定："用人单位招用人员，应当依法对少数民族劳动者给予适当照顾。"1984 年通过的《民族区域自治法》对少数民族人员进行政策倾斜作出了具体规定，主要内容有：

1. 优先招用少数民族人员

民族自治地方的自治机关录用工作人员的时候，对实行区域自治的民族和其他少数民族的人员应当给予适当的照顾。民族自治地方的企业、事业单位依照国家规定招收人员时，优先招收少数民族人员，并且可以从农村和牧区少数民族人口中招收。上级国家机关隶属的在少数民族自治地方的企业事业单位，在招收人员的时候，应当优先招收当地少数民族人员。

2. 培养少数民族人才

民族自治地方的自治机关根据社会主义建设的需要，采取各种措施从当地民族中大量培养各级干部、专业人才和技术工人。国家举办民族高等学校，在高等学校举办民族班、民族预科班，专门或者主要招收少数民族学生，并且可以采取定向招生、定向分配的办法。高等学校和中等专业学校招收新生的时候，对少数民族考生适当放宽录取标准。

【知 识 巩 固】

1. 如何理解就业歧视的概念？
2. 《就业促进法》中对哪些群体进行了禁止就业歧视的规定？
3. 简述女性就业保障政策的内容。
4. 简述残疾人群体就业保障政策的内容。
5. 简述传染病病原携带者群体就业保障政策的内容。

任务四　涉外就业政策

【知识目标】
➤ 了解涉外就业、涉外就业管理的概念、作用和内容；
➤ 理解并应用涉外就业的相关政策法规。

【能力目标】
➤ 能够向服务对象提供涉外就业政策咨询服务；
➤ 能够为在中国大陆就业的外国人办理涉外就业相关业务。

子任务 4-1　业 务 概 述

【任务导入】

● 任务 5-9

【具体任务】
请根据涉外就业的政策，画出外国人在中国就业许可的经办事项流程图。

一、涉外就业管理的概念

要了解涉外就业管理的概念，首先要了解什么是涉外就业。涉外就业是指境外人员（外国人）在中国大陆境内从事社会劳动并获取劳动报酬的行为。外国人在中国就业是指，没有取得定居权的外国人，在中国大陆内依法从事社会劳动并获取劳动报酬的行为。这里是狭义的涉外就业，不包括中国公民赴外就业。广义的涉外就业管理是指，为规范外国人在中国大陆就业，由相关机关对涉外就业人员从申请、入境、签证、签订劳动合同、办理就业证、居留证等的系列管理行为。狭义的涉外就业管理是指，劳动行政部门为规范外国人在中国大陆就业所实施的行政许可、监督行为。本书中所讨论的涉外就业管理，是指狭义的涉外就业管理。

另外，根据《国务院关于取消一批行政许可等事项的决定》（国发〔2018〕28号）中取消台港澳人员在内地就业许可的精神，为进一步便利中国香港、中国澳门和中国台湾居民在内地（大陆）工作生活，促进交往交流，人力资源和社会保障部决定，对《台湾香港澳门居民在内地就业管理规定》(劳动和社会保障部令第 26 号)予以废止。

二、涉外就业管理的意义

随着经济全球化时代的到来,人才流动的壁垒进一步打开,国际交流渠道进一步拓宽,外国人在中国内地就业越来越多,因此,对涉外就业实施管理有着重要的意义。

首先,对外国人在中国就业的管理,为避免对我国公民就业造成冲击发挥着重要作用。我国人口众多,劳动力资源丰富,就业还很不充分,依法加强管理,严格控制引进一般性的劳工,是代表国家行使主权的体现,也是保护我国劳动力,避免给我国就业问题带来冲击,为我国公民提供更多就业机会的需要。因此,涉外就业管理对堵住非法的就业渠道,防止挤占中国公民的就业岗位,保证人才引进工作健康发展具有十分重要的意义。

其次,实行涉外就业管理也是与国际惯例接轨的需要。按国际惯例,申请到他国就业,须先申请职业签证,持什么签证办什么事情。我国实行的涉外就业管理,主要是涉外就业许可制度,即外国人在中国就业须经政府认定,经行政部门许可后方能就业。

总之,我国劳动力资源丰富,涉外就业管理制度的长期实行,既与国际惯例接轨,也符合我国人力资源市场供大于求这个长期的基本国情。

三、涉外就业管理业务的内容

涉外就业管理的内容主要是行政许可,简单来说,外国人在中国内地就业必须办理相应的行政许可手续,取得许可证后方可就业。外国人在中国内地就业经办事项如图 5-2 所示。

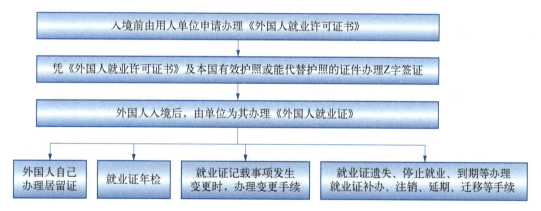

图 5-2 外国人在中国内地就业经办事项图

因此,涉及公共就业服务部门的业务主要包括:
(1)《外国人就业许可证书》和《外国人就业证》办理;
(2)《外国人就业证》变更、补发;
(3)《外国人就业证》延期、注销、迁移等;
(4)《外国人就业证》年检。

四、涉外就业管理的相关政策规定

(1)《外国人在中国就业管理规定》(劳部发〔1996〕29 号,2017 年修订);

(2) 关于修改《外国人在中国就业管理规定》的决定(人社部令第 32 号);

(3) 人力资源和社会保障部关于废止《台湾香港澳门居民在内地就业管理规定》的决定(人社部令第 37 号)。

子任务 4-2 外国人在中国就业管理

【任务导入】

● 任务 5-10

【工作场景】
某中美合资企业 A 公司聘用了 10 名美国人。其中,Smith 先生被聘为公司副总经理,其余 9 名美国人主要是做技术工作。现公司要为这 10 名美国人办理就业手续。

【具体任务】
1. 如果你是劳动行政部门工作人员,请向公司的经办人员解释外国人在中国如何才可以合法就业。
2. 请为该公司设计一个为这 10 名美国人办理合理就业手续的具体流程和办理时限。

● 任务 5-11

【工作场景】
史先生和太太孙女士均为一家外企的高管,平时工作繁忙,家务和照料孩子均由家政服务人员代劳,在一连更换了五六名家政人员后,由于对家政服务质量不满意,他"不得不"选择通过朋友介绍,聘请了现在的菲佣。但有朋友告诉史先生,目前在中国个人雇佣菲佣是不合法的,史先生只好来到劳动行政部门咨询。

【具体任务】
1. 请你就雇佣外国人的主体对史先生作出解释。
2. 请你就在中国就业的外国人的条件对史先生作出解释。

一、业务基础

外国人在我国就业实行就业许可制度,必须办理《外国人就业许可证书》方能在我国就业。外国人在我国就业,必须遵守我国法律的规定。在外国人在华就业管理实务中,与劳动行政部门有关的行政许可事项主要是《外国人就业许可证书》《外国人就业证》的办理及变更、注销事宜。

(一) 相关政策规定

1. 外国人在中国实行就业许可的相关规定

《外国人在中国就业管理规定》(劳部发〔1996〕29 号,2017 年修订)对此方面的规定如下所示。

第五条 用人单位聘用外国人须为该外国人申请就业许可,经获准并取得《中华人民共和国外国人就业许可证书》(以下简称许可证书)后方可聘用。

第八条 在中国就业的外国人应持Z字签证入境(有互免签证协议的,按协议办理),入境后取得《外国人就业证》(以下简称就业证)和外国人居留证件,方可在中国境内就业。

未取得居留证件的外国人(即持F、L、C、G字签证者)、在中国留学、实习的外国人及持Z字签证外国人的随行家属不得在中国就业。特殊情况,应由用人单位按本规定的审批程序申领许可证书,被聘用的外国人凭许可证书到公安机关改变身份,办理就业证、居留证后方可就业。

外国驻中国使、领馆和联合国系统、其他国际组织驻中国代表机构人员的配偶在中国就业,应按《中华人民共和国外交部关于外国驻中国使领馆和联合国系统组织驻中国代表机构人员的配偶在中国任职的规定》执行,并按本条第二款规定的审批程序办理有关手续。

许可证书和就业证由劳动部统一制作。

第九条 凡符合下列条件之一的外国人可免办就业许可和就业证:

(1) 由我政府直接出资聘请的外籍专业技术和管理人员,或由国家机关和事业单位出资聘请,具有本国或国际权威技术管理部门或行业协会确认的高级技术职称或特殊技能资格证书的外籍专业技术和管理人员,并持有外国专家局签发的《外国专家证》的外国人;

(2) 持有《外国人在中华人民共和国从事海上石油作业工作准证》从事海上石油作业、不需登陆、有特殊技能的外籍劳务人员;

(3) 经文化部批准持《临时营业演出许可证》进行营业性文艺演出的外国人。

第十条 凡符合下列条件之一的外国人可免办许可证书,入境后凭职业签证及有关证明直接办理就业证:

(1) 按照我国与外国政府间、国际组织间协议、协定,执行中外合作交流项目受聘来中国工作的外国人;

(2) 外国企业常驻中国代表机构中的首席代表、代表。

2. 外国人在中国就业须具备条件的相关规定

《外国人在中国就业管理规定》(劳部发〔1996〕29号,2017年修订)对此方面的规定如下所示。

第六条 用人单位聘用外国人从事的岗位应是有特殊需要,国内暂缺适当人选,且不违反国家有关规定的岗位。

用人单位不得聘用外国人从事营业性文艺演出,但符合本规定第九条第三项规定的人员除外。

第七条 外国人在中国就业须具备下列条件:

(1) 年满18周岁,身体健康;

(2) 具有从事其工作所必须的专业技能和相应的工作经历;

(3) 无犯罪记录;

(4) 有确定的聘用单位;

(5) 持有效护照或能代替护照的其他国际旅行证件(以下简称代替护照的证件)。

3. 外国人在中国就业申请与审批的规定

《外国人在中国就业管理规定》(劳部发〔1996〕29号,2017年修订)对此方面的规定如下所示。

第十一条　用人单位聘用外国人，须填写《聘用外国人就业申请表》（以下简称申请表），向其与劳动行政主管部门同级的行业主管部门（以下简称行业主管部门）提出申请，并提供下列有效文件：

（1）拟聘用的外国人履历证明；

（2）聘用意向书；

（3）拟聘用外国人原因的报告；

（4）拟聘用的外国人从事该项工作的资格证明；

（5）拟聘用的外国人健康状况证明；

（6）法律、法规规定的其他文件。

行业主管部门应按照本规定第六条、第七条及有关法律、法规的规定进行审批。

第十二条　经行业主管部门批准后，用人单位应持申请表到本单位所在地区的省、自治区、直辖市劳动行政部门或其授权的地市级劳动行政部门办理核准手续。省、自治区、直辖市劳动行政部门或授权的地市级劳动行政部门应指定专门机构（以下简称发证机关）具体负责签发许可证书工作。发证机关应根据行业主管部门的意见和劳动力市场的需求状况进行核准，并在核准后向用人单位签发许可证书。

第十三条　中央级用人单位、无行业主管部门的用人单位聘用外国人，可直接到劳动行政部门发证机关提出申请和办理就业许可手续。

外商投资企业聘雇外国人，无须行业主管部门审批，可凭合同、章程、批准证书、营业执照和本规定第十一条所规定的文件直接到劳动行政部门发证机关申领许可证书。

第十四条　获准来中国工作的外国人，应凭许可证书及本国有效护照或能代替护照的证件，到中国驻外使、领馆、处申请Z字签证；

凡符合本规定第九条第二项规定的人员，应凭中国海洋石油总公司签发的通知函电申请Z字签证；凡符合第九条第三项规定的人员，应凭文化部的批件申请Z字签证；

凡符合本规定第十条第一款规定的人员，应凭合作交流项目书申请Z字签证；凡符合第十条第二项规定的人员，应凭工商行政管理部门的登记证明申请Z字签证。

第十五条　用人单位应在被聘用的外国人入境后15日内，持许可证书、与被聘用的外国人签订的劳动合同及其有效护照或能代替护照的证件到原发证机关为外国人办理就业证，并填写《外国人就业登记表》。

就业证只在发证机关规定的区域内有效。

第十六条　已办理就业证的外国人，应在入境后30日内，持就业证到公安机关申请办理居留证。居留证件的有效期限可根据就业证的有效期确定。

4. 就业证的延期、变更、年检等手续的相关规定

《外国人在中国就业管理规定》（劳部发〔1996〕29号，2017年修订）对此方面的规定如下所示。

第十八条　被聘用的外国人与用人单位签订的劳动合同期满时，其就业证即行失效。如需续订，该用人单位应在原合同期满前30日内，向劳动行政部门提出延长聘用时间的申请，经批准并办理就业证延期手续。

第十九条　外国人被批准延长在中国就业期限或变更就业区域、单位后，应在10日内到当地公安机关办理居留证件延期或变更手续。

第二十条　被聘用的外国人与用人单位的劳动合同被解除后,该用人单位应及时报告劳动、公安部门,交还该外国人的就业证和居留证件,并到公安机关办理出境手续。

第二十三条　外国人在中国就业的用人单位必须与其就业证所注明的单位相一致。

外国人在发证机关规定的区域内变更用人单位但仍从事原职业的,须经原发证机关批准,并办理就业证变更手续。

外国人离开发证机关规定的区域就业或在原规定的区域内变更用人单位且从事不同职业的,须重新办理就业许可手续。

第二十四条　因违反中国法律被中国公安机关取消居留资格的外国人,用人单位应解除劳动合同,劳动部门应吊销就业证。

第二十六条　劳动行政部门对就业证实行年检。用人单位聘用外国人就业每满1年,应在期满前30日内到劳动行政部门发证机关为被聘用的外国人办理就业证年检手续。逾期未办的,就业证自行失效。

外国人在中国就业期间遗失或损坏其就业证的,应立即到原发证机关办理挂失、补办或换证手续。

5. 劳动管理相关规定

《外国人在中国就业管理规定》(劳部发〔1996〕29号,2017年修订)对此方面的规定如下所示。

第十七条　用人单位与被聘用的外国人应依法订立劳动合同。劳动合同的期限最长不得超过五年。劳动合同期限届满即行终止,但按本规定第十九条的规定履行审批手续后可以续订。

第二十一条　用人单位支付所聘用外国人的工资不得低于当地最低工资标准。

第二十五条　用人单位与被聘用的外国人发生劳动争议,应按照《中华人民共和国劳动法》和《中华人民共和国劳动争议调解仲裁法》处理。

第三十三条　禁止个体经济组织和公民个人聘用外国人。

6. 处罚规定

《外国人在中国就业管理规定》(劳部发〔1996〕29号,2017年修订)对此方面的规定如下所示。

第二十八条　对拒绝劳动行政部门检查就业证、擅自变更用人单位、擅自更换职业、擅自延长就业期限的外国人,由劳动行政部门收回其就业证,并提请公安机关取消其居留资格。对需该机关遣送出境的,遣送费用由聘用单位或该外国人承担。

第二十九条　对伪造、涂改、冒用、转让、买卖就业证和许可证书的外国人和用人单位,由劳动行政部门收缴就业证和许可证书,没收其非法所得,并处以1万元以上10万元以下的罚款;情节严重构成犯罪的,移送司法机关依法追究刑事责任。

(二) 业务功能描述

中国政府对外国人在中国就业实行许可制度。即用人单位聘用外国人,必须为外国人申请就业许可,经批准后,方可聘用。外国人在中国就业许可制度分为申领《外国人就业许可证书》、申办职业签证和办理《外国人就业证》《外国人居留证》四个方面。经过就业许可同意在中国就业的外国人,应持职业签证入境(有免签证协议的按协议处理),入境后取得《外国人就业证》和《外国人居留证》,方可在中国境内就业。

外国人在中国就业的整个流程如图5-3所示。

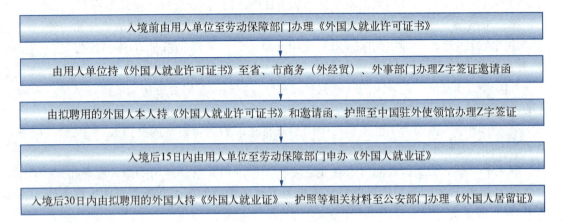

图5-3 外国人在中国合法就业流程图

根据此流程,劳动行政部门要做的工作主要包括以下三项。

1.《外国人就业许可证书》和《外国人就业证》的办理

外国人入境前,由聘用单位至人力资源和社会保障部门申办《外国人就业许可证书》。《外国人就业许可证书》是拟入境的外国人办理Z字签证的一个必备材料。取得许可证后,用人单位要到相关的外事部门办理签证邀请函,并将就业许可证书和签证邀请函寄送给拟聘用的外国人,外国人携带就业许可证书和邀请函在中国驻本国大使馆改Z字签证,外国人凭Z字签证入境。拟聘用的外国人凭Z字签证入境后,用人单位还要到人力资源和社会保障部门办理《外国人就业证》,外国人要到公安部门办理《居留证》。按照我国与外国政府间、国际组织间协议、协定,执行中外合作交流项目受聘来中国工作的外国人、外国企业常驻中国代表机构中的首席代表、代表不用办理《就业许可证书》,入境后凭职业签证及有关证明直接办理就业证。

2.《外国人就业证》的变更、注销、迁移、延期的办理

聘用的外国人在职务、住址、证件号码、工作单位名称、工作单位等发生变化时,须办理《外国人就业证》变更手续。

被聘用的外国人与用人单位签订的劳动合同期满时,其就业证即行失效。如需续订,该用人单位应在原合同期满前30日内,向劳动行政部门提出延长聘用时间的申请,经批准并办理就业证延期手续。

已获批准就业的外国人员离开原工作单位拟到同一地区另一工作单位任同一职业的,经原发证机关批准,新工作单位申请办理就业许可变更单位手续。如到同一地区另一工作单位且从事不同职业的,须重新办理就业许可手续,办理《外国人就业许可证书》,凭职业签证重新办理《外国人就业证》。

持有《外国人就业证》的外国人跨地区流动转出原就业证办理地时,用人单位需到劳动和社会保障部门办理就业证迁移手续。

被聘雇外国人员不再在当地的用人单位工作(解聘、辞职)并离开我国的,用人单位需到劳动和社会保障部门办理就业证注销手续。

3.《外国人就业证》年检的办理

用人单位聘用外国人就业每满1年,应在期满前30日内到劳动行政部门发证机关为被

聘用的外国人办理就业证年检手续。逾期未办的,就业证自行失效。劳动行政部门应该应其申请为其办理就业证的延期手续。

二、业务流程及操作注意事项

(一) 办理《外国人就业许可证书》的业务流程

1. 业务流程图

办理就业许可证的业务流程如图5-4所示。

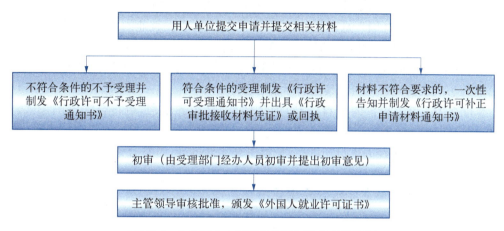

图5-4 为外国人办理就业许可证的业务流程图

2. 办理《外国人就业许可证书》的具体操作

(1) 申请并提交材料。拟聘用外国人的单位到劳动行政部门申请办理相关手续,由聘用单位工作人员持单位介绍信及本人工作证携带申请材料到现场办理申请手续。

申请时提交的材料包括:

① 企业法人营业执照副本、批准证书(有主管部门的,提供行业主管部门对聘雇单位的批准证书,无主管部门的,可不提供)、公司章程、合资合同(合资、合作企业)的原件和复印件。

② 聘用外国人书面申请报告(详细说明聘用原因、职务、用人单位盖章)。

③ 聘用外国人的工作意向或工作协议(副总经理以上职位须带董事会决议)。

④ 外国人的中文简历和任职资格证明(需学位证书和专业技能资格证书及两年以上相关工作经验证明的原件和复印件);工作经验证明(原件)需要用原单位带有公司LOGO的信纸,要有原单位负责人的签字。学历证书和工作经验证明必须为外文,需找一家翻译公司翻译成中文并盖翻译公司的公章(公章上要有"翻译"字样)。

⑤ 经中国驻外使、领馆认证的外国卫生医疗机构或中国政府指定的卫生检疫部门出具的健康证明书原件及复印件。

⑥ 外国人就业申请表(在申办单位处盖章)一份,近期二寸证件照片一张。

⑦ 内资公司聘用外籍人员需带单位社会保险登记证原件及复印件(复印件无需公章)。

⑧ 外国人就业申请表(在申办单位处盖章)一份,二寸照片一张贴表上。

(2) 受理。劳动保障部门相关人员要审查用人单位的申请是否符合受理条件,主要审查材料是否齐全、是否符合法定的形式。对材料不齐全的一次性告知并制发《行政许可补正申请材料通知书》；不符合条件的不予受理，说明理由并制发《行政许可不予受理通知书》；对用人单位提出的申请符合申请条件，提交的申请材料齐全、符合法定形式应当即时受理并出具《行政许可受理通知书》和《行政审批接收材料凭证》或回执。

(3) 审查。主要审查以下内容：

① 对聘用单位聘用外国人的岗位是否合法的审查：聘用外国人从事的岗位应是高级技术、管理层次，有特殊需要、国内暂缺的适当人选，且不违反国家规定的岗位。即：第一在本行业系统内部没有适合该岗位的人员；第二在劳动力市场上招不到的合适人员。

② 审查拟聘用的外国人是否符合我国关于外国人在中国就业的条件的规定：外国人在中国就业必须具备下列条件：年满18周岁，身体健康（本国医疗机构近期出具的健康证明）；具有从事其工作所必须的专业技能和相应的工作经历；无犯罪记录；有确定的聘用单位；持有效护照或能代替护照的其他国际旅行证件。

③ 审查用人单位提供的资料（资料前已述及）是否齐全、是否符合法定的形式、是否真实。

(4) 批准发证：由经办人员初审后，报经主管领导批准，对符合条件和标准的，发给《外国人就业许可证书》。

(二) 办理《外国人就业证》的业务流程

1. 业务流程图

办理《外国人就业证》的流程图同《外国人就业许可证书》的流程图，见图5-4。

2. 具体的操作流程

(1) 申请并提交相关材料。聘用单位工作人员持单位介绍信及本人工作证携带申请材料到现场办理申请手续（如委托他人代办，需提交授权委托书、代理机构营业执照副本复印件及经办人身份证复印件）。

办理《外国人就业证》应提交下列材料：

① 外国人就业许可证书；

② 外国人就业登记(申请)表；

③ 拟聘用外国人书面申请报告；

④ 法人营业执照副本复印件及与被聘用外国人签订的《劳动合同》(复印件)；

⑤ 护照原件及复印件(含照片页及最新的签证页)；

⑥ 简历及工作资格证明材料(包括业务等级证书、相关专业的毕业证书以及以前服务单位的证明书等)；

⑦ 检验检疫部门体检报告(体检健康证明由检验检疫局提供，体检日期必须在聘用人员最近入境时间以后)；

⑧ 无犯罪记录证明；

⑨ 法律法规规定的其他文件。

(2) 受理：受理条件同办理《外国人就业许可证书》。

(3) 审核：审核标准同办理《外国人就业许可证书》。

(4) 批准发证：由经办人员初审后，报经主管领导批准，对符合条件和标准的，发给《外国人就业证》。

(三）为外国人办理就业证的延期、变更、遗失补办、注销或迁移、年检流程

《外国人就业证》延期、变更、遗失补办、注销、迁移及年检手续的具体流程见图5-5，不同的手续提交的材料不同。

（四）操作过程中的注意事项

（1）经办人员持单位介绍信及本人身份证明（如委托他人代办，需提交授权委托书、代理机构营业执照副本复印件）和相关文件到窗口办理手续；

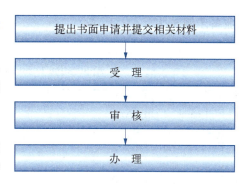

图5-5 就业证延期、变更、遗失补办、注销或迁移、年检业务流程图

（2）学位证书、资历证明如是外文，需提供专业翻译公司盖章的中文译件；

（3）内资公司聘用外籍人员需带单位社会保险登记证原件及复印件；

（4）外国律师事务所或国内律师事务所聘雇外籍人员，凭市司法局颁发的有效证件并经市司法局盖章后携上述有效文件办理；

（5）外省市企业在其他地区分支机构均需提供总公司营业执照副本、批准证书复印件和分支机构营业执照副本原件及复印件；

（6）聘用副总以上职位须提供董事会决议；不设董事会的须提交公司章程规定的负责人签字的决议；

（7）《外国人就业许可证书》自签发之日起6个月有效，逾期作废；

（8）各地对办理的程序、时效有不同的规定，办理时应参考各地的规定。

业务示例 5-1

外国人就业申请表
Application Form for Foreigner's Employment in China

申办单位全称： Full name of employer：		
聘用单位地址： Business address：		照　片 Photo
中文名： Name in Chinese：		
外文名： Name in native language：		
国籍： Nationality：	性别： Sex：	
出生日期和地点： Date and place of birth：		
受聘职务： Position：	聘用期限至：　　　年　　月　　日 Duration of employment：YY　MM　DD	
文化程度： Education：	婚姻状况： Marital Status：	健康状况： Health condition：
有否在中国就业的经历： Worked in China before：		
来中国前从事的职业： The previous profession before coming to China：		
法定代表人姓名： Name of the Employer：		
联系人： Contact：	联系电话： Contacting phone number：	邮编： Zip code：
申办单位： Applied by： 　　　　　（公章） 　　　　　（seal）	行业主管部门： Authority： 　　　　　（公章） 　　　　　（seal）	审批机关： Approved by： 　　　　　（公章） 　　　　　（seal） 　　年　　月　　日 　　YY　MM　DD
就业许可证号码： Employment License No.	有效期：　　　年　　月　　日 Valid until：　　YY　MM　DD	
说明： 1. 本表用钢笔中文填写（外文名按护照写）。 2. 表中"审批机关""就业许可证号码""有效期限"三栏由审批机关填写，申办单位不要填写。 3. 无行业主管部门的单位，只须加盖申办单位公章。 4. 本表不能复印。	Further explanations： 1. This form should be filled in Chinese with fountain pen (English name must be filled according to the passprot). 2. "Approved by", "Employment License No.", and "Valid until" MUST be filled by the approval Organization. 3. For those employers that has no "Authority". only the "Applied by" part should be sealed. 4. This form could not be photocopied.	
受理日期： Acceptea：	承办人： Undertaker：	

业务示例 5-2

外国人就业登记表
Employment Registration of Foreign Workers in China

中文名： Name in Chinese：			照片 Photo
外文名： Name in native language：			
出生日期和地点： Date and place of birth：			
国籍： Nationality：	性别： Sex：	婚姻状况： Marital status：	
文化程度： Education：	是否懂汉语： Know Chinese or not：	职业技术特长： Special occupational skills：	
单位全称： Full name of employer：			电话： Tel：
单位办公地址： Business address：			邮编： Zip：
受聘职务： Position：	劳动合同期限 Duration of the labor contract	年　月　日至　年　月　日 YY　MM　DD　YY　MM　DD	
就业许可证编号 Employment License for Foreigner No.	经济性质： Property sort	法定代表人姓名： Name of the Employer：	
护照种类 Passport type	护照号码： Passport No：	签发日期： Date of issued	有效期限：　年　月　日 Valid until： YY MM DD
签证种类： Visa type：	签证号码： Visa No.：	签发日期： Date of issued	有效期限：　年　月　日 Valid until： YY MM DD
现在中国住址和电话： Address and Tel.of the foreigner in Chinese：			
联系人： Contact：		联系电话： Contacting phone number：	
申办单位： Applied by： 　　　　　　（公章） 　　　　　　（Seal）		审批机关： Approved by： 　　　　　　（公章） 　　　　　　（Seal）	
就业证号码： Employment Permit No.：	签发日期： Date of issued：	有效期限：　年　月　日 Valid until： YY MM DD	
说明： 1. 本表用钢笔中文填写(外文名按照护照填写)。 2. 表中"审批机关""就业证号码""签发日期""有效期限"四栏由审批机关填写，申办单位不要填写。 3. 本表不能复印		Further explanations： 1. This form should be filled in Chinese with fountain pen (English name must be filled according to the passport). 2. "Approved by", "Date of issued", "Valid until" and "Employment Permit No." parts MUST be filled by the approval Organization. 3. This form could not be photocopied.	

注：1. 外国人就业申请表是用在申请《就业许可证》的资料。
　　2. 外国人就业登记表是用在申请《外国人就业证》的资料。

业务示例 5-3

《外国人/台港澳人员就业证》变更申请表
Application For Altering〈Alien Employment Permit〉

姓名 Name		性别 Sex		□男 Male □女 Female	
国籍或地区 Nationality or Area		出生日期 Date of Birth		年　　月　　日 yr　　mth　　day	
护照/证件号码 Passport Number		护照/证件有效期 Expiry Date of Passport			
签证种类 Type of Visa		签证有效期 Expiry Date of Visa			
工作单位 Employment organization		职　位 Position			
就业证号码 Employment Permit Number		就业证有效期 Expiry Date of Employment Permit			
合同期限 Period of Contract		联系电话 Tel			
申请变更项目 Content of Change	□护照号 Passport Number □工作单位 Employer □其他 Others		□职业或职务 Occupation/Position □现在住址 Residential Address		
住址 Residential Address					
工作单位意见 Suggestion by the employer				（盖章）(Seal) 年　　月　　日 yr　　mth　　day	
本人签名 Signature by Applicant		填表日期 Date of fill the form		年　　月　　日 yr　　mth　　day	

经办人：　　　　　　　　　　　　　　　　联系电话：
Applicant or applicant's representative：　　Tel：

【知识巩固】

1. 什么是涉外就业？
2. 涉外就业管理业务包括哪些内容？
3. 哪些外国人在中国内地就业可免办就业许可和就业证？
4. 外国人在中国就业管理的业务包括哪些内容？

【项目总结】

本项目主要围绕就业政策展开阐述，讲述了宏观就业政策分析、促进失业人员再就业政策、特殊群体就业保障政策以及涉外就业的政策要点，每一个任务采取任务导入的方式，带着任务去学习。积极的就业政策主要围绕用人单位、失业人员和公共人力资源服务机构展开，政府应该通过立法、制定政策等措施保障特殊就业群体公平就业的合法权益。涉外就业是指境外人员（外国人）在中国大陆境内从事社会劳动并获取劳动报酬的行为，主要指外国人在中国大陆就业。通过对政策的学习，培养学生对政策的灵活应用能力。

主要参考文献

1. 余兴安.人力资源服务概论[M].北京:中国人事出版社,2016.
2. 尹丽莎,刘芳.人力资源第三方服务实训[M].北京:中国劳动社会保障出版社,2020.
3. 王红,徐姗姗.人力资源第三方服务工作手册[M].北京:中国劳动社会保障出版社,2017.
4. 熊坚.中国人力资源服务外包实操手册[M].北京:中国劳动社会保障出版社,2019.
5. 李晓婷.人事档案管理实务(第二版)[M].上海:复旦大学出版社,2019.
6. 张慧霞.社保业务经办实务(第二版)[M].上海:复旦大学出版社,2021.
7. 李葆华,史娜,何霭莉,王文.现代猎头实训指南[M].广州:中山大学出版社,2018.

图书在版编目(CIP)数据

人力资源市场服务业务经办实务/朱莉莉编著. —2版. —上海：复旦大学出版社，2022.7
(2024.1重印)
(复旦卓越)
人力资源管理和社会保障系列教材
ISBN 978-7-309-16225-7

Ⅰ.①人… Ⅱ.①朱… Ⅲ.①劳动力市场-高等学校-教材 Ⅳ.①F241.2

中国版本图书馆CIP数据核字(2022)第098746号

人力资源市场服务业务经办实务(第二版)
RENLI ZIYUAN SHICHANG FUWU YEWU JINGBAN SHIWU
朱莉莉　编著
责任编辑/郭　峰

复旦大学出版社有限公司出版发行
上海市国权路579号　邮编：200433
网址：fupnet@fudanpress.com　http://www.fudanpress.com
门市零售：86-21-65102580　团体订购：86-21-65104505
出版部电话：86-21-65642845
常熟市华顺印刷有限公司

开本787毫米×1092毫米　1/16　印张15.75　字数383千字
2024年1月第2版第3次印刷

ISBN 978-7-309-16225-7/F·2886
定价：49.00元

如有印装质量问题，请向复旦大学出版社有限公司出版部调换。
版权所有　侵权必究